U0624121

从语文教学走向语文教育

我的18堂创新课实录及评析

王君 著

長江出版傳媒 | 长江文艺出版社

图书在版编目（CIP）数据

从语文教学走向语文教育 ： 我的 18 堂创新课实录及评析 / 王君著. -- 武汉 ： 长江文艺出版社, 2025. 3.
(大教育书系). -- ISBN 978-7-5702-3818-7

Ⅰ. G633.302

中国国家版本馆 CIP 数据核字第 2024VC5328 号

从语文教学走向语文教育
CONG YUWEN JIAOXUE ZOUXIANG YUWEN JIAOYU

责任编辑：黄海阔　　　　责任校对：程华清
设计制作：周　佳　　　　责任印制：邱　莉　丁　涛

出版：长江出版传媒　长江文艺出版社
地址：武汉市雄楚大街 268 号　　邮编：430070
发行：长江文艺出版社
http://www.cjlap.com
印刷：湖北恒泰印务有限公司

开本：710 毫米×970 毫米　1/16　　印张：21.75
版次：2025 年 3 月第 1 版　　2025 年 3 月第 1 次印刷
字数：309 千字

定价：48.00 元

追寻青春的阿勒泰

司艳平（东莞市松山湖清澜山学校）

我的心先于我抵达阿勒泰，这是李娟对人间之夭夭桃源的预先觉知。

我的心先于我抵达课堂，这是王君老师对语文之星辰大海的敏锐洞察。

青春语文是激情与创新的。青春语文，本质就是提倡通过灵性阅读、生命写作、激情生活三条路径使语文教学过程保持青春状态，进而为教师和学生创造、保持、享受整个人生的青春状态（即幸福人生）做准备。

青春语文是深广与发展的。青春语文，其发展在于王君老师提出的意义疗法。青春语文的目标是把语文教学变为语文教育，把语文和现代心理学、哲学等更多的和心灵有关的科学结合起来，让经典文本的河流在蜿蜒和回旋中抵达新境，呼吸吐纳，滋养润泽，拥有疗愈功能；让语文课不仅提升学生的语文素养，张扬千帆，还能提升他们的心灵素养，拓印出性灵的肌理与高光；让语文教学，巧妙地为学生拥有幸福的人生赋能，实现新课标立德树人的终极目标。

几近三十年的探索，相隔十多年的印证，青春语文生在活泼泼的课堂间，长在欢腾腾的人世间，落在欣悦悦的心灵间，根系发达，枝繁叶茂。

今年6月，王君老师离粤回京，临别时她将潘新和教授的《语文：表现与存在》转赠于我，读潘新和教授的著作，内心一阵通达与明朗，通达的是潘教授站在“人是什么”的高度看“语文是什么”，这与青春语文一以贯之的主张不谋而合；明朗的是，王君老师永远有源源不断的思考与更新，在一轮又一轮的反复确证里让青春语文走向更为宏阔的青春教育。

濯洗我执之心

语文教育的根本是培养人，培养灵魂生动的人，培养思想立言的人，可以这么说，立人是语文教育的核心。青春语文以此为理，践行深耕。每一个心灵碰撞的现场，每一场生命互动的抵达，每一次暮霭碎影的回望，都来自对孩子心灵幽微温柔的体察，都来自彼时彼刻不可复制的生动奔赴。

我至今难忘在“我们如何安放父母拼命而笨拙的爱”的授课现场，那个小女孩哽咽哭泣的模样，小女孩讲述自己妈妈做小脑手术时遇到的磨难，以及妈妈的难过与绝望。小女孩诚实地说不希望妈妈告诉她实际的病情，是因为不忍，只希望一个人默默流泪，可这一个人的泪水恰恰是对妈妈最大的隔膜。王君老师无痕地回应：“孩子，你是女儿，我是妈妈。如果我是妈妈，我最不愿意的就是你一个人默默流泪……”无痕回应的背后就是教孩子如何拥有真正的爱的能力，唤醒与濯洗的，就是孩子活生生的内心啊！“这么爽的人生，你敢不敢要”这堂课中，王君老师追问：“刘禹锡超爽的人生，你敢不敢要?”那么多孩子掷地有声地回答：“我会用我的赤子之心抵达刘禹锡的境界；我要像他那样快意人生，活得爽朗!”自由之精神，独立之灵魂，不就是青春教育的底色吗？时常想，这样的课堂就像涓涓流淌的溪流，濯洗我执之心，伸展远方的清新明亮，草萤有耀，蚌病成珠，那站立着的，是一株株个性不一的白杨。

投身群像低处

菩萨低垂双目，慈视众生。青春教育背对时代繁华，投身群像低处。这群像之中，有人下人的不甘，有小百姓的热烈，那一堂堂藏尽春酽秋凛、赤子初心的语文课，像极了如椽巨笔，书写着在苦厄中倔强、在倔强中升腾的底层力量。有一次，我无限钦敬地对王君老师表白：“师傅，你丝毫没有底层高层的分别心。”师傅诚恳地说：“我就是底层人，我就是老王的女儿呀！”她带着百分百的诚意与那些在异地打工的人儿相处、相爱，大朗霓裳服装店的老板带着妹妹艰难谋生，师傅已然是老主顾，还吆喝着我们多去光顾。不仅如此，当老板遭遇困境，落入低谷时，师傅邀请她们去家里做客，给她们慰藉。老板要回老家，师傅郑重其事地与她们道别留影。今年亦是如此，那些如卖油翁一般的朋友，师傅都一一合影作别。别人难以做、不能做的事，她都当成稀松平常去做；别人难以爱，难以俯身爱的人，她毫不犹豫，赤诚坦荡。

青春教育的本质在于师者的姿态，在于师者的心相，在于师者的悲悯。若无此心，便不会看到七年级下册第三单元的那些小人物，看到“我们都是一样的”生命本质，普通劳动者经由劳动获得职业尊严与人生自信，而我们的社会就是要每一种职业都可以舒展身心，每一个劳动者都衣食无忧。注视让苦难坍缩，有些生命需要摆渡才能抵达彼岸，这堂课的最后落点，在于启发学生认识什么是真正的社会精英，他们拥有着让自己幸福，也让别人幸福的能力。这是师者的使命呼吁，这是师者的侠骨丹心。在语文这片通融维度、消弭隔阂的应许之地上，青春教育不只是谋生应世，更重要的是激励精神生命的绽放，是激励自我确证下的群像观照。

扛起时代应然

这些年来，课堂与应试间的紧张程度、语文与现实间的紧张程度，已达波峰。或许正是此因，《义务教育语文课程标准（2022 版）》应时而生，与其说它是课堂形式的大力改革，倒不如说是语文价值观教育的重新树立。而青春教育一直以来恪守的就是在应然的时代背景之下，赋予经典以时代意义，赋予课堂以时代气息，赋予学生以时代高度，让学生站在时代的高点审度利他的心性，审度追求的满足，审度理想的价值。课之大，大的是格局、境界、视野，在大地大野中长出来的青纱帐，定然能让生命抵挡风雨，让荒寒的人间远离忧戚。

在“大道之行　天下为公”八年级下册第六单元的整合课中，王君老师的课堂起点在于“国家发展的五个层次”，课堂终点在于“中国发展战略——既极具雄心，也非常愿意担当国际责任”。这样的课堂高瞻远瞩，真正地做到了让经典文本配得上年轻的生命，配得上这个热辣滚烫的时代，于是学生才有了慷慨激昂、震撼人心、一气呵成的主动表达，那表达是对孔子、陶渊明、李大钊的深情回望，更是新时代的青年传承先哲思想、勇于进取的干净与纯粹。

青春教育将个体生命的独特性放之无限，在无边无垠的延展里确立自我之信仰，体察社会之群像。我不只是我，我是庇寒士之广厦，是燃渴盼之星火；我是他人，亦是社会……进而为时代发声，为时代创造价值，为国家的可持续发展助力。那么，就让青春的语文教育带着信念、信仰、追求，步步生花，一路灿然吧！

青春的阿勒泰，永远在路上……

②

王君老师对我们意味着什么？

张洁（中山纪念中学）

我常常思考：王君老师对我们意味着什么？

直到那天，坐在第一排看她穿着一袭彼得·潘领的绿色长裙，精灵一样站在课堂上，天真肆意地笑。在学生中间，她轻盈地跳跃着，穿梭着，我恍惚间觉得这样的课堂像一个童话，一个属于小女孩的童话。

我感到了，在这个喧嚣而慌忙的世界，她给予我的某种生命的意义感——自由、舒展与享受。

在语文的夜空里，值得仰望的星星很多，但我一直觉得王君老师是亲近而特别的。只有她还在教学一线做最普通的语文老师，做最艰难的班主任工作，只有她还每天从早到晚和学生待在一起，也同样面临和我们一样普通具体、烦琐且棘手的问题。

很小的时候，听过一句话——“如果你想了解一个人，就要穿着他的鞋走一段路。”慢慢长大以后才明白，这句朴素的话包含着最伟大的人生哲理。每个人和世界相处连接的方式都不一样，真正的相互懂得真的很难。幸运的是，王君老师是和我们生活在一起的，是一线老师们天然的精神血亲。

当课程专家和教研领导们在用一把又一把僵硬的尺子衡量我们的课堂科不科学，用一个个花样翻新、抽象高深的理念告诉我们应该怎么上课才正确，导致我们无所适从甚至彷徨无措的时候，只有她告诉我们，教法就是活法，教学是和自己生命息息相关的。她用自己真实的一节节课，用自己在课堂上生动的样子，提醒我们去感受、追求，去享受课堂里属于自己的幸福与成长。

教育对于专家来说是客体，是研究对象。他们研究课堂，显性的是课程，是知识，是方法和理性；隐性的才是人、人的感受、人与人之间的关系。

可我们全然不同，除非一个老师从来没有投入课堂，否则首先看到和感受到的必然是我们自己和学生。对一线老师来说，教学是具体的生活，我们活在课堂上，长在教育里，课堂是我们生命的一部分，没有人比我们更在乎它、热爱它。

因此，我们常常会有属于自己视角的恐慌与空虚。理论研究有时候是个恐怖的东西，越是高深的研究，越沉迷于外围符号的分析。可是在我们这里，教学呈现的明明就是人与人基于知识的互动，是每一瞬间的取舍和生成，是一个个生命的片段，但好多研究常常对人避而不谈。

在王君老师的语文课堂上，我们看到了一个老师对人的理解和尊重。

她绝不会只是为了上课而上课，课堂里所教授的一切一定要和学生的心连在一起，和自己的心连在一起。她一定要上学生感兴趣的课，上自己想上的课，上自己喜欢和满意的课。

她讲张译，因为喜欢张译对艺术的“疯狂”，这和她自己对生命价值的追求一模一样。她要教学生学会正确地追星，在追星中寻找生命的方向和意义。为了这节课，她整理了无数的文字和影像资料。一节课里，听说读写，她要的一切，必须经由语文。这节课只有她上才能上得好，她也只有上了这节课，才能得到解放和满足。

她讲七年级下册的小人物单元，讲“我和你是一样的”，她说是为了解开多年来的心结，只有她这种从小乡镇里一点点努力打拼出来的人才明白人与人之间实现平等对话是有多么的难。她要把这些生命感受讲出来，告诉孩子们如何对待自己独一无二的生命。这句话只有她来讲，才诚恳，才深刻，才带着真实感人的温度。

她讲《简·爱》，因为她知道现实生活中有多少女性面临爱情的困境，面临自我价值确认的矛盾。她自己也要分辨清楚，女性面对爱情、面对人生，到底怎样选择才是正确的。一节课里，不仅仅是学生、听课老师，她自己也深有触动。

她讲“诗”，是因为她努力把自己的生活变成诗，在诗一样的生活中获得力量，她希望把这个力量传递给学生和每一个听到这节课的人，她大声赞美身边的朋友，因为是这些美好的朋友、美好的关系让她的人生充满诗意。

在王君老师那里，课堂是生活的一部分，生活亦是课堂的一部分。教了那么多年的语文，追溯她的代表课，你会发现她的课堂在不断突破，而所有的变化都因为生活变了，生命的经验变了，身边的孩子变了，她自己也变了。

这样的变化是诚实的，也是必须的。

她说：“在我心中有一千种好课的样子。”从来就没有千篇一律的好课堂，因为从来没有千篇一律的生活，也没有千篇一律的学生和老师。也正因为如此，我们一线老师才有自己的高贵和无可替代。只有跪在土地里耕耘的人，才能真正感受到膝间泥土的湿润和芳香。孩子眼神里悄然绽放的属于春天的秘密，只有我们才能看到。我们不只是教育研究对象或研究工具。我们是热腾腾的自己，是教育的一部分。我们是千变万化的教育细节，是教育改革真正发生的地方。

我们要灵活，要创造，要尊重自己，要热爱生活。滚滚红尘才是最好的备课场。老师的幸福就在课堂上，很多课上给学生听，也是上给自己听的。课堂质量决定着生命质量，而我们的生命质量也决定着课堂质量。这是我们可以感知到的课堂的意义、生命的意义。

人永远是目的，而不是工具。我们通过课堂要成全的是孩子和我们的生命。这也许就是王君老师的课常常让人热泪盈眶的原因，因为她总在鼓励我们好好做自己，让我们尊重自己、热爱自己，让我们找到生命的喜悦和意义。

当更多的理论书籍、各种培训指导我们怎么教的时候，只有王君老师在示范，在引导，在关心我们怎么活。她用自己自由洒脱、青春勇敢的生命姿态做榜样，告诉我们：热爱课堂，首先要热爱自己；做一个好老师，首先要好好地活，做一个好的人。

学生在课堂上首先看到的不是知识，而是你的姿态；学生在课堂上首先听到的也不是知识，而是你的腔调和节奏；学生在课堂上首先不是理解知识，而是感受到你的存在。

去锻炼，去热爱，去创造，去奉献。在开放的自我中让生命永远青春，恣意生长。做一个幸福的自己，才能创造属于你的一切，包括一个美好的语文课堂。

这是王君老师用她的课堂、她的生命教给我的，我也要告诉你。

目　录 | CONTENTS

第一辑　单文本教学

1. 安徒生爷爷，今天我们是来挑刺儿的
——《皇帝的新装》思辨读写课 / 3
课评　经典“辩”流传（陆艳）/ 17

2. 鲁迅塑造孩子王，方法很蹊跷
——《社戏》趣读课堂实录 / 22
课评　聚焦文本特质，汲取成长力量（龚燕）/ 36

3. 若爱，深深爱　若写，深情写
——向《土地的誓言》学“意象铺排艺术”课堂实录 / 40
课评　进阶式学习：让学生潜能尽释（杨晶晶）/ 51

4. 向《中国石拱桥》学说明顺序
——《中国石拱桥》课堂实录 / 55
课评　“科学性”与“诗性”的融合（周忠玉）/ 67

5. 向韩昌黎学“高级吐槽”
——《马说》创读课堂实录 / 71
课评 让深度学习在教学中发生（胡金辉）/ 82

第二辑 群文教学

6. 我们如何安放父母拼命而笨拙的爱
——《背影》《秋天的怀念》探索阅读 / 89
课评 创设教学课堂新境 疗愈语文心灵（司艳平）/ 98

7. 这么爽的人生，你敢不敢要
——刘禹锡《陋室铭》群文教学实录 / 102
课评 好课如诗 顿挫抑扬（卢望军）/ 118

8. 这么“不爽”的人生，我们敢不敢悟
——柳宗元《江雪》等诗文联读教学实录 / 122
课评 语文意义疗法：激活经典，唤醒灵性（孙秋备）/ 136

9. 月是空明之月，人是“什么”之人？
——《记承天寺夜游》课堂实录 / 142
课评 创新课堂的三个维度（郑丹）/ 152

第三辑 大单元教学

10. 我们都是一样的
——七下第三单元大单元整合课 / 157
课评 青春语文文本特质视域下“大单元教学”的基本策略（夏海芹）/ 172

11. 超级演说家
——八下第四单元大单元整合教学实录 / 177
课评 “大单元”教学的三个维度（陈海波）/ 191

12. 说明文语言的一千张面孔
——说明文跨单元教学 / 197
课评 单元整合课：大单元教学的价值表达（孙秋备）/ 209

13. 大道之行　天下为公
——八下第六单元大单元整合课 / 214
课评 “思辨性阅读与表达”学习任务群课堂实践向度探索（司艳平）/ 227

第四辑　整本书教学

14. 简·爱和“简·爱们”
——《简·爱》之爱聊书课 / 235
课评 丰富学科意义　赋能学生生命（郑丹）/ 248

15. 祥子财商辨
——《骆驼祥子》聊书课（一）/ 253
课评 别具匠心选点　出人意料破局（周忠玉）/ 266

第五辑　跨学科教学

16. 我是一个演员
——以艺人张译为例探讨职业的艺术境界 / 273
课评 浅谈青春语文对“立德树人”实践路径的探索（陈海波）/ 285

17. 向一首歌致敬

——谨以此课致敬清澜少年何臻、赵硕 / 288

课评 激励 唤醒 点燃（张建国）/ 302

18. 少年情怀总是诗

——《诗》教学实录 / 306

课评 诗意的唤醒与表达（张洁）/ 326

后记 创造出更好的语文课是时代赋予我们的使命 / 329

第一辑 单文本教学

王君老师说

每个人的语文探索之路都是自我疗愈之路，更是自我确证之路。

“青春语文”是我理想中的语文课堂状态，更是一种理想的生命和精神状态。“青春语文”追求经由语言文字的学习探索生命幸福之道，实践打通教法和活法，经由语文，见自我，见天地，见众生。我们提倡通过灵性阅读、生命写作、激情生活三条路径使语文教学过程保持青春状态。“文本特质和课型创新理念”是“青春语文”的学科基层思想，青春语文意义疗法是这一理念落地的个性化追求。

1. 安徒生爷爷，今天我们是来挑刺儿的

——《皇帝的新装》思辨读写课

执教：王　君

整理：广东番禺中学附属学校　胡金辉

　　　重庆市江津田家炳中学　况　萍

一、课堂导入和热身：安徒生爷爷，今天我们是来挑刺儿的

师：今天的课程很有意思，我们要来给《皇帝的新装》挑刺儿。我收集整理了同学们提出的一些有趣的问题来向大家请教。从写作的层面来分析，《皇帝的新装》是不是可以写得更漂亮，更深刻。今天这节课，我们有三次思辨，你将会做出三次选择，参与三次辩论。

【屏显】

情节挑刺儿：情节发展有逻辑漏洞吗？

人物挑刺儿：人物设计有身份漏洞吗？

立意挑刺儿：结尾有画蛇添足之嫌吗？

师：学习正式开始之前，我们先来做个热身训练，致敬经典，表达热爱。

【屏显】

1.《皇帝的新装》是一个关于______________的故事，因为……

2. 我认为《皇帝的新装》中，写得最高明（巧妙）的地方是……

3.《皇帝的新装》中，最让我______________的一个童话形象是

________，因为……

4. 如果皇帝（大臣或者老百姓）________，他就不会被骗，因为……

5.《皇帝的新装》之所以能够成为童话中的爆款，我觉得主要的原因是……

6. 自创话题，大胆表达。

师：请大家从老师给出的众多话题中选择一个，自由表达，说说为什么《皇帝的新装》是童话中的童话、经典中的经典。所有的同学请起立。把你选择的话题讲给旁边的同学听。每位同学争取交流60秒以上，说一段完整的话。

（学生先自由交流。然后老师激励同学们互相推荐，上台交流，老师机智点评，课堂破冰，教室气氛渐热。略）

二、情节挑刺儿：情节发展有逻辑漏洞吗？

师：我们的学习正式开始了。第一次选择来啦！有的同学认为《皇帝的新装》童话的情节发展有逻辑漏洞。所谓逻辑漏洞，就是情节发展偏离了故事的逻辑起点。

【屏显】

情节挑刺儿：情节发展有逻辑漏洞吗？

正方：《皇帝的新装》没有逻辑漏洞，安徒生爷爷这么写大有深意。

反方：《皇帝的新装》确实有逻辑漏洞，安徒生爷爷可以修改调整。

师：为什么说《皇帝的新装》的情节有逻辑漏洞呢？不准看书，谁有勇气把这个故事的开头还原？童话的这个开头非常经典，意味深长啊。你的语气可以夸张一点点，就好像你是在给一个小朋友讲故事。不要怕犯错，你的错误就是我们的学习资源。

【屏显】

许多年以前，有一位皇帝，为了要穿得漂亮，他不惜把他（　　）的钱（　　）花掉。他（　　）关心他的军队，（　　）喜欢去看戏，（　　）喜欢乘着马车去游公园——（　　）是为了炫耀一下他的新衣服，他（　　）一天（　　）一点钟（　　）要换一套衣服。人们提到他的时候（　　）说："皇上在更衣室里。"

生：绘声绘色地讲。

师：哇！和原文几乎完全一样啊，只有一个小地方，你和安徒生爷爷不一样。同学们，我们来朗读，帮助他弥补吧。所有红色的字都要重读。重读了你才理解后边为什么逻辑有问题。一起来……

【屏显】

许多年以前，有一位皇帝，为了要穿得漂亮，他不惜把他（所有）的钱（都）花掉。他（既不）关心他的军队，（也不）喜欢去看戏，（也不）喜欢乘着马车去游公园——（除非）是为了炫耀一下他的新衣服，他（每）一天（每）一点钟（都）要换一套衣服。人们提到他的时候（总是）说："皇上在更衣室里。"

（生齐读，并重读红色字，夸张地读出童话的味道）

师：小姑娘，你用的是"只是"，而安徒生爷爷用的是"除非"。"除非"力度要更大一点。同学们，这个皇帝啊，他关心国库里有多少钱吗？

生（齐）：不——关心。

师：他关心他的军队吗？

生（齐）：不——关心。

师：他喜欢艺术吗？

生（齐）：不——喜欢。

师：他喜欢休闲玩乐吗？

生（齐）：不——喜欢。

师：他啥都不喜欢，只喜欢一个东西，请用原文来表达。

生（齐）：新装！

师：对，咱们再往前走一步。你要抓关键词，抓本质。皇帝啥也不喜欢，只喜欢什么？大声说——

生（大声齐答）：漂——亮——

师：这就读懂啦！我们请一位同学扮演骗子，用第一人称把骗子的广告词吆喝出来。

【屏显】

我们能够织出人类所见到的最美丽的布，这种布不仅色彩和图案都分外美丽，而且织出的衣服还有一种奇特的特性——不称职或者愚蠢得不可救药的人都看不见这衣服。

（一女生举手读屏显内容）

师：很勇敢！只是这个骗子有点太正气，（众笑）我们要用痞一点的语气：哎呀呀……卖狗皮膏药的那个感觉。（师夸张示范开头）

师：尝试一下？来，找个"男骗子"。

（一男生语气夸张读屏显内容，生鼓掌）

师：骗子深深懂得皇帝的爱好，所以骗子首先吆喝的就是我的布怎样。

生（高声齐答）：最美丽。

师：什么叫逻辑？逻辑就是一环扣一环。既然皇帝最爱漂亮，除了漂亮之外啥也不爱，那么骗子的广告词吆喝完之后，按照逻辑，只爱漂亮的皇帝正常的心理活动应该是怎样的？

生：他应该会说"我"是世界上最漂亮的皇帝，谁都比不过"我"。

师：对不对，同学们？这才符合逻辑呀！来，一起读！

【屏显】

太好啦，太好啦！穿了这样的衣服，我马上就会成为天下最漂亮的皇帝啦！

（生夸张齐读）

师：这才是合逻辑的呀，但是安徒生爷爷好像犯了一个错误。你看，在原文中，皇帝变成了另外一个人了，他忘记了漂亮是他的最高人生追求了。他居然是这样想的……

【屏显】

我穿了这样的衣服，就可以看出我的王国里哪些人和自己的职位不相称；我就可以辨别出哪些人是聪明人，哪些人是傻子。

师：这叫作情节断裂。皇帝改变得非常奇怪啊。来，我们来现场做一个选择，现场辩论。如果你是正方，请你站在这边。如果你是反方，请你站在那边。

（生起立分正反方两大阵营站立）

师：反方人少，他们先说吧。

生（反方）：我们认为就是有逻辑漏洞，因为他前面写了皇帝既不关心自己的军队，也不喜欢看戏，他什么都不关心。如果他这样写的话，那皇帝就关心了呀。

师：对啊。这个“突转”好像不符合常理。

生（正方）：我们认为没有逻辑漏洞。一个王国需要一定的财富才能供给皇帝更多的新衣服，他必须把自己的国家治理好。假如他可以通过这件衣服看出哪些大臣愚蠢，哪些人聪明，那他就可以高人一等，他治理好国家的可能性就大。这可以看出人性的复杂。

师：人性很复杂！皇帝的需求很复杂。这是你的回答中最有表现力和说服力的词语。发言有效！

生（反方）：我们认为有逻辑漏洞。因为安徒生爷爷在前面说了皇帝不管任何事情，他现在开始关心了，这里的转折实在是太大了，不符合皇帝的人设。

师：他用了“人设”这个词。人设应该相对稳定，如果陡转的话，人设就崩塌了。这位同学说话有理论的高度。

生（正）：我们的观点是没有逻辑漏洞。皇帝的人设没有变。皇帝只喜欢漂亮不关心其他，说明皇帝是昏庸的。后面皇帝想要知道哪些是傻子哪些是聪明人，却只靠一件衣服来辨别，说明皇帝的辨别方法不科学，他还是昏庸的。

生（反）：我觉得安徒生爷爷这样写，还是有问题，皇帝前后像两个人了，情节冲突太大，好像童话的开头，就没有什么意义了。

……

师：谢谢大家，请回座位。第一，能够提出这个问题的同学非常了不起。第二，同学们，你们能够在两个方向当中做出明确的选择，有清晰的评判标准，也了不起。刚才参加辩论的同学都有理有据，滔滔不绝，充分地表现你们的底蕴。老师非常佩服。那么到底童话的情节有没有问题呢？其实我也不好说。有一点我们敢肯定：原来呀，皇帝最爱的并不是漂亮，骗子来了之后他现出了原形。请问皇帝其实最爱的可能是什么呀？

生（依次起立，七嘴八舌）：钱、权力、虚荣心、控制人、自己的国家、自己……

师：也正因为如此，我们才说，《皇帝的新装》是篇成人童话，意蕴丰富，连大人也爱看。不管皇帝爱什么，但起码我们知道皇帝并不是最爱漂亮的。可惜的是……

【屏显】

只可惜——

他自己不知道罢了

（生齐读）

师：对啊，可能皇帝根本就不知道自己最爱什么。因为人的需求，有的是浅层次需求，有的是深层次需求；有的看得见，有的看不见；有的自己知道，有的连自己都不知道。所以《皇帝的新装》不只是一个关于“受骗”的故事，它其实还是一个——

【屏显】

情节偏离逻辑发展

《皇帝的新装》就不再仅仅只是一个关于“受骗”的故事。它还是一个关于人性的深度迷失、个体的“自我欺骗”的故事。

生（齐读）：它还是一个关于人性的深度迷失、个体的“自我欺骗”的故事。

师：十年前，王老师讲《皇帝的新装》，就是和同学们讨论“人性的深度迷失”。今天，我们再拓宽一下同学们关于童话的认识。我还是愿意认同安徒生爷爷没有写错，他就是故意这样写的。因为童话创作很有特点，它就是要追求——

【屏显】

童话创作，很有特点。超越理性，绝不呆板。

大胆夸张，刻意陡转，突破生活逻辑，高调创造荒诞。

当然顺其自然也可以试试，大家也可以尝试替安徒生爷爷适当修改。

（生齐读）

师：童话就是要高调地创造荒诞，它是一种突破生活逻辑的文体。事实上神话啊，寓言啊，科幻啊，很多想象的文学作品，都有这个共同的特点。但我又在想，既然我们发现了这个问题，是不是也提出了一种创作需求——荒诞之中的逻辑圆融，想象与现实的亲密接轨。所以，我觉得，讨论这个问题，也是非常有意义的。如果我们要为安徒生爷爷修改一下开头，让故事逻辑更加严密，是完全可以做到的。只要在表达上，不要那么绝对，就可以了。

师：同学们第一个阶段的学习很主动。接下来，难度加大。

三、人物挑刺儿：人物设计有身份漏洞吗？

师：有同学挑刺儿，《皇帝的新装》人物身份的设计有漏洞。他（安徒生）派了两个大臣去督察新装，第一个是老大臣，第二个是诚实的官员，不管是老大臣还是诚实的官员，他们的身份都是官员，一样的。

【屏显】

正方：安徒生写皇帝派两位官员去督察新装是合理的

反方：如果第二个督察新装的人换个身份会更有意思

师：有同学说，这样构思太没意思了。如果安徒生爷爷换一个思路呢？第一个人物是老大臣，第二个人物不再是诚实的官员，而是……

【屏显】

过了不久，皇帝想了想，决定又再派自己最宠幸的爱妃去看工作进行的情况……

过了不久，皇帝想了想，决定又再派自己最欣赏的大皇子去看工作进行的情况……

过了不久，皇帝想了想，决定又再请自己的母后去看看工作进行的情况……

过了不久，皇帝想了想，决定又再派关系最铁的哥们儿去看看工作进行的情况……

过了不久，皇帝想了想，决定又再派＿＿＿＿＿＿去看工作进行的情况……

师：好，现在请大家选择一个角色，替安徒生爷爷写几句，他们掩饰自己看不见新装的独特的心理活动是怎样的呢？或者他们回来后会向皇帝怎么说呢？现在动笔，时间为3分钟。

（生写作）

师：时间到。我们来表演。老师演皇帝。你带头，你是什么角色呀？

生：爱妃。

（师现场和学生配合）

师：爱妃啊，朕的新衣服如何？如实说来！

生：老公啊，（全场笑）新装真是太符合你的气质了，太美丽啦，你穿上一定会成为这世界上最雍容华贵的老公。

师：你的设计很符合身份，夫妻之间的对话可以更亲密一些，对吧？你来，你的身份是什么？

生：铁哥们。哥呀，这衣服太好看了。你不知道，我过去看的时候，他们还给我试了一下。他们给我介绍了花纹，那上面绣了一条龙，很符合你的气质啊。（全场笑，鼓掌）看，哥呀，我这回去那么累，路程那么遥远，你给我一点报酬吧。(全场爆笑，鼓掌)

师：为什么老师给他鼓掌？一是他有细节，那花纹龙活灵活现。二是他还知道趁机捞一把。这个哥们精呢。谁觉得能超过他？来，你的身份是什么？

生：皇长子。

师：儿子啊，你怎么评价朕的新装啊？

生：儿臣禀告父皇，衣袖上那龙的图腾，张牙舞爪，颜色非常艳丽，金丝银线绣得那真是一个整齐啊！您是没有看见那样子啊，我都想穿……(全场爆笑)

师：你的积累非常丰富，语言粲然生辉。果真是太子之才啊！你来，你的身份是什么？

生（绘声绘色地）：我是全国公认的、世界上最聪明的人。皇上啊，我发现衣服的花纹特别美丽，一层一层细细交织成一个巨大而美丽的图案。花纹色调都超凡脱俗，非常符合您的气质。特别是袍子上，不仅有金边，还绣着猛虎和龙，非常引人注目。(全场鼓掌)

师：又加上猛虎了。都有龙，看来这骗子是来自东方一个叫中国的地方。(众笑)

(更多现场精彩人物创设表演。略)

师：好好好，现在又到选择时间了。如果你认为安徒生爷爷写得没错，他就应该派两个官员去督察，站到这边来。如果你觉得应该换个形象去写更好，到那边去。

(学生起立选择，大部分同学支持反方)

师：安徒生爷爷说，亲爱的小朋友，你们帮我辩护一下吧，我写两个同样身份的人，也是有道理的呀。

生（正方）：我们认为设置两个相同的形象是合理的，他们的身份一样，思维就比较相似，想法也都一致。

师：你是不是想说：两个身份一样的人，想法一致，叠加起来，会起到强调的作用。

生（正方）：对。我觉得安徒生爷爷就是想强调官员的昏庸。

生（反方）：我们认为安徒生爷爷应该写不同身份的人。大臣在皇帝面前说实话，可能影响自己的利益，甚至随时可能被斩头，所以他得撒谎。如果换一个没有官员身份的人去，他不会像官员一样弄虚作假，因为他没有什么害怕失去的，但他还是撒谎了。这样童话就更深刻了。

师：很有力量。这说明人性真的好复杂。这个女同学每次发言都有金句，很深刻。来，你替安徒生爷爷辩护。

生（正方）：我认为派两位官员督察是合理的。皇帝和官员们朝夕相处，皇帝最了解官员。我们注意两个修饰词，第一个词“老”，表明他在朝时间非常长，他能做到很高的地位，说明他有一定能力。第二个词“诚实”，皇上认为他肯定会跟他说实话。而普通的民众他不了解，且没有大臣们那样的才智，派百姓去，并不能得到关于这件衣服的真实信息。

师：这个男生有两个观点非常高明。第一，他说安徒生爷爷已经对这两个大臣的年龄、身份、智慧做出了区分，他们是不同级别的官员，他们其实是不同的。第二，他认为不能派平庸的人去。派平庸的人去，这个故事的张力就不够了。

（学生精彩辩论，略）

师：好，请同学们回座位。我非常佩服选择了反方的同学，因为从你们的选择中我感受到你们对童话形象的丰富性的追求。我也非常佩服坚定地为安徒生爷爷辩护的这六位同学。因为你们能够体贴地站在安徒生爷爷的角度，去体会他这样安排的深刻意蕴。答案到底是什么不是最重要的，最重要的是提出问题和思考问题。王老师有一个观点和同学们商榷。

【屏显】

童话是写给儿童的“话”
而单纯简单是儿童特色
反复再反复是儿童的游戏方式和思维方式
所以童话故事往往刻意求简
童话情节往往刻意重复
同学们的“挑刺儿”

说明当代儿童对审美的丰富性要求提高了
那当代的安徒生们也可以提高创作追求哟

师：童话追求重复，这跟童话的特点有关。同样的情节、同样的人物在一个童话中要反复多次。童话啊，神话啊，寓言啊，都往往有这个特点。我们现在喜欢看绘本，是不是也是这样的？但是，时代不一样了，当代的儿童，你们的审美体验多丰富呀。所以，新时代的安徒生们应该有更高要求。谢谢同学们。

四、立意挑刺儿：结尾有画蛇添足之嫌吗？

师：最难的一个部分来了。大家看这个童话故事的变化。

【屏显】

《皇帝的新装》原本是从中世纪西班牙民间故事移植而来。西班牙作家塞万提斯也曾在其戏剧中运用过这个素材。故事的结局是那个国王光着身子在朝臣和全城百姓面前走过，大家都噤若寒蝉、不吭一声。安徒生改写时，才在结尾处让一个孩子喊出了“他没有穿衣服”这句真话。

（生朗读）

师：来，最后一次选择。

【屏显】

正方：安徒生加上说真话的小孩儿，童话更深刻！

反方：安徒生不加说真话的小孩儿，童话更深刻！

师：正方站这边，反方站这边。我们再次辩起来。

（学生起立选择，大部分都选择了正方）

生：我觉得安徒生加上说真话的小孩，童话更深刻。因为这个故事里大臣和百姓都不敢说出实话，小孩无畏地说出了真话。两者形成对比，让童话非常有力量。

师：对比的穿透力。

生：我觉得安徒生加上说真话的小孩，就是为了告诉我们做人要诚实。因为童话本来就是有趣味的，加上说真话的小孩更有趣味，童话更深刻。

师：这是个新角度。他觉得这样更一波三折，更有故事的趣味。好，正方同学回座位，反方同学的坚持很珍贵，请到前面来。你为什么认为不加说真话的小孩更深刻呢？

生：因为童话是写给儿童的话，不写说真话的小孩，儿童读这篇文章时就会思考为什么皇帝这么愚蠢，却没有人把真相说出来呢？

师：越没有人说出来，越能突出皇帝的愚蠢，是吧？

生：我认为不说真话可以引发读者更多的思考，自己思考出来的和别人告诉你的不一样，自己思考出来的才会更深刻。

师：你觉得如果没有这个小孩，更具有余音绕梁的效果，对吗？你的回答具有文学创作的审美高度。

生：我觉得这两种结局都好，但我更倾向于不加说真话的小孩，这样更能反映出那个时代皇权的荒唐和人民的麻木不仁。

师：不写，更能够表现那个时代的黑暗像铁一样深，暗夜如磐。

生：我认为不加说真话的小孩会更好。不加的话，就证明文中所有人都在说谎，大家都在为了自己的利益说谎。

师：更能揭露出人的劣根性。谢谢同学们，课后你们可以继续思考。我们为自己的勇敢思考鼓掌。我给同学们提供一个思路。

【屏显】

优秀童话的创作，以及更多的杰出艺术作品的创作，都有一种扣人心弦的“勇者模式”。

两个骗子——“世俗保守黑恶势力”设计操纵骗局。

皇帝、大臣、老百姓——乌合之众的忍受、享受和迷狂。

小孩子——清醒的个体，单薄的力量。

师：经典的文学作品的创作有一个模式，王老师称它为“勇者模式”。

两个骗子象征着世俗的力量、保守的力量、黑恶的势力，他们设计操纵了一个骗局。这个骗局很大很重，整个社会都被裹挟了。皇帝、大臣、底层百姓——所有人，都被骗子操纵了。如果有一个天平的话，有人能够撬起他们吗？（创意板书，画天平）天平另一头的这个人就是勇者。他象征着清醒个体的单薄力量。

【屏显】

一个人的觉悟，一个人的行动，一个人的对抗，一个人的自我救赎，一个人为一亿人发声，一个人让一群人获得觉醒和重生的可能……

（生齐读）

师：《皇帝的新装》中那个说真话的小孩儿非常弱小，但是他非常重要，因为啊——

【屏显】

经典影视作品海报（略）

【屏显】

经典影视作品名字和基本情节（略）

（师组织学生读一句，师阐释一句）

生读：《我不是药神》中的主人公的原型白血病患者陆勇，在为成千上万的病友争取天价特效药进入医保时想到他，会……

师：陆勇绝不放弃，最后让天价特效药进入了医保，让无数的病人，获得了拯救。

生读：《肖生克的救赎》中的主人公安迪在暗无天日、人人都认为他是杀人犯的肖生克监狱自救时想到他，会……

师：安迪自己做了自己的说真话的小孩儿。他没有被谎言吞噬，他用一把小锤子，历经十多年的光阴，在监狱中为自己凿出了一条通道，实现了自救。

生读：我们在成长过程中，必然要经历一个又一个无可躲避的生命骗局、迷局、困局时想到他，会……

师：同学们，相信《皇帝的新装》中的那个说真话的小男孩，会在某些重要的时刻，成为你的光，让你不迷失，拥有面对真相的勇气。

【屏显】

让我们再次致敬这个微弱的但无比珍贵的声音，致敬安徒生创造给每一个人的珍贵的理性与光明……

"可是他什么衣服也没有穿呀！"一个小孩子最后叫了出来。

师：我们读一读：一个小孩子最后叫了出来，读……

生（齐读）：可是他什么衣服也没有穿呀！

师：一个小孩子最后叫了出来，再读……

生（齐读）：可是他什么衣服也没有穿呀！

师：个体的声音、个体的力量最开始可能是微弱的，但这个声音、这个力量只要出现了，就有可能汇聚成更磅礴的力量。就像《皇帝的新装》，越来越多的老百姓还是被小孩子微弱的声音赋能了，皇帝的昏庸可笑，还是暴露在了这个世界中。那么这个世界的改变，就是有可能的。同学们，王老师推荐给你们几本书，未来也许会帮助你们更深刻地理解《皇帝的新装》。

【屏显】

《社会性动物》《传染》图片

师：同学们，希望今天的思辨的学习方式能够让大家更深刻地去思考经典创作的奥妙和经典思想的力量。什么是经典呢？

【屏显】

经典就是那些你经常听人家说"我正在重读……"而不是"我正在读……"的书。

经典就是每次重读都像初读那样会带来惊喜发现的书。

经典就是你任何时候读，都觉得它是作者专为自己写的书。

（生齐读）

师： 亲爱的同学们，你们今年13岁。当你23岁、33岁、43岁的时候再读《皇帝的新装》，你一定还会有不同的发现。谢谢大家。下课。

（热烈的掌声）

经典“辩”流传

——评王君《皇帝的新装》思辨读写课

（陆　艳　广东省东莞市清澜山学校）

何谓经典？《现代汉语词典》解释为“传统的具有权威性的著作”。语文教材里的经典作品何以历经语文课堂得以“流传”？王君老师用了最勇敢的“挑刺”模式，让经典因“辩”而流传。

第一，真实“论辩”，实践深度阅读

王君老师的这节课进行了三次真实的论辩，其话题分别是：情节、人物、立意。每次辩论，学生们一方面需慎重思考自己的立场与表达，另一方面还要准备接受对方以及老师的反驳和提问。在真实的言语活动情境中，层进的辩论话题提升了学生对童话这种文学体裁的认知，在论辩中逐渐体悟到文本的真意，逐步发现童话创作是“超越理性，绝不呆板。大胆夸张，刻意陡转，突破生活逻辑，高调创造荒诞”。

一个“挑刺”的主任务，三次“辩论”的言语实践活动，通过“阅读、比较、推断、质疑、讨论等方式”，以“辨析的态度与立场”让学生沉浸于经典文本的阅读中，在递升的思维撞击中“辨别是非、善恶、美丑”，获得真实阅读的高峰体验，从而能“保持好奇心和求知欲，养成勤学好问的习惯”。

经由真实的辩论活动，学生根据话题不断转换立场，能“负责任、有中心、有条理、重证据地表达”，重新构建一种阅读经典文本的好方法，培养学生的“理性思维和理性精神”，真正实践了语文课堂上的深度阅读，从

而促使学生把“深度阅读”方式延伸至课后。

第二，巧妙“评辩”，落实“教—学—评”一体化

新课标提出“教—学—评”一体化，指在特定的课堂教学活动中，教师的教、学生的学以及对学习的评价应该具有目标的一致性。[1]这就要求教师要基于教学目标开展教学设计，课堂教学时关注学生学习过程中的表现，能利用评价结果促进目标的实现。

语言是重要的交际工具和思维工具，语言发展的过程也是思维发展的过程。课堂中的学生言语实践活动是训练思维的路径，老师得当的评价语言一方面能够提升学生的认知技能和精神气质，从而形成良好的思维品质，另一方面也会让教学目标的达成与学生的课堂学习达到一体化效果。

且看王君老师课堂上的评价语言：

> 听了他的发言，我们发现这个童话故事不仅刻画了愚蠢的皇帝，还有更深的隐喻。这位同学看问题有深度……有独立思考的能力。

这是对学生思维精神的肯定，具有表扬性。

> 这个男生有两个观点非常高明。第一，他说安徒生爷爷已经对这两个大臣的年龄、身份、智慧做出了区分，他们是不同级别的官员，这个观点很深刻。第二，他认为不能派平庸的人去。派平庸的人去，这个故事的张力就不够了。

这是对学生思维深度的总结和提炼，具有示范性。

> 什么叫逻辑？逻辑就是一环扣一环……这叫作情节断裂……人性很复杂！……这是你的回答中最有表现力和说服力的词语……他用了“人设”这个词。人设应该相对稳定，如果陡转的话，会缺乏逻辑基础。这位同学说话有理论的高度。

这是对学生思维路径的指点，具有指导性。

你觉得如果没有这个小孩，更具有余音绕梁的效果，对吗？你的回答具有文学创作的审美高度。

这是对学生审美思维的点拨，具有提升性。

学生在论辩的过程中使用的事实、表达的观点，以及前后的逻辑关系，都在老师巧妙的评价语言中得以总结与指点。这种过程性评价语言，不仅能引导言语表达的思路，更能提升表达的精神气象，充分发挥语文课堂的育人功能和导向作用。

巧妙的“评辩”语言，让课堂的“思辨”性更为凸显，让学生的思维技能从简浅走向博深，更会让学生在今后的语文学习之路上坚守这份思辨的“精神气质”。

第三，多元“思辨”，构建未来课堂

丹尼尔·平克在《全新思维》中提到应对未来的六大能力：设计感、故事力、交响力、共情力、娱乐感、意义感。[2]

王君老师的这节课能够充分提升学生面对未来的六大能力，课堂富有未来气息。

首先，用“挑刺”这种思辨活动构架教学活动就充满着设计力。这种设计力重点偏向于课堂能否培养学生的审美能力，能否让学生获得“广博知识，优雅气质”。靠审美直觉提取优化信息的能力，是人工智能无法取代的。

其次，让经典童话在新的情境中呈现出来，让别人有身临其境的感受，这就是故事力。故事，是为了传播某一个观点，影响某个特定的受众群体，有意识组织语言形成的一段话。所有的故事，都应该是有目的、有场合、有意图的。故事力，准确说就是讲故事的能力。能有意识地讲故事就具备了影响他人的能力。

课堂开头的热身活动是一种“复述开篇法”，在新的情境下的语言实践活动中，训练构思故事和表达思想的能力。

1.《皇帝的新装》是一个关于______________的故事，因为……

2. 我认为《皇帝的新装》中，写得最高明（巧妙）的地方是……

3.《皇帝的新装》中，最让我______________的一个童话形象是______________，因为……

4. 如果皇帝（大臣或者老百姓）______________，他就不会被骗，因为……

5.《皇帝的新装》之所以能够成为童话中的爆款，我觉得主要的原因是……

6. 自创话题，大胆表达。

六个话题设计从感性走向理性，由表层走向深处，由模式走向自由，每个“因为”的后面是意图和目的。王君老师把能力训练暗藏于看似简单的“故事复述”中。

第三，课堂最后提炼出了“勇者模式”，这种从不同的事情中识别出共同点的模式，就是交响力。王君老师善于整合素材，善于提炼归纳，这种课堂上的引导和训练，能够提升学生的系统思维，把看似无法匹配的要素因“辩”趋同。这种注重大局、不纠缠细节、跨领域打造人才的课堂，给了学生思维拓展的空间。

最后，王君老师是一位摆渡者，她用作品跟学生共情，用想象式研读让课堂充满“娱乐感”，让学生在轻松自由的氛围里启动“思辨”去追溯人性的“骗局”。从《皇帝的新装》到《我不是药神》以及《肖生克的救赎》，让学生链接当下自己的成长过程，思考“要经历一个又一个无可躲避的生命骗局、迷局、困局时想到他，会……”

王殿军校长曾说：“给学生最适合的教育，让我们的教育不再是一种单纯以提高应试成绩为目的的技术工作，而是上升到一份最大限度地提升学生的能力和素质、努力使他们成为未来人才的事业，这就是我们的教育理想。”高素质人才的核心要素是21世纪的“4C素养”，即批判性思维、创新能力、合作能力和交流能力。王君老师的课堂是面向未来的，她用多元的思辨活动去实践教育理想，让经典以“辩”流传。

王君老师用一节“辩”力极强的课，给我们当下的阅读教学几多启发：应该多一些深度的阅读，用“丰富且统一”的评价让教与学一体化；构建一种充满未来意义的课堂模式，让经典以贴近学生且让他们终身受益的形式永远流传。

参考文献：

[1] 崔允漷，夏雪梅. “教—学—评一致性”：意义与含义［J］. 中小学管理，2013（1）.

[2] 丹尼尔·平克. 全新思维：决胜未来的6大能力［M］. 高芳，译. 杭州：浙江人民出版社，2013.

2. 鲁迅塑造孩子王，方法很蹊跷

——《社戏》趣读课堂实录

执教：王　君

整理：甘肃省酒泉市第六中学　龚　燕

清华附中上地学校　尹　东

第一部分：课前引入，明确主问题

师： 同学们好，我们开始上课。《社戏》是名篇。它的体裁是——

生： 小说。

师： 对。《社戏》的故事很丰富，来，复习一下——

【屏显】

随母归省　乡间生活　戏前波折　月夜行船

船头看戏　夏夜归航　偷豆煮豆　戏后余波

师： 小说故事都是虚构的。迅哥儿这个形象，有鲁迅本人的影子，但咱们不能直接说就是鲁迅。《社戏》是早期的白话文，有些语言文字的用法跟现在不同。比如“的”“地”“得”在本文中都用“的”，大家注意一下。小说的主要任务是塑造人物。鲁迅塑造了一群平桥村的可爱的孩子。我们今天就研究最有个性、最有魅力的一位——

生： 双喜！

师： 对！按照现在的说法，双喜最大的特点是什么？

生：有领导力。

生：孩子王。

师：是的是的！请回答我：双喜准确的年龄？双喜到底读过书没有？双喜长得帅吗？双喜平时穿什么样子的衣服？双喜家庭情况怎么样？双喜在家里，也是一个可爱的哥哥吗？双喜平时最喜欢怎么玩儿？

（学生都面面相觑）

师：都不知道对吧！好奇怪啊，人物描写本来有很多方法。

【屏显，人物描写的方法和角度】

师：鲁迅也很会运用这些手法。比如塑造我们熟悉的另外一个孩子——

生：闰土。

师：对，闰土是《故乡》中的人物，塑造手法就很丰富。但好像鲁迅先生只用一种方法就刻画出了双喜这个人物形象。哪种方法？

生：语言描写。

师：对！是不是很奇特？所以今天我们的学习主题就是——鲁迅塑造孩子王，方法很蹊跷。我们一起来研究这个奇怪的现象。

【屏显】

有一个奇怪的现象：人物描写的方法很多，但鲁迅先生塑造少年领袖“双喜”，似乎只用了语言描写。除此之外，双喜的其他信息很少，甚至几乎没有。

正方：我觉得鲁迅先生是故意这么写的

反方：我觉得鲁迅先生可能犯了一个错误

师：为了帮助同学们选择，我们先来做几个热身准备活动。

师：第一个准备活动。大家起立，把对双喜的十一处语言描写都读一读，议一议。

【屏显】

双喜语言荟萃

1.“大船？八叔的航船不是回来了么？”

2. “我写包票！船又大；迅哥儿向来不乱跑；我们又都是识水性的！”

3. 双喜说，那就是有名的铁头老生，能连翻八十四个筋斗，他日里亲自数过的。

4. 双喜说，“晚上看客少，铁头老生也懈了，谁肯显本领给白地看呢？”

5. 双喜他们却就破口喃喃的骂。

6. 双喜终于熬不住了，说道，怕他会唱到天明还不完，还是我们走的好罢。

7. “阿阿，阿发，这边是你家的，这边是老六一家的，我们偷那一边的呢？”

8. 双喜以为再多偷，倘给阿发的娘知道是要哭骂的……

9. 双喜所虑的是用了八公公船上的盐和柴，这老头子很细心，一定要知道，会骂的。

10. “都回来了！那里会错。我原说过写包票的！”

11. “是的。我们请客。我们当初还不要你的呢。你看，你把我的虾吓跑了！”

（生起立，自由演读讨论）

师：好。我们来做第二个准备活动。对双喜的语言描写，好像都是非常普通的，不细细咀嚼，是看不出鲁迅先生的匠心的。我介绍一些咬文嚼字的方法给大家。

【屏显】

一标一点慢慢嚼，看似寻常其实妙。
言内言外都琢磨，话前话后巧思量。
多角反复勤对比，潜台词里悟玄奥。
矛盾之处最珍贵，穷追趣问是良方。

（生读，师简单解释）

师：小说里优质的语言描写，都是优质的小剧本。老师从十一处语言描写中，挑出五处。我们重点就来琢磨这五个小剧本，看看鲁迅先生的语言描写是不是成功。

第二部分：剧本演读，咬文又嚼字

微剧本之一

师：来，同学们，咱们先不看书。我们换个角色。假如我们是编剧，是导演，是演员，我们先琢磨第一个剧本。双喜他们去看戏，可戏很不好看！对双喜的语言，有两种设计——

【屏显】

设计一：双喜他们却就破口喃喃的骂。

设计二：水生他们却就破口喃喃的骂。双喜说，骂啥呢？走吧走吧！

（生演读）

师：大家觉得哪个设计好？

生：我觉得“设计二”好！更能表现出双喜很懂事。他不是跟着骂。他要成熟一些。

生：我觉得“设计一”好。因为小说中鲁迅先生塑造的双喜是一个比较顽皮、淘气的孩子，“设计一”就能反映出这一点，而“设计二”双喜是劝说的身份。

师：能写少年领袖也骂人吗？

生：双喜确实是一个比较懂事的孩子，但他也是个孩子啊！还是设计一好，显得真实。

生：我认为鲁迅很擅长观察人性。双喜虽然是一个孩子王，但写他不开心的时候也骂骂咧咧的，更能表现出孩子的心理和天性。（掌声）

师：你的发言把老师折服了！你很懂鲁迅先生。写人最怕走极端，塑造孩子最怕忘记了他是一个孩子，小孩子就应该有小孩子的样子。大家平时写作文，也不用拿腔作调的，让孩子说孩子的话，才动人。来，我们再好好读，认真体会这个“骂”的妙处。

（生齐读）

微剧本之二

师：嗨，考考大家的演技。你会演“骂”和“哭骂”吗？假如台词是“我们家被偷了”“这帮混小子”。来，试试

生（哭骂）：我们家被偷了，这帮混小子！

生（骂）：我们家被偷了，这帮混小子！

（笑声；热烈的掌声）

师：“骂”和“哭骂”，一字之别，但差距很大啊。看看下面这个微剧本，猜猜鲁迅先生会怎么写。谁是骂，谁是哭骂？

【屏显】

双喜以为再多偷，倘给阿发的娘知道是要（　　）的……

双喜所虑的是用了八公公船上的盐和柴，这老头子很细心，一定要知道，会（　　）的。

生：我认为双喜觉得阿发的娘是“哭骂”，六一公公是“骂”。因为当妈妈知道豆子被偷，自己的孩子也参与其中，会很难过。

师：六一公公就不难过了？

生：为母则刚，母亲有柔弱的一面，也有刚强的一面。在面对别人的孩子偷了自家的豆，而自己的孩子也参与其中时，肯定会很委屈，但也很生气，所以哭骂。六一公公脾气有点暴躁，当别人偷了自家的豆子，肯定会很生气，他会骂，但不会哭出来。

师：为什么六一公公不会哭出来呢？

生：女人在生气的时候会哭，男人哭就不符合他的形象了。

师：农村里中年女性的哭骂，是非常有特点的。以后同学们在生活里，在文学作品中还可以看到。你们看，也是一字之差，但表现力完全不同啊。

我们来读一读。

（生齐读）

师：大家看，鲁迅先生写人物的语言，是相当精准的。

微剧本之三

师：双喜很聪慧，有一个重要的原因是他帮大家解决了一个天大的难题——迅哥儿想看戏，但是没有船。我们读原文，好像是轻描淡写啊！

【屏显】

忽然间，一个最聪明的双喜大悟似的提议了，

“大船？八叔的航船不是回来了么？”

师：我们读这样的关键情节，一定要把它放在具体的语境中，仔仔细细地体味，才能够发现奥妙。

【屏显】

总之，是完了。到下午，我的朋友都去了，戏已经开场了，我似乎听到锣鼓的声音，而且知道他们在戏台下买豆浆喝。

这一天我不钓虾，东西也少吃。母亲很为难，没有法子想。

到晚饭时候，外祖母也终于觉察了，并且说我应当不高兴，他们太怠慢，是待客的礼数里从来没有的。

吃饭之后，看过戏的少年们也都聚拢来了，高高兴兴的来讲戏。

只有我不开口；

他们都叹息而且表同情。

师：看不成戏，对于迅哥儿而言，是天大的事情，他非常痛苦，痛苦得都产生了幻觉了，整个生命状态都不对了，家里的气氛也受到了严重影响。这个时候，一群看了戏的小孩子高高兴兴地回来了。他们看见迅哥儿很难过，是什么表现呢？读——

生（齐读）：他们都叹息而且表同情。

师：这群小娃娃很可爱的，大家表扬一下他们。

生：他们非常懂事，都能理解“我”的难过。

生：他们很重情义，都能设身处地地感受朋友的处境。

生：他们本来都很开心，但看见“我”不开心，便都把自己的开心藏起来了。

师：按照现在的说法，这叫什么？

生：同理心！

师：同理心很珍贵啊。这帮娃娃没有上过什么学，但是他们都善良懂事啊。老师想请三位同学分别扮演他们中的三个，一个叫阿发，一个叫桂生，一个叫水生，你们需要根据情境创造两句话出来，把“叹息”和“同情”表现出来。

（三个同学上台）

师：做好准备，我们要开始了。第一轮，你着重要表现的，是叹息，通过叹息，和迅哥儿共情，缓解他的焦虑。

师（演读迅哥儿）：我太倒霉了！我怎么就这么倒霉呢！

生（扮演桂生）：唉！村里的大船也是，怎么偏偏今天就出去了呢？

生（扮演阿发）：啊！老天，这太遗憾了，简直太遗憾了！

生（扮演水生）：唉！迅哥儿，你没有去，我们也觉得好没有意思啊。（众笑，鼓掌）

师：这个水生特别有同理心。为什么？他懂安慰啊！

师：我们再来一轮，这一次，重点是表达“同情”。我们看看，谁的创造，最能够安慰到迅哥儿。

生（扮演水生）：迅哥儿，幸亏你没有去，今天的戏，真的很不好看啊！比往年的都差。（众笑，鼓掌）

生（扮演桂生）：迅哥儿，听说明年的戏特别好，我们明年陪你去！（掌声）

生（扮演阿发）：走，迅哥儿，我们钓虾去，比看戏好玩多啦！（掌声）

师：同学们好棒！平桥村的小朋友多么可爱啊！可是，这里边，还有最可爱的。大家都只是在叹息啊同情啊，忽然间，一个最聪明的双喜大悟似的提议了——来，读！

生（演读）：大船！八叔的航船不是回来了么？

师：读得太好啦！再示范一遍！

（生惟妙惟肖演读）

师：他读得好，是因为他深深懂得鲁迅先生文字的妙处。平桥村的孩子都很有同理心，但双喜和他们比较起来，最大的不同是什么？

生：双喜最大的不同是当别人都只在为迅哥儿叹息、同情的时候，双喜却想办法解决问题。

师：说得好！孩子们能理解问题已经很厉害了，但理解问题也可能沉溺于问题，困于问题。但最优秀的孩子，一定是问题解决者。双喜就是这样的孩子！这就是我们所说的领导力！你看，鲁迅先生是不是很厉害。他只写了双喜一句话，但是整个平桥村的孩子们，都是这一句话的背景。这样的语言描写，效果就不一样啊。

微剧本之四

师：双喜虽然解决了船的问题，但大人们还是不放心啊，此时还是双喜站出来了。双喜一语定乾坤！双喜的台词，也有两种设计，大家继续来选择啊！

【屏显】

设计一："我写包票！船又大；迅哥儿向来不乱跑；我们又都是识水性的！"

设计二："我们都是识水性的，迅哥儿向来不乱跑，船又大。我写包票！"

（组织生演读）

师：请大家有理有据地发表意见。

生：我认为设计一好。因为先说"我写包票"，就是"我能保证这件事"，很让大人心安，然后再陈述理由，说"船又大；迅哥儿向来不乱跑；我们都是识水性的"，这些证据可以更加有力地让长辈们心安。

生：我也认为设计一好。因为设计一是先下承诺再说原因，设计二是先说原因再下承诺。先下承诺有一种坚定的责任感，而先说原因再下承诺就没有那么坚定了。

师：你是一个表达逻辑非常强大、提炼能力很强的姑娘，但是分析角度没有变。你可以从三个要素的排列顺序来研究一下。

生：首先“船又大”是外部原因，“迅哥儿向来不乱跑”是内部原因，“我们又都是识水性的”为迅哥儿的安全做保障。“船大”对后两个原因是有影响的，所以我觉得应该先写“船又大”，再写“迅哥儿向来不乱跑”，最后写“我们又都是识水性的”。

师：有点儿意思！船大是物质条件，物质保障要放在第一位。“我们又都是识水性的”言外之意是什么？

生：如果迅哥儿落水了，我们可以把他救上来。

师：好！这叫危险时候的预案。你还可以注意一下标点符号——为什么这么短的三个句子，中间用的是分号呢？

生：分号的停顿时间长。这就能表现出——（说不出来了）

师：大家读一读，感觉就出来了。先读是分号的句子。

生读：船又大；迅哥儿向来不乱跑；我们又都是识水性的！

师：换成句号呢？

生读：船又大。迅哥儿向来不乱跑。我们又都是识水性的！

师：换成逗号呢？

生读：船又大，迅哥儿向来不乱跑，我们又都是识水性的！

生：我觉得用分号表明双喜很坚定，说话很沉着。

生：用分号特别能强调这三个要素的重要性。

师：大家看鲁迅先生写双喜的语言，是不是非常用心。每一句，我们都可以从现代管理学的角度去琢磨。双喜敢于担当责任，解决问题的思路非常清晰，考虑非常周全，甚至他还准备了预案。同学们请起立，请大家调整情绪，读出双喜的担当和聪慧，读出他敢在一群大人面前拍胸脯的那种自信。

（生演读）

微剧本之五

师：最后我们再来研究一个微剧本。偷豆的后果来了，六一公公来问罪了。同学们，六一公公生气了吗？

生：生气了。

生：没有生气。

师：哈哈，我们通过朗读来分析。

【屏显】

“双喜，你们这班小鬼，昨天偷了我的豆了罢？又不肯好好的摘，踏坏了不少。”

（生读）

生：六一公公说“又不肯好好的摘”，意思应该是你们偷没有问题，但踩坏了，浪费了，就不好了。这才是他生气的原因。六一公公应该没有真生气。

师：抓住了“好好”两个字，分析得有道理！

生：“小鬼”这个词表达出六一公公不是很生气。

师：哈哈，“小鬼”是爱称，而且是“一班小鬼”，不是“一群小鬼”，你是个人情通达的孩子。还有其他角度吗？

生：六一公公的话后面用的是问号和句号，没有叹号，就说明他说话时心平气和，不是真生气。

师：太棒啦！同学们越来越能关注标点符号这些细节了。这就叫咬文嚼字啊！现在我来演双喜，这位同学演六一公公，我们配合。普通小孩儿应对六一公公的质问，一般有三种反应。大家看我的表演。

生（六一公公）：双喜，你们这班小鬼昨天偷了我的豆了罢？又不肯好好的摘，踏坏了不少。

师（演读反应一）：胡说！没偷！诬陷我！我们根本就没有偷！（众大笑）

生（六一公公）：双喜，你们这班小鬼昨天偷了我的豆了罢？又不肯好好的摘，踏坏了不少。

师（演读反应二）：偷了！就是老子偷的，还就是要偷你的，怎么啦？（众大笑）

生（六一公公）：双喜，你们这班小鬼昨天偷了我的豆了罢？又不肯好好的摘，踏坏了不少。

师（演读反应三）：公公，公公，我们就是偷了一点点，你不要责备我们好不好？千万不要告诉我爸爸妈妈，我会被打的。（众大笑）

师：好，我们现在来看看双喜是如何应对的。

（请一位同学扮六一公公，一位同学扮双喜）

师：双喜怼六一公公，怼得很高明。六一公公是装作生气，这种状态你们要找到。

【屏显】

> "双喜，你们这班小鬼，昨天偷了我的豆了罢？又不肯好好的摘，踏坏了不少。"
>
> "是的！我们请客！我们当初还不要你的呢！你看，你把我的虾吓跑了！"

（生表演）

师：演得好！这个剧本已经很不错啦！但是，鲁迅先生原文比这个更精彩。你注意看新剧本。再来表演一次。

【屏显】

> "是的。我们请客。我们当初还不要你的呢。你看，你把我的虾吓跑了。"

（生表演）

师：这次表演更棒啦！你发现了什么不同？

生：第一个剧本是叹号，第二个剧本是句号。

师：你觉得哪个剧本好？

生：用句号的剧本好。双喜应对这件事很轻松，一点儿都不用力。

师：大人认认真真来问罪，但是一拳打在棉花上了。双喜越云淡风轻，就越占上风。

师：双喜的四句回答一句比一句妙，大家能理解吗？

生：第一句“是的”，他没有撒谎直接承认，体现了他的坦然；“我们请客”，用男生的话说就是自己有了好处，就和同伴一起分享，有福同享，有难同当。

师：“我们请客”是他给“偷”找了一个什么？

生：台阶。正当的理由……

师：对，这个台阶就是平桥村淳朴温暖的民俗文化，是大家都认同的，请客怎么能说是偷呢？

生：“我们当初还不要你的呢”体现当初他是要阿发家的豆子。

师：这个句子的言外之意是什么？

生：我觉得你们家的豆子好，我们才要你的，那是我们瞧得起你，你不仅不应该批评我们，你应该感谢我们才对。（众笑，鼓掌）

师：多狡猾的孩子。这就叫反守为攻了。最后一句为什么用叹号？

生：双喜在努力转移话题，而且想让六一公公感觉好像自己还有点错，让他去内疚。

师：双喜这娃娃，挺会打心理战，是真狡黠。鲁迅先生的精彩就在于，他从始至终，都是把双喜当孩子来写。他一个十一二岁的小孩子，不仅要撇清这件事情，最后还要让自己在心理上也占优势。这是一个超级厉害的目标，但双喜四句话就实现了。这个孩子长大不得了啊！他虽然小小年纪没有读过什么书，但他通人情人性，这就是懂心理学啊。双喜长大，往往就能成为一个团队、一个族群、一个政府、一个社会的领军人物。而有些人书读得多，未必能够做到，所以读有字之书和无字之书都重要。双喜这娃，给我们的启发多啊——

【屏显】

普通的小孩儿无视问题

厉害的小孩儿发现问题

普通的小孩儿困于问题

厉害的小孩儿解决问题

师：请同学们起立，放松一下身体。请大家再自由地读读议议“双喜语言荟萃”中我们今天没有讨论到的语言，整体感受一下双喜的形象。真的，鲁迅是高手，每一处语言描写，都是一个微剧本啊。

（生起立活动）

师：同学们，因为鲁迅先生对人情世故的洞察，对农村生活和农村少年的洞察，所以才把双喜写得那么精准。现在“领导力”这个词语很热，双喜其实就是一个有领导力的孩子啊！我们来做个总结。

【屏显】

赞双喜

· 平桥村里双喜伢，十一二岁小人家。
· 聪明伶俐孩子头，桩桩件件主意大。
· 眼观六路听八方，风吹草动善观察。
· 心思缜密抓要点，轻重缓急无错差。
· 关键时刻主张明，一呼百应不叽喳。
· 孩子堆里像哥哥，老人面前是暖娃。
· 轻描淡写三两句，摆平矛盾乐哈哈。
· 乳臭未干忒懂事，未来老大还是他。

（生朗读）

第三部分：小结升华，再现主题和学法

师：同学们，我们做了那么多准备，现在回到这堂课的主问题。请同学们选择正方或者反方，我们现场来一个辩论。

【屏显】

有一个奇怪的现象：人物描写的方法很多，但鲁迅先生塑造少年领袖“双喜”，似乎只用了语言描写。除此之外，双喜的其他信息很

少，甚至几乎没有。

正方：我觉得鲁迅先生是故意这么写的

反方：我觉得鲁迅先生可能犯了一个错误

（学生选择正方的居多。辩论。略）

师：看来同学们都理解了鲁迅的写法。老师也来发表自己的意见，和你们熟悉的闰土这个形象比较起来说。第一，从创作的目的来看，鲁迅写少年闰土，是为了和中年闰土比较，来揭示中国农村快要破产的惨状，所以他需要更加丰富的角度；但是写少年双喜，是为了表现平桥村美好的人情人性，双喜只是那群可爱的少年当中的一位，所以浓墨重彩需要节制，这是作者在排兵布局、安排主次时考虑的一个原因。第二，从创作的手段看，同样是语言描写，写双喜的语言，鲁迅在很多层面上做了创新。比如，写闰土的语言，都是“直写”，一眼就能看出这里闰土说话了。而双喜的语言，有的是“直写”，但也有的是“曲写”，是“暗写”——我们得琢磨一下，才会发现这里双喜说话了。还比如，双喜的十一处话，既有“群言”——一群孩子在一起说话，又有“对言”——有问有答，还有“独言”——只有双喜一个人在说话。而闰土的语言都是跟“我”在对话。所以同样是语言描写，《社戏》还是很有特点的。我们从这个角度来研究鲁迅的人物塑造方法，希望能够给同学们一些启发。

师：最后留一点思考题。同学们可以继续琢磨琢磨“这么优秀的双喜是谁培养出来的”。你可以去研究平桥村的山水，研究平桥村的文化，平桥村人与人之间的关系。美好的山水美好的人，美好的大人和美好的小孩。《社戏》是一篇诗化小说，双喜的背后那个让人感觉梦幻一般的平桥村、桃花源一般的平桥村，才是双喜的成长背景。

师：另外，《故乡》中少年闰土长大后成了“消失的他”，可爱的闰土成了一个麻木辛苦的中年人。少年双喜也会消失吗？中国当代儿童文学当中，影视剧当中，像双喜一样让人难忘的儿童形象很难找到了。希望你们成为像双喜一样的有领导力的好孩子，都是问题解决者，长大后创造出更多更好的少年形象，甚至超越鲁迅先生笔下的双喜。最后我们复习一下今天的学习方法。

【屏显】

· 一标一点慢慢嚼，看似寻常其实妙。

· 言内言外都琢磨，话前话后巧思量。

· 多角反复勤对比，潜台词里悟玄奥。

· 矛盾之处最珍贵，穷追趣问是良方。

课评

聚焦文本特质，汲取成长力量

——评王君《社戏》趣读一课

（龚　燕　甘肃省酒泉市第六中学）

“青春语文”的倡导者王君老师说：“解读一个文本，就是安顿一次心灵。”青春语文课堂根据一个文本区别于其他文本的标志性属性确定文本特质，追求对文本语用价值和精神价值的双向开掘与情趣呈现。《社戏》趣读一课，王君老师独具慧眼将切入点聚焦在鲁迅先生对双喜的语言描写上，以此定位本堂课的文本特质为“语用型文本”，通过解析文本特质达到情感价值的培育，为成长赋能。

语用型文本侧重于语言训练，课堂目标直接明显地指向文本中某一语言特质的认识学用，其语用价值是显性的、直接的，思想启蒙和情感熏陶恰是隐形的、柔性的。所以语用型文本的教学就要在进行语用训练的过程中融合精神价值的渗透。本节课王君老师运用聚焦法，选择小说文本的人物语言切入，开展情境演读活动，咬文嚼字激活语言文字的生命力，打通少年双喜和当代学生少年领袖力气质的融合，为汲取生命成长的精神力量奠定坚实的基础。

一、聚焦整合，搭建思维框架

《社戏》是八年级下册第一单元的第一篇文章，是鲁迅先生笔下展现平桥村优美淳朴的民俗民风的经典佳作。作为一篇小说，其核心要素“人物形象塑造”是教学重点。王君老师突出重点，在设计中进行了三次聚焦：一是聚焦中心人物及其描写方法。在平桥村的诸多小伙伴中，双喜是领袖气质出众的典型人物，鲁迅先生对双喜的描写只运用单一的语言描写，所以整堂课就提炼了双喜的十一处对话。二是聚焦主问题。根据鲁迅先生仅择取双喜的人物语言描写塑造典型人物形象，渗透青春语文课堂的主问题意识，用“鲁迅先生用单一的语言描写塑造双喜人物形象，是故意的还是可能犯了一个错”这一问题贯穿整个课堂。三是聚焦学法指导。通过“咬文嚼字有方法”的学法指导，明确“语用型文本”通过反复咀嚼标点、文字、语言、语气的前后变化，在对比中“穷追趣问”，在矛盾中顿悟成长。

三次聚焦，三次思维的整合，整合内容，整合学法，整合文本的精神价值。在聚焦中整合，在整合中聚焦，这基于“青春语文”对统编教材单元“人文素养”和“学习方法”双线并行理念的深刻理解，基于对学生语文核心素养培养路径的思考，也基于对文本进行深度阅读的反思与探索。

二、情境演读，开发语用能量

首先，语用型文本教学的价值指向言语活动，着眼于学生基本言语能力的提高和发展。本节课在学生咬文嚼字朗读的基础上，通过品味语言，启迪学生深度阅读文本的智慧。王君老师在朗读中关注语用型文本的语用要素，通过引导学生“沉入式”地发现在相同的语言环境中，使用不同标点和不同的语序、语气、语调和情绪表达将会产生不同能量。如品味六一公公与双喜的对话时，就聚焦句末的标点符号，通过品读感受问号、句号、叹号的不同语气，揣摩出六一公公不是真的生气，从而表现出人情的真善美。

其次，语用型文本教学通过具体语用情境，将所感受的言语现象，转化为语用实践并亲身历练，进而提高语言基本素养，将语用文本字里行间蕴藏的精神能量提炼出来。

在《社戏》趣读中，王君老师创设情境演读微剧本，“让学生在生动具体的语言情境中灵动地学习语文”。一个女生对“哭骂”与“骂”的不同言语表现，感受双喜“善于观察人性”的领袖力；学生在“平桥村少年对迅哥儿没有去看戏的叹息和同情”的情境中，感受平桥村少年们人性的善良和双喜相较于其他少年所具有的突出的解决问题的能力；教师设计双喜“破口喃喃的骂”与“骂啥呢？走吧走吧”的对比朗读，感受鲁迅塑造小孩形象的笔力分寸感；选出两名男生扮演双喜和六一公公，反复比读句号、叹号的不同语气，感受平桥村的美好人性和少年智慧。如对双喜回应六一公公话语的品味：“第一句‘是的’，体现了他的坦然。‘我们请客’是和同伴一起分享，有福同享，有难同当，讲义气，并给他们的‘偷’找了一个台阶。‘我们当初还不要你的呢’的言外之意是“我”认可了你家的豆子，“我”瞧得起你，你应该感谢“我”。最后一句用叹号，是让六一公公感觉自己还有点错并由此转移话题。”一句一句拆分开来品味，紧紧联系孩子们的日常生活交流，更能感同身受，更觉回味无穷。

王君老师是情境创设的高手，她立足于语言要素，运用高超的引导话语，循循善诱，将学生化身为双喜本人，每一个理由的分析，都是现实中的少年和平桥村少年双喜的一次隔空对话，学生在语用实践中亲身经历，用语言带动对内容、情节和思想的理解。

三、赋能成长，达到言意融合

李维鼎先生说：“语文学习是据言得意（吸纳）、由言表意（倾吐）的转换、融合过程。”[1]所以语用型文本教学远远不是以往的为语言而语言的纯技术性语言训练，而是融工具性与人文性于一体的言意互转、言意融和的过程。何为“意”？意即人的情感、思想、意念、理想等心理活动以及人性、人情、人道内在的心灵世界。

《社戏》趣读一课，王君老师由语言情境的言语课堂最终走向对学生思维能力的提升、健全人格的塑造和少年卓越领袖气质的培养。首先是提升学生“聚焦—整合—发散”的语文阅读思维能力。聚焦双喜的语言，整合其卓越领导力的表现，再次聚焦课堂主问题“鲁迅对闰土的描写运用了很多方法，但对双喜的描写只有语言，是故意的还是犯了一个错”，建构学生对比思考的思维体系。其次，整堂课都在持续不断地为青少年的健康成长赋能。双喜、六一公公、平桥村的其他孩子们的纯洁、朴实、善良，平桥村淳朴的民风，如春风润物般滋养着孩子们对美好人性的追求，达到言语和精神的双重提升。

听王君老师的《社戏》趣读一课，我深刻感受到“青春语文”语用型文本解读的魅力。语用型文本的教学本然，是言语应用，但言语的最终归宿在于对人思想和心灵的陶冶，在于促使人们过幸福而完整的生活。这正是青春语文课堂教学的魅力——在聚焦和整合中打通教法和活法，在情境还原中用生命唤醒文字，从而引领每个孩子在语文的浩瀚天地中觅得诗和远方。

参考文献：

［1］李维鼎．语文言意论［M］．上海：上海教育出版社，2000：134．

3. 若爱，深深爱　若写，深情写

——向《土地的誓言》学“意象铺排艺术”课堂实录

执　　教：王　君

授课学生：成都七中万达学校七年级学生

课堂类型：写作型文本教学

整　　理：重庆外国语学校　杨晶晶

四川省成都市新都区天元中学校　林大琼

江西省南丰县教体局教研室　刘国兰

山东省临清市京华中学　秦　岩

一、暖场激趣，介绍“铺排”

（师生问好，师请生齐读课题）

【屏显】

若爱，深深爱

若写，深情写

师：端木蕻良的《土地的誓言》写的是对祖国、对土地的爱。这篇文章有很多感人之处，也有许多可学之处，今天老师要带领大家学习这篇散文表现得最突出的写作艺术——意象铺排。

（师以《天净沙·秋思》和《从百草园到三味书屋》中“不必说碧绿的菜畦……从后窍喷出一阵烟雾”片段为例，让学生感知什么是铺排）

【屏显】

铺排：铺陈、排比，是将一连串内容紧密关联的意象，按照一定的顺序组成一组结构基本相同、语气基本一致的句群。它既可以淋漓尽致地细腻铺写，又可以一气贯注、加强语势，还可以渲染某种环境、气氛和情绪。

师：我们爱一个对象，往往不由自主地去观察和它有关的很多细节，把这些生命细节打造为文学意象群，集中、隆重地呈现出来，这就是铺排的艺术。今天我们要进行三个阶段的学习，有三次活动的训练。

【屏显（生读）】

阶段一：词语铺排壮观（微观）

阶段二：短语铺排生动（中观）

阶段三：句段铺排灵动（宏观）

师：我们从最简单的词语的铺排开始。如何写出“壮观”之境？我将通过《土地的誓言》的片段，来引导大家理解和学习如何一步步地把铺排做好、做得有感染力。

【屏显（生读）】

“我想起那参天碧绿的白桦林……原野上怪诞的狂风”“在那田垄里埋葬过我的欢笑……多么美丽，多么丰饶”两个片段。

师：探究语言形式的奥妙可见，这两段文字有非常多的名词，即意象。请读出加粗的词语。

（生读《土地的誓言》两选段中标记的名词）

师：这些名词能给我们的情感造成巨大的冲击。它们之中既有人，又有——

生：物。

师：既有吃的，又有——

生：玩的。

师：既有用眼睛看得见的，又有——

生：想象的。

师：既有抽象的，又有——

生：具象的。

师：既有群体的，又有——

生：个体的。

师：既有黑白的，又有——

生：金黄的。

师：既有静态的，又有——

生：动态的。

师：既有非常神秘的，也有——

生：严肃的。

师：既有春天的，又有——

生：秋天的。

师：既有情绪欢喜的，又有——

生：情绪悲伤的。

师：因为爱，所以看见。即使不看形容词，光看这些名词，就能让我们感受到作者情感的巨大能量。与端木蕻良一样，电视剧《我的团长我的团》中主角龙文章在受审时，也表达出对国土沦丧的痛苦之情。他的台词就用了词语的铺排。

（播放《我的团长我的团》龙文章受审片段。

龙文章台词节选：天津麻花狗不理，广州的艇仔粥和肠粉，旅顺口的咸鱼饼子和炮台，东北地三鲜、酸菜白肉炖粉条，火宫殿的鸭血汤、臭豆腐，还有被打成粉了的长沙城……没了，都没了……）

师：台词里重点铺排了哪两类词语？

生：地名。

生：各地的特色饮食。

师：一连串名词的铺排把龙文章对故土被占领的痛苦表达得极为到位，所以，同学们，若爱就要深深爱，若写就要密密写。

二、创写一：若爱，深深爱；若写，密密写

师：怎么密密写？——你爱它，会发现很多与它相关的名词，把这些名词意象组合起来，就能营造出情感冲击力。请完成“想起成都，我就想起____________________”这个句子的填空。大家至少填写五个词。

【屏显】

创写一：尝试用词语铺排的手法。

想起成都，我就想起________

（如美食、特色景点、人物、生活方式、诗词……）

（生开始写，师巡视学生的写作情况，并请一男生和一女生做示范）

生：想起成都，我就想起武侯祠，想起锦里，想起宽窄巷子，想起杜甫草堂，想起金沙遗址，想起打麻将，想起盖碗茶。

（生鼓掌后，师请学生接龙式作答）

师：想起成都，我就想起——

生：浣花溪。

生：府南河。

生：天府广场。

生：青城山。

师：这些名词都会让我们产生美妙的联想。

生：想起成都，我就想起豆腐脑；想起成都，我就想起龙抄手；想起成都，我就想起糖油果子；想起成都，我就想起夫妻肺片；想起成都，我就想起麻婆豆腐；想起成都，我就想起蛋烘糕；想起成都，我就想起火锅。

（生及听课老师鼓掌）

师：谢谢。外地老师有福了，一样一样去“打卡”吧！（师请另一组学生接龙式作答）

师：想起成都，我就想起——

生：诸葛亮。

生：薛涛。

生：李冰父子。

生：刘备。

师（兴奋）：同学们，这就叫作"若爱，深深爱；若写，密密写"。当我们的词语铺排做到丰富和壮观的时候，内心的爱就会被酣畅淋漓地表达出来。但仅仅这样是不够的。我们继续看，如果端木蕻良这样写，你觉得效果如何？

【屏显（生读）】

我想起那白桦林，
我看见马群，
看见蒙古狗，
我听见皮鞭的脆响；
我想起高粱，
想起豆粒，
想起土地……

还想起
红玉，
黑玉，
山雕，
魔群，
煤块，
足金，
车铃，
马儿，
狐仙姑的谰语，
原野上的狂风……

师：只有名词铺排在一起，仅能给人一些感觉，情感冲击还不够强烈。

来看端木蕻良实际上是怎么写的。

【屏显《土地的誓言》原文片段。师指导生缓慢、深情地朗读修饰语】

师：除了名词，作者还用了各种各样的修饰语去修饰名词。我们再来欣赏一首现代诗，注意诗中的修饰成分。

（播放《祖国啊，我亲爱的祖国》朗诵视频）

师：同学们，爱一个人或一样东西，一定要为他选择最恰当的修饰语，这样做可以让每一个意象都鲜嫩、饱满、灵动起来！这就是：若爱，深深爱；若写，生动写！

三、创写二：若爱，深深爱；若写，生动写

师：请大家选择刚才你写出的词语中的至少三个，为它们选择最恰当的修饰语。

【屏显】

创写二：为刚才的词语加形容词或者其他修饰语，形成短语铺排，增强感情与语势。

（师请之前做示范的两名学生再次上台写，并提醒：抓住名词的特征及背后的文化去寻找适合而新颖的修饰语）

生：想起成都，我就想起松柏森森的武侯祠；想起成都，我就想起熙熙攘攘的锦里；想起成都，我就想起穿越千年的金沙遗址。

师：想起成都，我就想起——

生：人来人往的宽窄巷子。

生：一眼万年的武侯祠。

生：润滑油嘴的小笼包。

师：这个短语我喜欢！

生：想起成都，我就想起麻辣的夫妻肺片；想起成都，我就想起鲜香的麻婆豆腐；想起成都，我就想起软糯香甜的蛋烘糕；想起成都，我就想起热气腾腾的火锅。

师：想起成都，我就想起——

生：悠闲自在的下午茶时间。

生：公园里叙家常热火朝天的唠嗑。

生：麻将打得火花四射。

师：成都的麻将已经打出了文化的高度啊。（师生笑）想起成都我就想起——

生：锦江上戏水玩耍的白鹭。

师：太美了！成都是悠闲之都、文化之都，真令人向往。同学们，做个总结：这个部分我们学习的是从词语到短语的铺排，短语的铺排更生动。但是还不够，漂亮的铺排还有很多奥妙，我们来看句段的铺排。假如端木蕻良这样写，你看好不好？

【屏显（生读）】

我想起那参天碧绿的白桦林，
想起那标直漂亮的白桦树；
我看见奔流似的马群，
深夜嗥鸣的蒙古狗，
我听见皮鞭的脆响；
我想起红布似的高粱，
金黄的豆粒，
黑色的土地，
红玉的脸庞，
黑玉的眼睛，
斑斓的山雕，
奔驰的魔群，
带着松香气味的煤块，
带着赤色的足金；
我想起幽远的车铃，
带着串铃在溜直的大道上跑着的马儿，
狐仙姑深夜的谰语，

原野上怪诞的狂风……

师：全部改写成偏正短语也挺好，但是，端木蕻良并没有这样写。他怎么写白桦树？

生（齐读）：标直漂亮的白桦树在原野上呻吟。

师：为什么这样写比“我想起那标直漂亮的白桦树”好？

生：因为端木蕻良这样写，把静态的景象变成动态的景象，还有一点点声音。

师：她说到两个优点：把静态变成动态；把视觉变成听觉。“标直漂亮的白桦树”是偏正短语，“白桦树在原野上呻吟”是主谓短语。与改写后整齐的句式相比，端木蕻良的句式在不断变化。这样的例子非常多，我们回到《天净沙·秋思》，如果把它改成这个样子好吗？

【屏显】

枯藤老树昏鸦
小桥流水人家
古道西风瘦马
断肠夕阳天涯

生：不好，太整齐，让人觉得不太舒服。

师：我们回到之前《从百草园到三味书屋》的那个片段。如果鲁迅先生这样写，你觉得好吗？

【屏显（生读）】

想起百草园，我就会想起：
碧绿的菜畦，
光滑的石井栏，
高大的皂荚树，
紫红的桑葚；
在树叶里长吟的鸣蝉，
伏在菜花上的肥胖的黄蜂，

忽然从草间直窜向云霄里去了的轻捷的叫天子。
低唱的油蛉，
弹琴的蟋蟀，
断砖下的蜈蚣。
用手指按住脊梁便会啪的一声，从后窍喷出一阵烟雾的斑蝥。
有莲房一般的果实的木莲，
有臃肿的根的何首乌。
味道又酸又甜，像小珊瑚珠攒成的小球的覆盆子。

师：这样写已经非常好了，所以短语的铺排能激发我们的感情，但是鲁迅先生可没这么写。

【屏显，《从百草园到三味书屋》原文片段】

（生读）

师：同学们，这段话大有乾坤。短语结构不是清一色的偏正结构，而是出现了其他结构，比如动宾结构、主谓结构等。作者没有呆板地一味选择偏正式表达，而是像讲故事一样去表达。作者不仅用了漂亮的关联词“不必说……也不必说……”，还让句子的长短、节奏富于变化，这是种语言表达的艺术。刚才大家欣赏的《祖国啊，我亲爱的祖国》朗诵视频里，表演者的诵读节奏也明显地变化着——有时候慢得我们等不住了，有时候却快得我们跟不上了，这是一种声音表达的艺术。两种艺术表达形式是一个类型，一个道理。我们再欣赏一段诗歌朗诵，仔细体会声音表达的艺术，这首诗也用了铺排。

（师播放《我用残损的手掌》朗诵视频）

师：这首诗的句式也在不断变化，大家一起慢慢读，再体会一下。

（生齐读《我用残损的手掌》片段）

师：你如果真爱一个人，一定会给他自由。你如果真爱文字，会拥有灵动地驾驭文字的技巧——能够把这些意象编织成丰富多彩的语言形式。这就是：若爱，深深爱；若写，灵动写！

四、创写三：若爱，深深爱；若写，灵动写

师：请继续修改自己的句子，至少选择屏幕上四个写作方法中的一个，起码改变一个句子，使句中的意象铺排充满灵动、自由的张力。

【屏显】

创写三：继续修改，创造句式，让句段铺排更灵动更深情。

写作方法：

短语结构勿单一，

故事表达才生动，

关联词语巧点缀，

长短缓急换节奏。

（生写，师请之前做示范的两名同学再次上台写。之后，学生接龙展示微文）

生：想起成都，我就想起鲜香的麻辣烫油珠四溅；想起成都，我就想起香甜的赖汤圆软软绵绵。

师：他在后边加了一个四字短语，形成了大主谓结构，这就比只有偏正短语的句子显得更具体。

生：想起成都，我就想起凄清寂寥的“秋天漠漠向昏黑”，杜甫空守的一份寂寥；想起成都，我就想起艰险曲折的“西当太白有鸟道”，玄宗避乱却无力回天。想起欣欣向荣的“两个黄鹂鸣翠柳”，府南河淌过的初春气息；想起万物复苏的“好雨知时节”，驱走了冬的严寒；想起万紫千红的“千朵万朵压枝低”，盛开了春的讯息；想起舒然闲适的“锦城丝管日纷纷”，演奏着千年的钟鼓，在历史的长河中响着幸福的乐章……成都的历史车轮隆隆滚过了战争与别离、贫穷与艰难，也见证了盛景与繁华、明灯与喧嚣、酒坊与花灯，现在，它在繁花似锦的太平盛世驰过，也将走向更加美好幸福的未来。

（生及听课老师热烈鼓掌）

师（竖起大拇指）：这段文字既有文采，又有思想！才女！你的感性思维和理性思维同步发展得非常好。提个小小的建议：前边的“想起成都，我就想起……”这个句式可以稍微变换一下。也许它就会更灵动，是吧？

生：不要说成都的宽窄巷子人潮汹涌，也不必说繁花似锦的浣花溪，香气中蕴含着几声白鹭的啼鸣，只说这热闹喧嚷的茶馆里不时传出的几声吆喝，便满满的都是成都的味道。

师：你是鲁迅先生的小知音，把一组关联词用得多漂亮！

生：想起成都，我看见了千门万户入画图的繁华画卷；想起成都，我听见了“晓看红湿处，花重锦官城”，那雨下得轻柔细绵；想起成都，我也想起了“锦城丝管日纷纷，半入江风半入云”的丝竹声声绵延。

师：三组画面，视觉、听觉，还有内在的感觉都来了。非常有才华。

生：想起成都，我仿佛在锦江对岸收到薛涛寄来的彩笺，我在信中读到停驾江岸的李冰父子，深居草堂喜忧兼有的杜甫，我又想起幽居竹林的苏轼，诸葛孔明似正与天下对弈。

师：太棒了。他用了故事化的表达，把概念性的历史典故用故事化的生动语言表达出来，这样的铺陈充满生命的活力！

生：想起成都，我就看见了锦里人潮的欢声笑语；想起成都，我就看到了金沙遗址的文物穿越千年的思想。

师：她已经会陌生化表达了。所以说文学不需要教概念，那种陌生化的精妙的表达会在少年的心中自然地生长起来，因为天生我才有诗心！做个总结，同学们，咱们这堂课是向端木蕻良学意象铺排的艺术。首先，微观上我们要追求什么？

生（齐答）：词语铺排。

师：中观上我们要追求什么？

生（齐答）：短语铺排。

师：宏观上我们要学习什么？

生（齐答）：句段铺排。

【屏显】

课后创写：尝试用三步铺排的手法创作。

备选话题：我爱你，妈妈；我爱你，爸爸；我爱你……

师：同学们，记住，若爱，深深爱，若写，深情写。请用铺排的方式完成课后创写，把你的爱充分表达出来。下课！

课评

进阶式学习：让学生潜能尽释

——论王君写作课的生本课堂教学策略

（杨晶晶　重庆外国语学校）

如果用一个字来概括王君老师执教的“向《土地的誓言》学‘意象铺排艺术’”这堂写作课，笔者将选择“燃”——学生及听课老师从内到外被彻底点燃了。这堂课之所以能点燃大家，是因为它是一堂基于生本教育理念的让学生潜能尽释的写作课。

《土地的誓言》是统编教材七年级下册第二单元的自读课文，单元导语指出本单元所选课文都是表现家国情怀的作品，能够激发爱国主义情感，在教学策略方面指出“应注重涵泳品味，尽量把自己‘浸泡’在作品的氛围之中，调动起体验与想象”。本单元的写作教学内容是“学习抒情”，教师应教学生如何恰当抒发自己的真情实感。基于统编教材的编者意图，王君老师灵活而富有创造性地把《土地的誓言》处理为写作型文本，聚焦“意象铺排”这一具体的抒情方法，调动学生积极把自己“浸泡”在经典语境里，借助丰富而有层次感的学习活动，激发了学生的爱国情感，高效提升了学生的写作素养。整堂课充分体现了青春语文教学艺术的本质——恪守创新，不仅传授学生本领，还要激励、唤醒、鼓舞学生。

这堂写作课带给了笔者关于生本课堂教学的许多思考。

一、组织学生参与具有挑战性的深度学习

王鼎钧说：“意象意象加意象，好的意象写得好，把最好的意象放在最

适当的位置，这就是文学。”可见，意象及意象铺排是好的文学作品里不可或缺的元素。意象在抒情性文字中，更是会产生巨大的感染力。王老师引导学生学习和实践“意象铺排”来抒发对写作对象的深刻情感是非常高明的。但是，“意象”这个术语太抽象了，关于它的多种解释很难让七年级的孩子在一节课内豁然贯通，更不必说运用“意象铺排”去写作了。

越是遇到棘手的教学内容，教师越容易回到最习惯的做法上——比如，教师先把自己理解的“意象铺排”的概念及运用方法和盘托出，详细讲解，再请学生根据教师的观点分析例文，最后进行写作。这种“套路”会极大限制学生的创造性思维，学生会觉得索然无味，也回避了这堂课的核心问题：什么样的学习行动才能帮助学生高效掌握“意象铺排”。

打破了习惯的做法，王君老师这堂课组织学生参与到具有挑战性的深层次的学习中去，使学生潜能尽释，破茧成蝶。

课堂伊始，王老师仅仅让学生粗略感知什么是铺排及其基本作用，并没有具体详尽地讲意象是什么，铺排怎么写。这样做，是将“意象铺排”这个话题客观地“悬挂”在学生面前，避免了向学生“灌输”教师先入为主的理解和思维框架。

学生没有先接受结论，而是沉浸在王老师提供的丰富的语言材料里，通过高度参与互动、演练，逐渐对“意象铺排”产生个性化的操作层面的理解，从而快速将它内化成自己的能力。

在具体实施策略上，王老师引导学生从词语铺排（微观）、短语铺排（中观）和句段铺排（宏观）这三个不同的角度探究“意象铺排”语言形式的奥妙及使用方法。多角度探究可以带来更丰富、更深层次的学习实践：通过完成三个阶段的学习，学生具体深入地感受到，爱一个人或者一样东西，可以密密地铺排其各种状态（名词），为其恰当地选择鲜活饱满的修饰语，灵动地编织丰富自由的语言形式。

这堂课不仅给学生提供了多种探究角度，还提供了多样化的探究对象：既有古诗文《天净沙·秋思》，也有现代诗《祖国啊，我亲爱的祖国》《我用残损的手掌》，还有散文《从百草园到三味书屋》，更有影视剧和朗诵的视频片段等。更富创新性的是，王老师还呈现出改写前后的《土地的誓言》

《从百草园到三味书屋》片段和《天净沙·秋思》供学生比较探究。

丰富的探究角度和多样化的探究对象给学生带来更全面、更深入的思考，学生的写作实践也实现了从词到句，进而到段的快速演进。

这堂课启发我们：应不断打破自己习以为常的观点和方法，引领学生围绕具有挑战性的学习主题，积极参与到对丰富对象的深度探究中去，生出更有深意的见解。

二、引导学生实践进阶式的创意写作

要想设计出让学生“燃”起来的写作课，教师需意识到：任何写作实践的起点都是学生有强烈的创作欲望和充沛的创作动力，并愿意为漂亮地完成写作任务付出持久而艰辛的努力。王老师是激发学生产生强烈而持久的创作激情的行家。

介绍完“意象铺排”后，她请学生品析《土地的誓言》片段和《我的团长我的团》龙文章受审片段里由壮观的词语铺排表现出的叙述者对国土沦丧的痛苦之情和对故乡深切的爱。此时，学生较容易通过联想产生一种强烈的移情——将自己对故乡某些重要的人、物、景、事等的强烈情感投射出来。王老师敏锐地借“移情效应”的东风，设计了基于成都学生真实生活的写作任务：请学生尝试运用铺排的手法完成“想起成都，我就想起________________”这个句子的创意补写，形成自己的文段。这样的处理，极大地激发了学生的创作欲望和热情，整堂课学生妙语不断。

准确地把握“学生现有的经验状态”和“完成写作任务所需的知识经验”这两者的匹配度，是设计优良写作学习任务的前提。王老师认识到，以七年级学生的写作能力，很难一次性把“意象铺排法”运用到位。于是，她将写作方法细分为三点：密密写——用词语铺排；生动写——为词语加修饰语，形成短语铺排，增强感情与语势；灵动写——创造句式，让句段铺排更灵动更深情。这三个点的操作难度呈上升趋势。王老师讲一点，学生学一点、写一点，然后王老师评一点。一个点落实到位后，王老师再引导学生进入下一个点的学习和写作实操。如此细致化、具体化、有梯度的教学符合学生的认知天性，学生对挑战进阶乐在其中，努力更容易持久。

值得一提的是，写作教学很容易出现教师将写作知识、方法的传授泛化、模糊化的问题。比如，教师往往只讲“创造句式，让句段铺排更灵动更深情”，至于创造句式的具体方法就丢给学生自行解决。本堂课上，王君老师对于写作知识、方法的传授具体且落到实处。比如，传授短语铺排方法时讲解短语结构，传授句段铺排方法时总结出具体路径：“短语结构勿单一，故事表达才生动，关联词语巧点缀，长短缓急换节奏。”

由学生的三次进阶式创写可见，尊重实际学情，遵循认知天性，注重思维进阶是不可不学的“点燃”学生的策略。

这堂课，王君老师为学生的潜意识注入了强大的内驱力，并通过引导学生进行深度进阶式的学习，一步步地推动其自我实现。观课者明显感受到学生高效的“生长”：学生从无意识地压抑自己，到学着破除公开课产生的思维枷锁，树立自己的信心，再到产生必须写作和展示自我的内心冲动，最后成功领悟如何运用“意象铺排”这种写作手法来表达自己对写作对象的情感，最终打造出颇具个性化的独特的微文作品。

参考文献：

[1] 李振鹏，唐锡晋. 集体行动的阈值模型［J］. 系统科学与数学，2014（5）.

[2] 王君. 一路修行做老师［M］. 成都：天地出版社，2015.

[3] 王鼎钧. 文学种子［M］. 北京：生活·读书·新知三联书店，2015.

[4] 马斯洛. 马斯洛人本哲学［M］. 成明，编译. 北京：九州出版社，2003.

[5] 圣吉. 第五项修炼：终身学习者［M］. 张成林，译. 北京：中信出版集团，2019.

4. 向《中国石拱桥》学说明顺序

——《中国石拱桥》课堂实录

执　　教：王　君

授课地点：武汉

课堂类型：语用型+写作型

整　　理：赵米英　孙秋备

第一部分　积累文体知识　明确终极任务

师： 同学们好，请坐。我们今天学习说明文。

【屏显，说明文定义、常用说明方法及三种说明顺序】

师： 我们今天的终极任务是做课堂微型演讲。

【屏显】

本堂课终极任务

为我们大武汉的桥代言，着力体现优质的说明顺序

课堂微型演讲60秒到120秒

师： 咱们两组同学要为我们大武汉的桥代言，进行现场演讲比拼。怎么评判你的演讲呢？我要特别侧重地听你的说明顺序，是不是所学就有所用。好，接下来我们所有的学习都是在为最后的演讲服务，你要随时注意记笔记。

师： 先看一个视频，我们大武汉有非常多的桥，如果出现你感兴趣的

桥，你就把它的名字、特点记下来。

（播放《武汉的桥》视频）

第二部分　创设三级挑战　探究顺序奥妙

师：好，接下来我们准备挑战。什么叫作说明顺序？先做认知准备和能力磨炼。

【屏显】

认知准备　能力磨炼

《中国石拱桥》说明顺序趣味探险。

师：第一件事情是宏观挑战：悟篇章顺序之奥妙。

【屏显】

宏观挑战：悟篇章顺序之奥妙

全文10个段落，请设计一个简图，表达它们的逻辑关系，展示《中国石拱桥》行文顺序的奥妙。

师：请两位小组长各自带一个同学到讲台上来。第一个比拼，我们要呈现四幅图，用简单的图讲清楚段落之间的关系，也就是篇章顺序的逻辑。四位同学根据自己对作者行文思路的理解，开始画图。画完在最下边写上你的名字。

（四位学生在黑板上画图，其他学生在练习本上画。教师从书写和架构角度评价）

师：画图上两组打成平手。下面各组代表来讲讲你为什么这么画，寓意是什么。课堂上的小演讲时间最好在六十秒内。

生：大家好，我是金××。首先请大家看1—3段，这三段中，作者对石拱桥有一个整体的介绍，写了石拱桥的形状以及它的历史，然后从1—3段引出4—5段着重描写石拱桥的例子——赵州桥，对赵州桥描述得十分详细。第三层是6—8段，作者着重介绍了卢沟桥，讲卢沟桥的历史、马可·波罗对卢沟桥的评价以及卢沟桥在历史上的意义，比如第 8 段卢沟桥事变，大家在历史中也学到过。最后 9—10 段是对全文的一个总结。

师：不用太具体，只从宏观上看就可以了，刚刚一分钟，挺好的。

（生自发鼓掌。老师引导学生用掌声欢迎第二位同学继续介绍）

生：大家好，我是汪××，首先我们看文章 1—3 段，它是对中国石拱桥做一个整体的介绍，然后介绍它的历史悠久，“长虹卧波”这一段写出它的形状特点，然后引出了 4—5 段和 6—8 段两个部分。4—5 段主要讲赵州桥，而 6—8 段主要讲的是卢沟桥，先总写，然后分别介绍，最后 9—10 段总结。

师：谢谢两位同学。我们来看，高下之分首先体现在赵州桥和卢沟桥的关系判定。它们肯定是并列关系，亲爱的小金，你这个画得不好，服不服气？（生点头）只有弄清楚这四个段落的逻辑顺序关系，你才能够准确地表达。给小汪同学提个建议，“然后”有点多，六十秒的发言只能有一个“然后”，这样才能让你的语言表达听起来不重复啰唆。

师：下面一个是抢答，只要想好了就站起来。注意，睁大你的眼睛，我们清华附中有刺头争霸赛，希望你就是那个酷酷的“刺头”。

【屏显】

刺头争霸

原文：其中最著名的，当推河北省赵县的赵州桥，还有北京丰台的卢沟桥。

可不可以调整为：

其中最著名的当推北京丰台区的卢沟桥，还有河北省赵县的赵州桥……

师：我把卢沟桥放在前面，把赵州桥放在后面可不可以？抢答。

生：我认为是不能调整顺序的，因为文中说赵州桥修建于公元 605 年左右，而卢沟桥是 1189 年到 1192 年，赵州桥比卢沟桥先修建，按照这个时间顺序，我们应该先介绍赵州桥再介绍卢沟桥。

师：第一个抢答老师给分高一点。还有其他的角度，你说。

生：赵州桥的长度应该不如卢沟桥的，所以就把赵州桥放前面先讲，再把卢沟桥放在后面讲。

师：这个有点歧视，谁短就放在前面，谁矮就坐班上第一排？从其他的角度来说，“我认为……”“我的观点是……”先说观点再论述。

生：我认为是不能换的，因为这篇文章先写赵州桥后写卢沟桥，这一段是总写，应该和后面内容对应。

师（充满赞赏语气）：你看他的思维很巧妙，这就叫作“瞻前顾后”。

生：他写赵州桥的时候引用的是唐朝张鷟的评价，但是他写卢沟桥的时候用的是中国近代史。

师：这个角度已经谈过了。

生：从1—3段来看，文章主要写的是历史和工艺，还有文化，而这些方面赵州桥要比卢沟桥丰富一些。

师：不对，两座桥的文化意蕴是一样的，甚至卢沟桥的历史意蕴还多些呢。咱们还可以从工艺上来说，两座桥一个是独孔，一个是联孔，谁更复杂一些？（生答“卢沟桥”）先说简单的，复杂的放后面，对吧。

师：大家舒缓一下紧张的情绪，我们看一段关于桥的小视频。

（播放中国如何造桥的视频）

师：继续挑战。不看书，用简笔画把赵州桥和卢沟桥画出来。先画赵州桥，我读文字，你们画。每组派一名同学在黑板上画，其他同学在下边画。

【屏显】

中观挑战：探段落铺展顺序的奥妙

赛画赵州桥、卢沟桥

赛讲赵州桥、卢沟桥

师：赵州桥非常雄伟，全长50.82米，两端宽9.6米，中部略窄，宽约9米，全桥只有一个大拱，桥洞不是普通半圆形，而是像一张弓。大拱的两肩上各有两个小拱，大拱由28道拱圈拼成，做成了一个弧形的桥洞。全桥结构匀称，远望这座桥，就像“初月出云，长虹饮涧”。

（教师读两遍课文，学生在限定时间内完成画作）

师：每组换一个同学上来画卢沟桥。我读课文，大家来画。

师：卢沟桥由 11 个半圆形的石拱组成，每个石拱长度不一，桥宽约 8 米，桥面平坦，几乎与河面平行。每两个石拱之间有石砌桥墩，把 11 个石拱连成一个整体，这种桥叫作联拱石桥。两旁有石栏、石柱，每个柱头上都雕刻着不同姿态的石狮子。好，我再读一遍。

师：谢谢刚才的四位同学。既要听还要理解，还要判断还要画，不容易。好，我们来看看谁画得好。

【屏显，赵州桥图片和卢沟桥图片，点评两组同学作品。出示介绍赵州桥顺序：大拱、拱肩、拱圈、全桥。介绍卢沟桥顺序：桥长—桥拱—桥宽—桥面—桥墩—石栏石柱石狮】

师：好，各组派一个嘴巴比较利索的同学，不看书，根据图片和顺序提示给大家讲解一下。先来介绍赵州桥。

生：全桥有一个大拱，大拱两肩有两个小拱，全桥由 28 个拱圈组成，这样桥的结构就会很结实，不会塌。全桥非常宏伟——

师：有一个重要的特点没有讲到，就是它的拱的特点，大拱的特点。

生：这个大拱非常大，它由 28 个小拱组成。

师："大"不是它流芳千古的特点，而是什么？它不仅大，而且——比如我们画个圆可以这样，但它却是这样（板画图形）。

生：它是拱形的。

师：有什么好处？

生：可以让桥面不陡峭，是平坦的。

师：好，你把刚才几点合拢起来再说一段话，一定要把"平坦"这个重要的特点表述出来。

生：赵州桥全桥一个大拱，拱是拱形的，拱肩上有两个拱圈，全桥非常宏伟。

师：好。这个同学在老师的帮助下基本上说明白了。这边派一个同学来说卢沟桥。

生：众所周知，卢沟桥是中国历史上非常有名的桥，它由 11 个大小不一的桥拱组成。桥面水平。两个桥拱之间都有一个桥墩。这座桥是一座典型的联拱石桥。桥两侧的石栏、石柱上都有形态各异的石狮，每个石狮的形态都不同……

师：每次发言都应该是总分总结构。来，做个总结，这座桥不仅……而且……

生：这座桥不仅外形好看，而且历史悠久。

师：好，我觉得在这轮比拼中这个组的表现要好一点。好，抢答又开始啦！直接站起来，错了不扣分，所以你胆子可以大一点。

【屏显】

刺头争霸

原文：

我国的石拱桥有悠久的历史。《水经注》里提到的“旅人桥”，大约建成于公元 282 年，可能是有记载的最早的石拱桥了。<u>我国石拱桥几乎到处都有。这些桥大小不一，形式多样，有许多是惊人的杰作。</u>其中最著名的当推河北省赵县的赵州桥，还有北京丰台区的卢沟桥。

这段文字的说明重心是“悠久的历史”，所以段中画线句子偏离了说明重心，模糊了说明顺序，该如何拯救？

生：我觉得它说话的重心是悠久的历史，所以我觉得可以改成“我国几乎到处都有历史悠久的石拱桥”。

师：正确，给分。同学们，这句话的重心在表述石拱桥范围很广，已经不是谈“历史悠久”的问题了，所以你要把它拉回来，拉回到这个段落的顺序当中去，所以这位同学修改为“我国历史悠久的石拱桥几乎到处都有”，给她掌声。

师：我们班上语文课不够“热”啊，你们得让自己燃烧起来。抢答。

【屏显】

刺头争霸

第 9 自然段三个要点是不是顺序混乱了？

师：答错不扣分，加油！这种思考题，你只要关注段落的经脉，不要关注细节。

生：我认为不是混乱的。这一段分为三个原因，首先、其次、再其次，“首先”这一小段里面，他说的角度是劳动人民的勤劳和智慧，第二个角度是中国石拱桥的技术，第三个角度是石拱桥的材料，所以我认为这三个要点是并列的关系，并没有打乱。

师：并列的关系也要讲究先后。但这个小姑娘敢于提出自己的观点，老师奖励你 0.1 分。继续抢答。

生：我认为这个顺序安排非常好，并不是混乱。因为从第一句话来看，这一段讲述的是我国石拱桥有光辉成就的原因，前两个是主观因素，而最后一个是客观因素。从最后一句话和本段主旨来看主观因素极其重要，而主观因素又分为两个层次——石拱桥设计和精神方面的智慧，而精神方面智慧是最重要的，应该放第一位；而属于客观因素的建筑材料应该放在第三位，所以分为“首先”“其次”“再其次”。这个顺序非常巧妙，有递进关系。

师：这是到现在为止最有语言含金量、最有语文含金量和思维含金量的一个发言，因为他的发言有抓手，有逻辑顺序，我奖励你 0.5 分，虽然我不同意你的意见，请坐。

师：我们来探讨一下。王老师认为对于建造中国石拱桥而言，可能主观因素不是最重要的，客观因素更为重要。你想啊，要有石料石材，人们才会想到建设石拱桥，如果这个地方只有木材、竹子，那只能建设竹桥、木桥。我觉得吧，应该把各种石料放在前面，然后把优良传统、施工的技术放在后面，至于劳动人民的勤劳和智慧，这是一个放之四海而皆准的因素。我个人觉得对于这篇说明文而言，这一点不是说明对象的独具特点，所以它可以放在最后。大家同意吗？不同意没有关系，你可以不同意我的意见，王老师可以不同意刚才两个同学的意见，但誓死捍卫每个人独立思考并发表自己意见的权利。

（教师启发学生，为发言同学鼓掌）

师：咱们班平时就应该养成一个习惯，为别人叫好。这个视频送给刚才敢于起来抢答的同学。

（播放中国如何保护桥梁的视频）

师：刚才我们进行了两级挑战——看篇、看段，现在我们要看句。

【屏显】

微观挑战：究美句顺序之奥妙

这些石刻狮子

倾听水声　母子相抱　交头接耳　惟妙惟肖　千态万状　注视行人

用“有的……有的……有的……有的……”，造一个句子。

师：作者茅以昇在介绍卢沟桥的时候，有一个非常漂亮的句子，描写摹状貌。这些石刻狮子有这么多的状态，不准看书，每个组派一个同学，用“有的……有的……有的……有的……”句式造句，和茅以昇比一比。

生：这些石刻狮子，有的倾听水声，有的母子相抱，有的交头接耳，惟妙惟肖，有的千姿百态，特别喜人。

师：好，为你的勇气鼓掌。奖励0.1分。

生：这些石刻狮子，有的倾听水声，有的母子相抱，有的交头接耳，有的注视行人，惟妙惟肖，千态万状。

师：两位同学的造句都有点颠倒错乱。同学们，不要小看一个句子啊，它可是讲究顺序的。茅以昇是这样写的：

【屏显，共读】

说明文的语言相当讲究顺序

这些石刻狮子

有的母子相抱

有的交头接耳

有的像倾听水声

有的像注视行人

千态万状

惟妙惟肖

师：茅以升为什么这样排列呢？

（生齐读两遍，教师引导学生边读边思考）

师：这段文字有什么奥妙吗？为什么跟刚才两个同学的排列截然不同？抢答！

生：我觉得“母子相抱”“交头接耳”是显性的，是游人走过来就可以观察到的，而“像倾听水声”“像注视行人”是隐性的，是作者出于主观的想象。

师：这个回答非常棒，请坐，继续抢答，还有好多角度呢。

生：前面说“母子相抱”“交头接耳”，对应的是“千态万状”，描写的是它的形态；“像倾听水声”“像注视行人”是说石狮子非常生动，所以是惟妙惟肖。

师：她发现了两组句子之间微妙的逻辑呼应关系，好厉害。奖励你 0.3 分，请坐。还有角度，加油呀。

生：“母子相抱”“交头接耳”都是两个或者是多个狮子，而“倾听水声”和“注视行人”写的是单个狮子。

师（激动地鼓掌）：太厉害了。还有吗？同学们，假如我们熟悉中国古诗词，你会发现，“抱”“耳”是三声四声，属于仄声；“水声”“行人”中“声”和“人”是一声二声，属于平声。一般来说，中国古典诗文如果用平声来收韵的话，语义上要润滑一点，舒服一点。再来朗读体会一下，“这些石刻狮子”预备起——

（生齐读）

师：所以，不要小看一句话，句内顺序也需要用心去经营的。好，做个总结，《中国石拱桥》的说明顺序不像我们平时学的那些时间顺序、空间顺序、逻辑顺序，我们要走进去。

【屏显，师领读前半句，生齐读后半句】

《中国石拱桥》的顺序奥妙

整体架构讲究顺序　追求纲举目张

段落铺展讲究顺序　追求逻辑严密

句词锤炼讲究顺序　追求严密圆润

师：同学们，古汉语、现代汉语里都有它内在的音韵，还有很多其他微妙的东西。我们说古汉语博大精深，就在于你怎么安排它的顺序，顺序不一样，它传递给我们的感觉是不一样的，所以归根结底什么是顺序，来齐读——

【屏显】

顺应认知习惯，抵达审美高地

师：大家下课后再仔细琢磨。下面这个小视频送给刚才敢于举手抢答的同学。中国的桥太伟大了，我们看一段吧。

（播放中国桥梁建设与快速增长的视频）

第三部分　选用说明顺序　为家乡桥梁代言

【屏显】

本堂课终极任务

为我们大武汉的桥代言，着力体现优质的说明顺序

课堂微型演讲 60 秒到 120 秒

师：接下来是我们的终极挑战。我们学了那么多顺序，要从你们的言语表达当中体现出来。各小组派两位最强选手。你不需要说那些桥的相关的具体数字，你可以从各个角度谈对这座桥的喜欢，同样可以体现你的顺序，对不对？

生：大家好，我叫张××，我想讲的桥是杨泗港长江大桥。杨泗港长江大桥，于 2018 年通车，它是世界上最大的一座双塔悬索桥，它的长度有 4320 米，它的制造工艺是利用钢沉井制作而成的，我喜欢这个桥的原因是……

师：我提醒你啊，这样说你就有的说了——我喜欢这个桥有三个原因，这三个原因是不是要讲究逻辑关系？来，继续。

生：我喜欢这座桥有三个原因，首先它是世界上最大的双塔悬索桥，作为一个武汉人，我因为这个世界之最而骄傲；第二个它的工艺是十分先进的，它是用钢沉井这个工艺制造的，充分体现了我国工程师的智慧。第三点是……没有第三点（笑）。

师：好，就这两点我觉得也符合逻辑顺序。还有吗？

生：大家好，我是王××，我想介绍武汉长江二桥。我喜欢这座桥的原因有三点，第一是它的通车时间比较早，可以体现我们国家的强大实力；第二点它建成之后为人们生活提供了很大便利，我也经常走武汉长江二桥去各个地方；第三点它体现了中华民族的创造精神和务实的工匠精神。长江曾有天堑的说法，在古代它阻隔了人们的活动，武汉也是被长江和汉水分开的。这些桥的建成沟通了武汉的武昌、汉阳和汉口这三个部分。

师：最后一点有点长。第一点通车早，第二点提供便利，第三点表现武汉人民及全国人民的智慧，我觉得把第三点放在最后反而显得更有力量。两组各派一个女同学进行最后的一次发言。

生：大家好，我是郑××，我比较喜欢长江二桥。第一个原因是汉口江滩景色十分优美，我可以去那里欣赏风景，放松身心，在紧张的学习生活中找到一份快乐。第二点，长江二桥沿江的地方，每到过节如国庆节、春节，旁边的楼有非常漂亮的灯光秀、灯光表演，非常美丽，体现出了中国科技的进步。还有一点就是走长江二桥的时候，江面和旁边的楼房会映衬出一种格外优雅的景致，所以我很喜欢这座大桥。

师：文艺派、小清新，一听就是女同学的发言，具有审美追求的女同学才有这样的发言，非常好，给你 1.5 分。建议第二点和第三点可以互换顺序。

生：大家好，我叫刘××，我最喜欢的桥是鹦鹉洲长江大桥。它是一座三跨四索的大桥，走过鹦鹉洲长江大桥的同学大家应该都知道。它的外形是红色的，其实这座桥它的构造十分对称，然后——

师：整个发言只能说一个“然后”，你已经说过一个了，很危险，控制一下。

生：然后——

（全场笑翻）

生：这座桥具有一种对称的美，之前在武汉抗疫时期，我为抗疫配音，其中有一段就显示了当时武汉司机们通过鹦鹉洲长江大桥为抗疫一线的人们发放物资，我觉得这座桥不仅给我们提供了交通上的便利，它还是人与人之间沟通的桥梁，代表着武汉人民的团结。

师（手轻按着女同学的肩膀）：她的演讲有个新立意，从桥的连接沟通作用，看到了桥在关键时刻起到联通武汉人民一起抗疫的作用。她的发言具有精神高度，谢谢你，小姑娘。好，最后这段视频送给刚才敢于上台的来做终极挑战的这四位同学。再看一段。

（播放《中国桥梁》视频）

师：这句话是茅以升先生说的，大家共读，共勉。

【屏显】

人生一征途耳，其长百年，我已走过十之七八，回首前尘，历历在目，崎岖多于平坦，忽谷深，忽洪涛，幸赖桥梁以渡，桥何名欤，曰奋斗。

——茅以升

师：同学们，今天我们学习《中国石拱桥》，跟茅以升学到了说明顺序的奥妙。我读前半句，大家共读后半句，一起读。

【屏显，师生配合读】

《中国石拱桥》的顺序奥妙

整体架构讲究顺序　追求纲举目张

段落铺展讲究顺序　追求逻辑严密

句词锤炼讲究顺序　追求严密圆润

顺应认知习惯　　　抵达审美高地

师：下课，同学们辛苦了。

生：老师再见！

“科学性”与“诗性”的融合

——以王君课堂为例摭谈说明文教学策略

（周忠玉　射阳县初级中学）

说明文教学要追求“科学与诗的完美结合”，才能突围。[1]换言之，“科学性”与“诗性”融合，是说明文教学的有效策略。

一、“科学性”：实用文体的守正

王君老师指出，“科学性”是指要用更多的角度，更丰富的视角去研究说明文文本，发掘出更有价值的说明文教学内容。[2]

（一）聚焦“这一类”体式特征，设计教学课型

《中国石拱桥》从文体上看，是说明文。前者是事物说明文，后者是事理说明文，也称科学小品，都属于科普文章。科普文章都具有科学性、知识性、通俗性等体式特征。[3]

聚焦“这一类”课文的体式特征，在文本开掘和课型设计上，王君老师将两节课均设计成语用型文本，这也是由语文学科性质和说明文文体的学习特点决定的。

语用型文本教学方式很多，主要路径有两种：“发散法”和“聚焦法”。[4]对于《中国石拱桥》的教学，王君老师采用“发散法”，创设“三级挑战”，从篇章、段落、美句等“三看”文本，整体透视，全线关注文本的说明顺序，探究由宏观到微观的逻辑关系，将学生从“这一篇”引向“这一类”。这一节课课型定位严谨合理，课堂架构眉目清秀，教学环节合乎逻辑，科学实用，实操性强。

（二）聚焦“这一篇”文体特色，开发教学内容

王荣生教授指出，实用文阅读教学内容的确定，需要认清实用文的独特性。

《中国石拱桥》的独特性在于写作顺序。“这一篇”的说明顺序是从一般到特殊的逻辑顺序。作者首先说明一般石拱桥的特点，再说明中国石拱桥的特点，接着以两个最有代表性的桥——赵州桥和卢沟桥为例来说明，条理清晰，严谨科学。教学时，教者全面关注文本“顺序”：“宏观看篇”，厘清整体架构，悟篇章顺序，教者帮助学生整体俯瞰文本，厘清10个段落间的逻辑关系，如赵州桥、卢沟桥之间的并列关系，如段落（4—8）与段落（1—3）之间从一般到特殊的逻辑呼应关系。“中观看段”，整合思辨，探段落铺展顺序，教者将体现赵州桥、卢沟桥特点的同类信息语句整合，进行“赛画”“赛讲”，紧扣“这一篇”文本内容进行设计。“赛画”将听到的语言文字转换成绘画作品，力求还原赵州桥“独拱”、卢沟桥“联拱”的特点。“赛讲”将绘画作品复述、转换成新的语言，是口头表达和言语创造。最后用“不但……而且……”句式总结，加深对中国石拱桥共性特点的认识，其构图和语言表达都讲究顺序。段落内“问题句”与中心句是否合乎逻辑，段内句子与句子之间的顺序是否合理，这类问题又将学生的目光聚焦到重点语段，在思辨中思考“顺序”之奥妙，深度碰撞，彰显思维的张力。

（三）聚焦“这一篇”语言表达，研究语言特质

语用型文本侧重于汉语教育，它的“语言训练”是显性的、直接的。[5]说明文阅读教学，教“章”教“段”教“层”，最后归根结底还是要落实到如何用更具体的“语言”去表达，聚焦“细节语言”，是对学生最大的“语言关怀”。[6]

依据教学目标，聚焦细节语言。《中国石拱桥》“这一篇”的语言表达也讲究逻辑，教者聚焦描摹卢沟桥石刻狮子状态的细节语言，先让学生不看书，提取“有的……有的……有的……有的……”句式，创造句子，再

与原文比较。学生在造句时发现原文句子之间微妙的逻辑呼应关系。

二、“诗性”：教学手法的创新

“诗性”，即越是因为教说明文，越是要追求艺术性，教出情趣，教出思想，教出美感。[7]青春语文教学追求创新，说明文教学的“诗性”主要表现在教学手法的创新上。

（1）聚焦学习主题，用“大任务”驱动。《中国石拱桥》的课堂终极任务是“为大武汉的桥代言”，以“终极任务”导入，以展示学习成果结课，“一线贯穿”，不蔓不枝，呼唤应答，圆融巧妙。每一个“子任务”均与课文学习主题、“大任务”高度关联。

（2）创设虚实情境，打通现实生活。“大任务”也是教者创设的“大情境”。情境性是语文学习任务群的基本特点之一。两节课的“大情境”，一个指向社会生活，一个指向校园生活。这些情境任务，均是基于学生在真实生活情境中的语言交流，是将文本与学生生活打通、切合学情的实际运用，能快速唤醒学生，调动积极思维，有效运用文本所学知识进行言语表达。真实情境中穿插的虚拟情境也立足现实生活，为实现“大任务”服务，如“清华附中刺头争霸赛”，让武汉的学生和清华附中的学生在虚拟的情境中，自觉调动一切阅读体验与生活体验，参与课堂模拟赛事，有效激发学生的内驱力和自豪感。

（3）微型演讲，指向综合素养。自新课标实施以来，王君老师在全国各地开设了基于学习任务群的多种课堂类型，几乎每节课都设计了60秒钟至120秒钟的“微型演讲”（以下统称“微演讲”）语文实践活动。《中国石拱桥》微演讲，有的为杨泗港长江大桥代言，有的为鹦鹉洲长江大桥代言，学生均能抓住“这一座”桥的独特性进行演讲，在顺序上着力，充分表达对家乡桥、家乡人民和中华民族创造精神的赞美。优质的“微演讲”，其鲜明的观点，清晰的思路，充实的内容，有理有据的论证，合乎逻辑、流畅的口头表达，大方得体的态势语等，均能反映一个学生的综合素养。

（4）拓展资源，彰显文化自信。《中国石拱桥》教学时拓展大量桥的图片，让学生直观了解中国与世界各地的桥的特色，开阔了学生视野。五次短视频播放，有效激发了学生的学习兴趣，丰富了课堂内容，感受了中国人的智慧，并让学生真正体会什么叫“中国科技”“中国自信”。

“新时代，新语文，新教法。”王君老师善于借助网络，搜集各种资源，构建多元学习样态，与数字时代互联互通，有效拓展了实用文体的学习空间，彰显了文化自信，这是说明文教学的“诗性”策略之一。

纵观王君老师的说明文教学，她把“科学性”和“诗性”融合，创造性地开掘文本的当代意义，赋予经典以时代气息，打通“教法”与“活法”，追求实现语文“疗愈”之功效。这样的课既提升学生的语文素养，又提升学生的心灵素养，与语文课程“立德树人”的育人目标高度一致。

参考文献：

[1] [2] [6] [7] 王君. 说明文的教学困境与突围策略 [J]. 语文建设，2017 (1).

[3] 王荣生. 实用文教学教什么 [M]. 上海：华东师范大学出版社，2014：50.

[4] [5] 王君，司艳平，周忠玉，等. 语用型文本教学设计的“五看”思想 [J]. 中学语文教学参考，2018 (4).

5. 向韩昌黎学“高级吐槽”

——《马说》创读课堂实录

执　　教：王　君

授课地点：北京师范大学贵阳附属学校

整　　理：贵州省铜仁市江口县淮阳中学　苏　丽

第一部分　课前互动与热身活动

播放“吐槽大会”视频，老师和同学们聊了以下内容：

1. 什么是“吐槽”？
2. 你喜欢这类节目吗？为什么喜欢？

第二部分　文字层面——积累

师：好，老师先介绍一下，请看这张图。

【屏显，本节课的课堂结构图示】

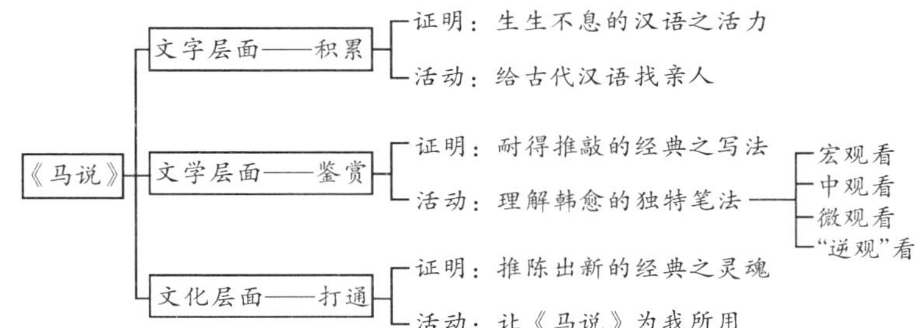

师：我们看到《马说》这篇文言文时，一般来说可以从三个方面去研究：从文字层面，去积累一些文言文的基础知识；从文学层面，主要是研究《马说》为什么会成为千古名篇；从文化层面，则要打通。

【屏显课文，难读的字注上拼音】

师：请齐读《马说》。

（学生三次朗读，读得越来越熟练。老师采用减字法，让学生熟读成诵）

师：再来，这是翻译，能对照译文背原文吗？

【屏显译文，学生对照译文背原文】

师：真不错！接下来我们进行文言知识分类积累。

【屏显，通假字、古今异义词等，学生齐读】

第三部分　文学层面——鉴赏

师：这篇《马说》就是韩愈一次高水平的“吐槽”，而且是他年轻时候的一次“吐槽”，他为什么要“吐槽”呢？他遭遇了什么？

【屏显，韩愈生平相关背景知识：科考三次落榜，仕考三次不中，三见、三拜均被拒】

师：《马说》是韩愈青春时代的一次非常重要的“吐槽”，他吐得好不好？吐槽是个技术活，什么是好的吐槽，请看——

【屏显】

证明：韩愈青年时代的这次“吐槽”非常“高级”。

吐得巧妙——构思新

吐得精准——逻辑严

吐得酣畅——表达爽

吐得成功——结果好

师：我们证明韩愈这次吐槽“吐”得好，就要从四个方面，即宏观、中观、微观、“逆观”去赏析，这对大家是有挑战的。

宏观创写比较

【屏显】

宏观创写比较：假如韩愈这样构思……

原文：世有伯乐，然后有千里马。千里马常有，而伯乐不常有。故虽有名马，祇辱于奴隶人之手，骈死于槽枥之间，不以千里称也。

创写：世有明君，然后有贤才。________常有，而________不常有。故虽有贤才，祇辱于________之手，骈死于________之间，不以________称也。

师：假如韩愈不这样吐槽，假如韩愈直接批评那些不重视人才的人，即直接把吐槽的枪口对准皇帝或者官员。假如这样构思，他应该怎么写？“世有明君，然后有贤才”，后面怎么接？

生：贤才常有，而明君不常有。故虽有贤才，祇辱于昏君之手，不以贤才称也。

师：很厉害啊！后面还没有补充完整。这位女同学，你来。

生：世有明君，然后有贤才。贤才常有，而明君不常有。故虽有贤才，祇辱于昏君之手，骈死于陋室之间。

师：给她掌声好不好？这就是读懂了。“世有贤官，然后有良才”，谁来接？

生：世有贤官，然后有良才。良才常有，而贤官不常有。故虽有良才，祇辱于贪官之手，骈死于寒舍之间，不以良才称也。

师：很好，这才是真的学会了。请看老师的创写吧。

【屏显（学生齐读）】

宏观创写比较：假如韩愈这样构思……

原文：世有伯乐，然后有千里马。千里马常有，而伯乐不常有。故虽有名马，祇辱于奴隶人之手，骈死于槽枥之间，不以千里称也。

创写：世有明君，然后有贤才。贤才常有，而明君不常有。故虽有贤才，祇辱于昏君之手，骈死于市井之间，不以贤才称也。

师：这叫作创造性地写，创造性地想，那你觉得这样写好不好？

生：我觉得如果他直接说是明君的话，可能《马说》这篇文章也就没有现在那么出名了。而以伯乐和千里马去暗喻，反而会给后人留下更多思考的空间。

师：这种手法叫托物言志、托物寓意。

师：假如韩愈写完《马说》之后，内心很痛苦："我"这学霸当年高考都考不上！最后他在文章末尾加了一段……

【屏显（学生齐读）】

> 宏观创写比较：假如韩愈在末尾加一段……
>
> 吾举进士，屡不得志于有司，怀抱利器，郁郁乎茫然。故写《马说》，一吐为快也。

师："有司"相当于管理高考的机构，录取人的机构。为什么韩愈不加上这段话？

生：如果他写这个的话，前面的意思就清清楚楚，就是写他自己个人了。

师：嗯，画龙点睛不是什么时候都要用的。

生：我觉得他是以史为鉴，因为唐朝也有这样一个人一吐为快，但是被皇帝禁止参加科举考试。

师：韩愈年轻的时候还是比较谨慎的，知道给自己留后路，是不是这个意思？从文学层面的手法来看，从做人上来看，吐槽的时候含蓄一点，还是有好处的，这就是宏观看。

中观创写比较

师：进入中观。韩愈抓住的吐槽点是什么呢？人才的问题，是历代文人都在思考的一个问题。韩愈的吐槽点是什么？你觉得是真的没有人才吗？不可能，人才是从来都不缺的。我们先来读一读。

【屏显（学生齐读）】

> 中观创写比较：假如韩愈这样打造关键吐槽段……

马之千里者，一食或尽粟一石。食马者不知其能千里而食也。是马也，虽有千里之能，食不饱，力不足，才美不外见，且欲与常马等不可得，安求其能千里也？

师：有场景、有描写，可怜的千里马的形象历历在目。如果韩愈是这样写的：

【屏显】

创写：马之千里者，一食或尽粟一石。食马者若知其能千里而食也。是马也，因有千里之能，食________饱，力________足，才美________，________，________。

（请同学们把内容补充完整）

生：马之千里者，一食或尽粟一石。食马者若知其能千里而食也。是马也，因有千里之能，食有饱，力有足，才美不外见，其与常马不可得，安求其能千里也。

师：你这没读懂啊！现在是有伯乐了，知其能千里而食也。

师：请看老师的创写。

【屏显（学生齐读）】

创写：马之千里者，一食或尽粟一石。食马者若知其能千里而食也。是马也，因有千里之能，食特饱，力特足，才美人人见，其与常马天壤之别，其安能哀鸣痛哭也。

师：对，你还可以自己去创造。这样写好吗？同学，你说。

生：我觉得这样写跟韩愈吐槽的点不太一样，然后就不能达到这种效果。

师：怎么不一样了？

生：我认为千里马只是需要给它空间，并不是特别要多给吃的。

师：你可从整体段落的架构上来看。你怎么看？

生：因为韩愈写这篇文章总体就是要表达自己有才能无人赏识的这种感

情，但是如果他写成这样子的话，他的才能要在什么时刻才可以发挥呢？

师：也就是说，如果能表现这种比较悲哀的一面，应该会更有力量。

生：我觉得用反问的手法才能更加突出他的吐槽点。

师：我听到一个特别重要的词语，用了“反问”的手法就特别有力量。

生：我觉得这样写不够严谨。

师：我们想想为什么这么写就不严谨，我们如果要说服别人，往往需要考虑多个角度。什么意思？“世有伯乐，然后有千里马”是一个角度；“千里马常有，而伯乐不常有”，一个正面的角度，一个反面的角度。“马之千里者，一食或尽粟一石”这是什么角度？

生：正面。

师：“食马者不知其能千里而食也。是马也，虽有千里之能，食不饱，力不足”又是什么角度？

生：反面。

师：对，这就是正面角度来一句，反面角度来一句，更能架构出完美的思辨逻辑。好，我们再读原文，体会正反论证的力量。

（学生齐读原文并体会）

微观创写比较

【屏显】

> 微观创写比较：韩愈吐槽，虽然托物寓意，但依旧酣畅。
>
> 故虽有名马，祇辱于奴隶人之手，骈死于槽枥之间，不以千里称也。
>
> 且欲与常马等不可得，安求其能千里也？
>
> 呜呼！其真无马邪？其真不知马也！

（老师指导学生读出“也”字的不同语气）

师：在这些特别普通的句子当中，我们发现有好多“不”字。

【屏显（学生齐读）】

> 微观创写比较：韩愈吐槽，虽然托物寓意，但依旧酣畅。
>
> 千里马常有，而伯乐不常有。

故虽有名马，祇辱于奴隶人之手，骈死于槽枥之间，不以千里称也。

食马者不知其能千里而食也。是马也，虽有千里之能，食不饱，力不足，才美不外见，且欲与常马等不可得，安求其能千里也？

策之不以其道，食之不能尽其材，鸣之而不能通其意……呜呼！其真无马邪？其真不知马也！

（点名让学生朗读，读一句，老师点评一句，指导学生分别读出肯定、遗憾、同情、激愤、心酸的语气）

师：这么多“不”，情感藏于其中。再来做组练习，动脑筋把“你”和“我”放在其中。你试试。

【屏显】

微观创写比较：韩愈吐槽，虽然托物寓意，但依旧酣畅。

（　　）策之不以其道，

（　　）食之不能尽其材，

（　　）鸣之而（　　）不能通其意，

（　　）执策而临（　　），

曰：“天下无马！”

呜呼！

其真无马邪？

其真________也！

（老师请两名学生补充人称代词并朗读，第一个学生读的声音较小，第二个学生的朗读有了愤懑不平之气）

【屏显（全班齐读）】

微观创写比较：韩愈吐槽，虽然托物寓意，但依旧酣畅。

（你）策之不以其道，

（你）食之不能尽其材，

（我）鸣之而（你）不能通其意，

（你）执策而临（我），
曰："天下无马！"
鸣呼！
其真无马邪？
其真（不懂我）也！

（学生齐读，第二遍朗读时把"你"换成了"你们"，把"我"换成了"我们"）

师：他好像是抒发自己的愤懑之情，其实他抒发的是什么？——天下人的愤怒。《马说》这才能够成为千古名篇。

"逆观"创写比较

师：我把韩愈的观点推翻，中心论点变成"伯乐常有，而千里马不常有"。怎么办？有可能吗？到底伯乐重要还是千里马重要？如果咱们今天辩论的话，你会怎么辩？

【屏显】

"逆观"创写比较：假如韩愈是下面这匹马在吐槽……

马之新说

王　君

世有千里马，然后有伯乐。伯乐常有，而千里马不常有。故虽有伯乐，千里马亦祇辱于________，骈死于________，不以千里称也。

马之千里者，一食或尽粟一石。是马也，不知其能千里而食也。故虽潜千里之能，________，________，才美不外见，且欲与常马等不可得，安能日行千里也？

________之不以其道，________之不愿尽其材，________而不能________，颓然乎卧槽曰："吾非千里马也！"呜呼！其真非千里马邪？其真不自知其为千里马也！

生：世有千里马，然后有伯乐。伯乐常有，而千里马不常有。故虽有伯乐，千里马祇辱于豪宅之间，骈死于享乐之中，不以千里称也。

师：你补写了第一段，摆现象。我们接着还要分析这种现象产生的原因。

生：马之千里者，一食或尽粟一石。食马者不知其能千里而食也。是马也，虽有千里之能，食不饱，力不足，才美不外见，且欲与常马等不可得，安求其能千里也？养之不以其道，食之不愿……

师：不对，现在的观点是伯乐有了，但千里马还是以悲剧收场，你得说清楚原因。

生：策之不以其道，食之不愿尽其材，立足而不能出其力。呜呼，其真无马耶？其真不知千里马也！

师：你看你在他的基础上进了一步，你有千里的能量，你想奋斗了，是不是？很好。你试试？

生：策之不以其道，食之不愿尽其材，立足而不能出其力。呜呼，其真无马耶？其真不知千里马也！

师：我帮你理理，你是千里马，你也有伯乐，对不对？谁还愿意再来说一段？

生：奔之不以其道，食之不愿尽其材，策之而不能通意，颓然乎其间。呜呼！其真非千里马邪？其真不自知其为千里马也！

师：好，谢谢，这就叫作逆向思维。同学们，以后拿到文章，都可采用这样的思维方式，把作者的观点颠覆了，然后去进行思辨。大家来读读我改写的《马之新说》。

【屏显（学生齐读）】

马之新说

王　君

世有千里马，然后有伯乐。伯乐常有，而千里马不常有。故虽有伯乐，千里马亦祇辱于自我之手，骈死于自怨自艾之间，不以千里称也。

马之千里者，一食或尽粟一石。是马也，不知其能千里而食也。故虽潜千里之能，不饱食，不尽力，才美不外见，且欲与常马等不可得，安能日行千里也？

学之不以其道，习之不愿尽其材，鸣之而不能尽其意，颓然乎卧槽曰："吾非千里马也！"呜呼！其真非千里马邪？其真不自知其为千里马也！

师：人人都有千里马的才能，也可能遇到伯乐，但即便遇到伯乐，最后也不一定能够成才的。这其中，还要自己努力啊。

（全班再读《马之新说》）

师：你想，如果韩愈是这种状态：三次高考失败了，放弃；三次公务员考试失败了，算了；三次求见丞相，别人不愿意见他，算了；三次亲自登门拜访，被挡在门外，算了。那还能有千古文章第一家的韩愈吗？还有唐宋八大家之首的韩愈吗？还有引领唐宋文坛的韩愈吗？韩愈吐槽之后，愈加疯狂地逆风成长。

【屏显（全班齐读）】

韩愈吐槽之后，愈加疯狂地逆风成长。

自东汉以来，道丧文弊，异端并起……独韩文公起布衣，谈笑而麾之，天下靡然从公，复归于正，盖三百年于此矣。文起八代之衰，道济天下之溺；忠犯人主之怒，而勇夺三军之师。此岂非参天地、关盛衰、浩然而独存者乎？（苏轼评价韩愈）

师：刚才我们通过四步来学习，首先是宏观看整体构思，然后是中观，看它段落中的论证角度，接下来是微观，看作者怎么通透地表达自己的情感，最后是"逆观"，即思辨、批判性思维。综合来看，韩愈的吐槽是非常"高级的吐槽"。

【屏显（师生齐读）】

韩愈吐槽，不仅有愤怒的情绪，更有理性的思考；

韩愈吐槽，不仅有理性的思考，更有机智的构思；

韩愈吐槽，不仅有机智的构思，还有强大的逻辑；

韩愈吐槽，不仅有强大的逻辑，还有铺排的语势；

韩愈吐槽，不仅有铺排的语势，还有丰富的手法。

师：《马说》式吐槽，就是吐槽的高级形式之一，继续读。

【屏显（学生齐读）】

吐槽的内容：不平则鸣，切中时弊
吐槽的形式：机智灵动，底蕴十足
吐槽的语言：朴质畅达，变幻多姿
吐槽的情感：酣畅淋漓，一泻千里
吐槽的结果：吐而不溺，自我成就

师：所以千年之后，我们真的应该怀着崇敬的心去欣赏当年20多岁的韩愈。在生命极端寂寞的时候，没有人重视的时候，他对着世道人心，对着整个世界，酣畅淋漓地宣泄。宣泄之后，他走上了真正的成就自我之路。好，背一下。

【屏显课文，学生齐背《马说》】

第四部分　文化层面——打通

这一部分，老师穿插了丰富的拓展材料：韩愈的代表作，并归纳其吐槽之特色；《左迁至蓝关示侄孙湘》诗歌及其写作背景；《镇州路上谨酬裴司空相公重见寄》《镇州初归》两首诗歌；《师说》节选；出自韩愈文章的成语和名句；《早春呈水部张十八员外二首》诗歌。在如此丰富的材料背景之下，老师总结如下：

【屏显（师生齐读）】

何谓“吐槽”之高境界与大格局？
昌黎先生用一生示范也！
他一吐槽，师道正，儒学弘，成百代之师，可谓立德；
他一吐槽，一介书生，独闯敌营，平定叛乱，可谓立功；
他一吐槽，文坛风清气正，文章千古，至情至性，可谓立言。
不戚戚于困境，不汲汲于小我。
自我塑造，奔跑不懈。

为天地立心，为生民立命，
为往圣继绝学，为万世开太平。
呜呼，同学们！
少年心事当拿云，低级吐槽费青春。
学学昌黎高段位，天地自我与众生。
仰不愧天，
俯不愧人，
内不愧心。

师：同学们，这才是“吐槽”的高境界。愿同学们都能学会真正的高水平的吐槽，越吐越精神，越吐越豪气。

让深度学习在教学中发生

——以王君“向韩昌黎学‘高级吐槽’——《马说》创读”为例

（胡金辉　广东番禺中学附属学校）

深度学习是相对浅层学习而言的一种基于高阶思维发展的理解性学习。北师大教授郭华认为：“深度学习就是在教师的引领下，学生围绕着具有挑战性的学习主题，全身心积极参与、体验成功、获得发展的有意义的学习过程。”王君老师“向韩昌黎学‘高级吐槽’——《马说》创读”一课很好地体现了深度学习的特点。下面，笔者以这节课为例，探寻文言文教学中深度学习的有效路径。

一、时尚与经典融合，深度激发学习内驱力

“吐槽”现在已经发展成一种独特的网络文化现象。人们通过吐槽表达自己的情绪，表达对社会事件和热点人物的看法。以“吐槽文化”的视角来看，《马说》正是韩愈针砭时弊、吐槽社会的文章。

这节课，王君老师引入“吐槽”这一时尚元素，以“向韩昌黎学习‘高级吐槽’”为议题组织教学，以证明“韩愈青年时代的这次吐槽非常‘高级’”为主要任务，从“吐得巧妙，构思新”“吐得精准，逻辑严”“吐得酣畅，表达爽”“吐得成功，结果好”四个层面，通过宏观创写比较、中观创写比较、微观创写比较和“逆观”创写比较四个环节，引导学生沉入文本，让学生在时尚而有趣的学习活动中感受经典的魅力，深度理解文本的艺术特色。

整堂课，学生都表现出极高的学习热情，他们在老师的引领下积极完成一项项需要深度参与的学习任务。王君老师这一精妙的课堂设计，很好地击中了学生的兴趣点，激发了他们深度学习文言文的内驱力。

二、丰富的思维活动，深度培养学生思维力

深度学习要求学生抓住学习内容的本质，从而能够全面把握知识的内在联系，在课堂教学过程中，表现为对学生比较、分析、创造等高阶思维能力的培养。王君老师这节课，在思维训练上很好地体现了深度学习的特点。她引导学生进行多次创写比较，这些创写比较，表现出思维活动的丰富性和复杂性，促进了学生高阶思维的发展，有效地培养了学生深度学习的思维力。

（一）多重创写活动，在表达中完成文本理解

改写，是深入理解文本的有效方式。这一活动，实际上包含着理解、转化与表达三重思维能力。王君老师将这种基于文本深入理解之后的创造性改写称为“创写”。

在这堂课中，王君老师设计了四次创写活动。这四次创写活动，都要求学生能够真正理解文章的意思。这样，才能在文本关键词发生变化而引起的具体情境变化时，进行准确表达。一旦理解不到位，表达就不准确了。比如，在中观创写时，有学生就说“食有饱，力有足，才美不外见，其与常马等不可得，安求其能千里也”。显然，这位同学没理解到位，才说出了这样前后矛盾的答案。当然，思维的凝滞正是深度学习中必然遇到的问题，

需要突破，需要解决，才能真正抵达。因此，这也是深度学习中进行思维引导的契机。

（二）多方逆向思考，在颠覆中推进思维发展

逆向思维的运用，是王君老师这堂课的突出特点。逆向思维是一种创造性的求异思维，运用反向推理的办法，通过比较分析得出正确的结论。

这堂课中，王君老师两次运用了逆向思维让学生对文本进行创写。第一次运用是在“中观创写”环节，王君老师让学生对《马说》的关键论证段落进行改写，她将“食马者不知其能千里而食也”改为“食马者若知其能千里而食也”，一字不同，情境完全相反，学生需要在这种情境中将内容补写出来。第二次运用是在“‘逆观’创写”环节，王君老师颠覆了韩愈的论点，将其改为“伯乐常有，而千里马不常有”，在这一论点的统率下创写全文。

在这两次创写活动中，我们看到了学生的思维一步步往前发展，理解层层深入。比如在“‘逆观’创写”这一环节中，有位学生说“……策之不以其道，食之不愿尽其材，立足而不能出其力。呜呼，其真无马邪？其真不知千里马也”。这位同学前面的内容理解都是正确的，但是从“策之”开始，就出现了理解偏差。王君老师进一步点拨，指出“你是千里马，你也有伯乐”，马上有学生回答：“奔之不以其道，食之不能尽其材，策之而不能通其意，颓然乎其间。呜呼！其真非千里马邪？其真不自知其为千里马也！”这位同学的回答虽有漏洞，但整体上理解了“其为千里马，且有伯乐”这一情境。可见，这样的创写，对学生的思维素养要求更高，学生思维也在创写中得以发展。

（三）多次比较分析，在对比中实现思维发展

然而，无论是多重创写活动，还是多方逆向思考，都不是课堂教学的目的，而只是手段。创写是为了与原文构成对比，学生在对比中分析，从而真正理解文本的艺术特色和作者的思想情感。

宏观创写比较，让学生理解了文章托物寓意的手法；中观创写比较，

让学生理解了正反论证的逻辑力量；微观创写比较，让学生通过自我代入体验了韩愈的愤懑之情；而“逆观”创写比较，则使学生理解了作为千里马，自身的努力也很重要。

多次创写比较，其思维过程大体相似，但是在对具体内容的分析和对文本的准确理解上，都是一步步向前推进的。课堂在创写、比较和分析中，高潮迭起，剑指学生的思维发展，有效地培养了学生深度学习的思维力。

三、见自我，见天地，见众生，深度激活自我建构力

郭华认为，“深度学习的一个重要标志，就是能将外在的教学内容转化为学生内在的精神力量”。这一转化的过程，实际上就是学生进行自我构建的过程。郭华的这一观点，与青春语文的追求是一致的。王君老师提出：“青春语文的终极目标是经由语言文字的学习提升和改变教师和学生的生命状态，让师生双方都永葆青春的激情。”因此，王君老师总是在文本中开掘有益于学生成长的精神价值。

（一）在语言罅隙中发现“我”

王君老师对文学作品中的“我”特别关注。她通过对相关内容的整合，让学生对文本的主人公有更深入的理解，并且在理解的过程中产生共鸣。比如，王君老师执教《木兰诗》时，通过对含有“我”的诗句的整合诵读，发现了木兰独立、真实、理性、快乐、温柔、跳脱而又张扬的自我形象。“我”的发现，让我们更懂得思考我们自己作为个体存在的价值，从而在文本阅读中真正做到“见自我”。

这堂课，王君老师通过引导学生将“我”和“你”回填进语言的罅隙里，让学生在诵读中进行自我代入，从而深刻地领会了作为被埋没的千里马，韩愈内心的悲愤。这一代入体验的过程，引起读者的深深共鸣，将课堂推向小高潮。

（二）由“我”到“我们”，是由“见自我”到“见天地众生”的过程

王君老师让学生把“我”换成“我们”，把“你”换成“你们”。这一

转换，让学生体会到这篇文章表达的情感有了普适性，它表达的不仅是韩愈个人的悲愤，更是千百年来所有被埋没的人才的悲愤。王君老师这顺势一推，让学生把目光由聚焦韩愈，变成了放眼天地众生。这一过程，正是塑造学生的人格，让他们眼中有他人，眼中有天地众生的过程。

（三）打通文本与现实，实现学生精神的拔节成长

代入“我”，还只是让学生体验韩愈等被埋没的人才的情感。但是，学生生活在一个伟大的时代，如何发掘这篇文章的时代特色而使其成为滋养他们的精神养分呢？王君老师的“逆观”创写比较做到了这一点。这一活动让学生意识到：这是一个不缺伯乐的时代，关键看你是不是千里马！学生通过创写比较，懂得要成为真正的千里马，就必须“学以其道，习尽其才，鸣尽其意”“自知其为千里马”。

促进学生的精神成长，是经典文本的当代价值。王君老师带领学生立足语言，在对语言的创写、比较和品味分析中“见自我，见天地，见众生”。在这样的课堂里，知识、思维都内化为学生认识世界的方式，活化为学生的精神力量，学习的过程也就成了学生自我发展和建构的过程。

广州市教研员王惠老师曾说，有深度的课，应当如星空一般，宏阔而深邃。王君老师的这堂文言文阅读课，在视野和境界上是如此的宏阔，在思维和情感上却又如此深邃。

参考文献：

[1] 郭华. 深度学习及其意义［J］. 课程·教材·教法，2016（11）.

[2] 谢珍珍.《吐槽大会》的青年亚文化特征研究［J］. 新闻研究导刊，2020（2）.

[3] 王君. 王君语文创新教学十一讲［M］. 武汉：长江文艺出版社，2020.

[4] 王君. 听王君讲经典名篇［M］. 北京：人民教育出版社，2014.

第二辑 群文教学

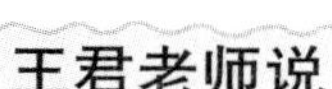

每堂课的背后，都是授课者全部的生命状态和精神面貌。如果想要自己的课有深度，那就活出深度；如果想要自己的课有高度，那就先活出高度。你怎么活，你就怎么教；你怎么教，你就怎么活。你的教法，就是你的活法。我们要努力打通教法与活法。

青春语文号召创新三个意识。

第一，选择文本的意识：从“文本指挥我们，我们为课文服务”转变为“我们指挥文本，文本为学生服务”。

第二，解读文本的意识：从“用语文老师的眼光看文本”转变为“要用人的眼光看文本”。

第三，主题聚焦晾晒意识：从“六经注我”转变为“我注六经”，要“站在当下生命的高度和当下人性的高度”，赋予文本新的时代意义。

6. 我们如何安放父母拼命而笨拙的爱

——《背影》《秋天的怀念》探索阅读

执　　教：王　君

授课学生：安徽省淮北市西园中学八年级学生

课堂类型：主题型文本教学

整　　理：安徽省蚌埠市铁路中学　邓　颖

课前互动和热身活动

学生课前准备：不看参考资料，素读《背影》《秋天的怀念》。

（呼吁老师不要压着学生，鼓励学生大胆表达）

活动一　课堂小演讲

师：今天有五个活动，第一个活动是课堂小演讲。

【屏显，演讲话题及要求。被点名的十二位同学上台演讲】

男生：大家好，我叫××。《背影》讲了一位父亲送儿子去读书的故事，父亲送孩子时给孩子买橘子，体现了伟大的父爱，表达了作者对父亲深切的怀念。

（课代表写词语）

师：不要复述故事，就概括说一下浦口送子就可以了，往前走一步，《背影》还讲了什么？

男生：大家好，我叫××。本文讲的是朱自清父亲浦口送子的故事，表达了父亲对作者深深的爱，从中也可以看出朱自清的父亲是个伟大的人。

师：都用“伟大”啊！

（听课老师笑，学生似有所悟）

男生：大家好，我叫××。文章写了父亲给作者买橘子的事，写的虽然是琐事，但写出了父爱子、子爱父，验证了中华民族“父子情深”的说法，表达了父亲对作者无私的爱。

师：表达自信，有感情，谢谢你！

（其他学生分别演讲，老师录像并点评）

师：小姑娘们有没有一些独特的感受？

女生：大家好，我叫××。我从《背影》的字里行间读出了作者深深的自责和愧疚，从父亲给“我”买橘子这件小事中读出了父亲平凡而朴实的爱。

师：女儿真是爸爸妈妈的小棉袄！他们之间爱的传递是那么顺畅吗？作为读者，你起码要读出做儿子的愧疚吧。

（其他几位女生的回答略）

女生（最后一位）：大家好，我叫××。我认为《背影》的开头和结尾暗含了父子关系可能有些尖锐，后来孩子渐渐理解了父亲，这体现了儿子的成长。

（师生鼓掌）

师：十个儿子九个粗（全场笑），你们没有读出父子之间的矛盾吗？女生发现了。“我”与父亲“不相见”和“分别”是不一样的，为什么不相见？不能相见？不想相见？不愿相见？不敢相见？答案写在纸上了。接下来是我们的第二个活动。

（课代表下发王君老师《背影》解读材料）

活动二　课堂速读，读后演讲

【屏显，速读材料，出示演讲话题“我从王君老师的解读中学到了什么”】

师：这篇文章是我十年前对《背影》的解读。给同学们五分钟的阅读时间，读完请大家继续发言：从王老师的解读中学到了什么？

（老师请另外五位同学上台，课代表继续写关键词）

生：大家好，我叫××。作者在写《背影》的时候，家中祖母去世……（停顿很长时间）

师：不是解读，是要说一说从老师解读《背影》的方法中学到了什么。

生：大家好，我叫××。我从王老师的解读中学会了抓关键词“冬天”，冬天不只是当时的季节，还是作者人生的冬天。

师：冬天的本义是季节意义上的冬天，但王老师还提出了比喻义、引申义，恭喜你学会了。

生：大家好，我叫××。我从王老师的资料里学会了从时代背景来分析文章。

师：他的回答最有价值的一个短语是什么？

课代表：“时代背景”。

师：对，读散文，一定要去探究文字背后的背景。

课代表：大家好，我叫××。读王老师的文章，我发现了文中一些看似不大重要但又有暗示性的话语，比如说“闲逛”“勾留”等词语，看起来是一些闲笔，但实际上却非常重要。

师：关注闲笔，很好！经典的文章，没有一处多余的文字。“闲笔”和“暗示”，课代表写下来。王老师这一篇解读用了很多解读的技法，来读一读。

【屏显】

以简驭繁立骨法：寻切入

知人论世追问法：研背景

同类信息整合法：找联系

寻找矛盾破解法：探奥妙

增删调换连比法：磨语言

将心比心沉浸法：真代入

师：这些解读技法背后是一种阅读理念，我把它叫作“打通读法与活法”。

【屏显（生齐读）】

十六个字：咬文嚼字、直面文本、独立思考、探索人性。

师：一个二十岁的儿子看着一个老父亲的身影默默流泪，你有没有思考这里面的问题？这就叫作“咬文嚼字”。

【屏显（生齐读）】

“等他的背影混入来来往往的人里，再找不着了，我便进来坐下，我的眼泪又来了”。

师：《背影》之所以打动一代又一代人的心，绝不仅仅因为讲了普通的父爱，如果仅有这点东西，它就没有那么强悍的生命力。

【屏显，《生之苦痛与爱之艰难》片段】

（学生齐读部分文字）

师：然而现实比《背影》还要复杂，人世间的亲情比《背影》当中体现的还要复杂。现在我们进入《秋天的怀念》，话题是“我看《秋天的怀念》中的母爱”。

活动三　《秋天的怀念》探索演讲

【屏显，演讲话题“我看《秋天的怀念》中的母爱”，出示演讲要求】

师：母爱都很伟大，我不想听大家说这些套话。现在我播放录音，请大家一边听一边思考。

（录音播放结束，同学上台）

师：演讲话题是“我看《秋天的怀念》中的母爱”。不复述，只评价母亲对儿子的爱，注意扣着文本阐述观点。

（老师继续录像，课代表记录）

生：大家好，我是××。我在《秋天的怀念》一文中看到母亲为了儿子，“侍弄的那些花都死了”，这体现出母爱的无私。

师：他提到了一个细节，母亲养的花都死了。关注细节，但观点也要明确。

生：大家好，我叫××。我在《秋天的怀念》中看到很多细节，比如在“我”发怒的时候，母亲会悄悄地红着眼睛，这使我感受到母亲对儿子的隐忍和她想让儿子好好活下去的信念。

师：他用的两个词语很好，一个是“隐忍”，一个是“信念”。

（课代表记录）

生：大家好，我是××。母亲忍受着疾病和精神上的巨大痛苦，却隐瞒着自己的病情，忘我地把爱投到不幸的儿子身上。她想要以“看花”来调节儿子心情，希望儿子坚强，更希望儿子在人生的道路上活出自己的精神。

师（赞叹地说）：到目前为止表达最漂亮、感情最充沛的一个同学，她提到了一个词语“忘我”。

（课代表记录）

生：大家好，我叫××。作者瘫痪后，他的脾气暴怒无常，而母亲却一直以一颗包容的心去关爱他。母亲是痛苦的，因为她的儿子并不理解她。

师：记下来，“儿子并不理解她”，母亲知道儿子并不理解她。

（课代表记录）

生：大家好，我叫××。我认为在《秋天的怀念》中，儿子总以自己为重，时常忘记母亲的痛苦，母亲实际上比他承受的痛苦更多。

师：你是站在母亲的角度批评了儿子。假如你是史铁生的母亲，你会把自己的病告诉孩子吗？

生（毫不犹豫地）：不会。

师：假如你是史铁生，你希望母亲告诉自己她病入膏肓吗？

生（肯定地说）：希望。

师：如果你是母亲，你会如何选择？

生：我会一直忍着不说。

师（连续追问）：假如你是史铁生呢？你会不会希望母亲告诉你？

生：希望。

师：这就是矛盾！一个是绝不能告诉，一个是发自内心地想被告诉。你怎么看？你是女儿。

（女生哽咽着讲述妈妈做小脑手术住院的事情，老师请同事递给她纸巾拭泪）

师（关切地问）：作为女儿，你希望妈妈告诉你她生病了吗？

女生：不希望。

师：为什么呢？

女生：因为我看到她的样子，非常不忍心。

师：你不想去陪伴她吗？

女生：想，但我更想一个人默默地在背后流泪。

师：孩子，你是女儿，我是妈妈，如果我是妈妈，我最不愿意的就是你一个人默默流泪。这就是矛盾！

师：史铁生最后向天发怒，不仅仅是因为他瘫痪了，还因为“子欲养而亲不待”。他可能会说：如果早知道妈妈生病了，也许“我”不是那个样子的；如果早知道妈妈生病了，也许“我”会表现得好一点的！但是妈妈没有给他这个机会。所以，血缘让我们天然就会相爱，但是血缘只能够让我们相爱，却不能够让我们很好地去爱。

【屏显，两文中爱的不同方式。核心词是“拼命”“笨拙”“无私”“自私”】

师：在我这个年龄读《背影》，如果也要提取关键词的话，我觉得是“拼命”和“笨拙”。母亲对史铁生的爱非常无私，但也很自私，因为她剥夺了儿子爱她的权利。而儿子对母亲的爱也很迟钝，他只关注自己的病，完全没有发现母亲的病。同学们，这就是人世间的血缘亲情，我们有时候想爱，但是留给最亲的人的却是一个背影。

活动四　听老师讲且思考

【屏显，话题“我们如何安放父母拼命而笨拙的爱”及《五猖会》中父亲不许鲁迅看戏的片段】

师：读《朝花夕拾》，我们发现鲁迅先生写他爸爸对他爱得很拼命但也很残酷。再看大学者胡适先生的母亲（屏显胡适母亲对他的严苛教诲片段），她对胡适先生的爱，放到现在真的也挺残酷的。再给大家看一个电影片段（播放《我的团长我的团》视频片段）。

师：大家可能会说那是几十年以前的事，那我们看当代——

【屏显，姜文自述和母亲的矛盾片段】

师：姜文考上了中央戏剧学院，他妈妈都不理他，他功成名就后给妈妈买房子，妈妈也不愿意去住。再说麦家。

【屏显，麦家与儿子及麦家与父亲的矛盾片段】

师：如果你说他们是大人，那我们来说孩子。

【屏显，相关图片】

师：给大家播放一个视频，我们来更深一步地理解《背影》中为什么有那么多的挣扎，《秋天的怀念》中为什么有那么多的绝望。

（播放视频《你的孩子不是你的孩子》解说版）

师：佳佳的妈妈不爱他吗？超级爱。但是有时候爱就是控制。所以有时候我们努力想去爱对方，但是我们只能留给对方一个背影。进一步思考，你的父母的爱是不是也有拼命而笨拙的时候？如果有，我们该如何安放他们拼命而笨拙的爱？还有一个心灵之问：未来我们也会成为父母，也会爱得拼命而笨拙吗？

活动五　思考

【屏显三个问题，生思考。还没有发表演讲的同学到讲台前站好，准备发言】

生：大家好，我叫××。我的父母对我的爱也是拼命而笨拙的，我妈妈给我每一科都报一个补习班。我以后成为母亲，可能会让我的孩子自由放松，而不要像我这样天天被拖着去补习。

师：祝愿你做得到，前提是，你自己特别优秀。

生：大家好，我叫××。我父母对我的爱同样也是笨拙而又拼命的，他们对我的课余生活十分关心，对我与同学交往也会密切关注。特别是我的父亲，他很爱我，但经常和我发生矛盾，我想我应该多与他沟通，去理解他。

师：他们也是第一次当爸爸妈妈，有时他们也不知道该怎么办，所以是需要沟通的。

生：大家好，我叫××。我的爸爸妈妈会在节假日带我出去玩，在他们眼里，我的快乐和健康永远是第一位的。以后我也会给我的孩子这样的爱，同时也会放松地去爱自己。

师：父母自爱（提醒课代表记下）永远是对孩子最好的爱，你活得惨不一定能激励孩子，但你活得漂亮一定能够激励孩子。那么对我而言，读《背影》时我希望的爱是怎样的呢？

【屏显】

等他的背影就要混入来来往往的人里，就要找不着了，我终于冲上去，从后面抱住他，泪流满面。我说："爸爸爸爸，我爱你……"

师：这就叫创造性写作，只是把原文稍微改写一下表达自己的观点。来，齐读。

（生深情齐读）

师：爱是要表达的，如果朱自清当初表达得很充分，也许父子之间的内心争斗就不会那么漫长和尖锐。孩子们，今天回去，学着对被你埋怨着或埋怨过的父母鼓足勇气说"我爱你"。

【屏显】

我已经知道母亲的病了。我知道她常常疼得整宿整宿翻来覆去地睡不了觉……

我抱着母亲，哭着说："妈妈，我俩在一块儿，好好活，好好活……"

我的内心充满了前所未有的力量……

（师生动情朗读）

师：任何家庭成员的疼痛都要与家人一同分担，当一个人把所有的苦痛都自己承担下来的时候，也许对爱的另一方就是一种伤害。如果在母亲生病的时候，他们一家人还能够一起去北海看花；如果在母亲还没有去世的时候，他们一家人还能够去仿膳吃美味的食品；如果母亲还没有去世的时候，她还能够拥抱着史铁生和女儿，重温着儿时的温柔……我想这个家庭的遗憾会少很多。

【屏显】

……

孩子真情流露的时候/好似总是背着你们/你们向我显明最深的爱的时候/也好似恰巧都是一次又一次的背影。

什么时候，我们能够面对面地看一眼/不再隐藏彼此/也不只在文章里偷偷地写出来/什么时候我才肯明明白白地将这份真诚/在我们有限的生命里/向你们交代得清清楚楚呢？

——三毛《背影》节选

（生齐读）

师：家是会“伤人”的，爱是会“伤人”的。

【屏显】

《为何家会伤人》《超越原生家庭》《童年的秘密》《你就是孩子最好的玩具》等书的封面图片

师：这些书，大家可以自己去看，也可以推荐给爸爸妈妈看，因为父母和我们给彼此留下的大多是爱的背影，而不是爱的正面形象。如果非要给这节课安一个主题的话，这节课的主题就叫作——

【屏显】

我们如何安放父母拼命而笨拙的爱

（生齐读）

师：如何安放？来读《背影》的最后一段，这里面有无数人生和生命的况味。

（生齐读《背影》最后一段）

师：《秋天的怀念》最后一段是爱的真谛，是生命的真谛。我们犯了很多错误，留下很多背影给亲爱的人，那么，该如何补偿？

（生齐读《秋天的怀念》最后一段）

师：好好活还不够，关键是——好好爱。下课！

创设教学课堂新境　疗愈语文心灵

——王君《背影》《秋天的怀念》探索阅读课观察

（司艳平　清澜山学校）

夏雪梅博士说过，学习素养的本质是心智的灵活转换。真正意义上的语文课堂应着力于平台建设，让学生个性展示，激发他们的表达欲望，唤醒他们的自我认知，进而实现心灵疗愈。毋庸置疑，这样星垂平野的语文课境界上乘，总有难以企及之感。笔者有幸现场观摩了王君老师的《背影》《秋天的怀念》探索阅读一课，深觉此课属大境、上境的语文课。

首先，探索课堂形式之变。项目化学习指向学生学习素养的培养，鼓励学生在真实的生活情境中运用所学知识去解决问题，在解决问题的过程中强化体验、提升品质、建构意义。项目化学习从入项到出项，要经历较长的时间周期，一个学期有一到两个比较适宜。但是，我们可以进行微项目的教学探索，也可以在课堂上植入项目化学习，操作简易，效果明显。

王君老师的这堂课便运用项目式学习建构课堂，整堂课以学生演讲为项目贯穿，告诉学生表达支架，提出明确的演讲要求。请看王君老师第一次项目活动设计——演讲话题：《背影》到底在讲什么？演讲要求：(1) 演讲时间一分钟左右，老师要录像；(2) 用一两个关键词明确表达自己的观点；(3) 联系课文内容阐述自己的观点。除此以外，再给学生提出明确的表达格式及表达时间。这些看似简单的课堂要求是课堂必不可少的表达支架，决定着课堂的底色与品质。学生的回答都遵循这个形式要求，他们在实际情境的演练中无意识地懂得了演讲的开场。“大家好，我叫××。本文讲的是朱自清父亲浦口送子的故事，表达了父亲对作者深深的爱，从中也可以看出朱自清的父亲是个伟大的人。”这是刚开始学生的演讲，形式把握到位，内容有待商榷。除这个项目式活动以外，王老师还设计了两次演讲活动，分别是“课堂速读，读后演讲”“《秋天的怀念》探索演讲”，让学生在真实的课堂“在场”训练表达、锻造思维。项目式学习可聚焦某一项主活动，渐次推进，切忌多而杂。

其次，搭建外形内涵之桥。项目式学习努力让学生转变身份、转变视角，将被动接受改为主动探索。王君老师说：“没有一个孩子不愿表达，如果孩子不愿表达，那一定是我们老师‘压’着孩子了。”激发学生的表达欲是课堂意识转型的体现，深入引导学生表达则需要课堂构架、设计与调控。

再来看看王老师在这堂课上举重若轻的形式设计：

第一次演讲着眼于引导学生对《背影》主题的探索，学生从一开始标签式的“伟大”演讲到后面的真实真切演讲：“大家好，我叫××，我认为《背影》的开头和结尾暗含了父子关系可能有些尖锐，后来孩子渐渐理解了父亲，这体现了儿子的成长。”其间的思考变化体现着王老师连通课堂形式与课堂内涵的能力。第二次演讲着眼于解读文本方法的探索，学生在阅读王君老师解读文章《生之苦痛与爱之艰难》的基础上，演讲“我从王君老师的解读中学到了什么”。学生在信息筛选后进行提炼，学到了关键词解读法、研读背景解读法、关注闲笔解读法等。值得一提的是，王君老师探索的形式之变与课堂品质息息相关，并未因形式而摒弃对思想精神的培塑。于是，王老师拎出《背影》当中的“等他的背影混入来来往往的人里，再找不着了，我便进来坐下，我的眼泪又来了”启发学生与文本深度碰撞：“什么叫作关注闲笔？为什么要等他的背影？‘等’的背后是什么？我觉得文字背后是深深的不舍。那我再问你，‘我便进来坐下’，如果是你，你有很多时间，列车还不会开，你有没有其他选择？”这样的追问不但点燃了学生的思维，而且拨响了学生柔软的心弦。所以，课堂形式的转变与课堂内涵的培塑并不矛盾，二者如何实现和谐统一，是我们应当思考与探索的问题。

再次，打破亲密关系之辨。项目式学习的最大意义在于师生身份的双重转换，教师的身份在于总揽全局、统筹课堂，学生的身份在于真实参与、建构思辨，在情境濡染与任务体验中提升能力，训练思辨力。思维的功能是判断趋势，弄懂意义。从这个层面上来讲，优质的语文课应与世界、生活的多元性息息相关，不但要努力营造公正的思辨型课堂氛围，而且要矫正学生自我的认知偏差，使其具备愿意挑战自我的认知勇气。王君老师深谙此理，她的课堂没有标准答案，有的是思辨、建构与修正。请看以下教学片段。

生：大家好，我叫××。我认为在《秋天的怀念》中，儿子总以自己为重，时常忘记母亲的痛苦，母亲实际上比他承受的痛苦更多。

师：你是站在母亲的角度批评了儿子。假如你是史铁生的母亲，你会把自己的病告诉孩子吗？

生（毫不犹豫地）：不会。

师：假如你是史铁生，你希望母亲告诉自己她病入膏肓吗？

生（肯定地说）：希望。

师：如果你是母亲，你会如何选择？

生：我会一直忍着不说。

师（连续追问）：假如你是史铁生呢？你会不会希望母亲告诉你？

生：希望。

师：这就是矛盾！一个是绝不能告诉，一个是发自内心地想被告诉。你怎么看？你是女儿。

王老师在学生演讲的基础上抓住史铁生母子矛盾心理点深度追问，不仅点燃了学生的思维火花，还让学生明晓：如果母亲告诉了史铁生自己的病情，儿子也会关心她的话，这个家庭还能重拾往日的温暖。学生的反馈体现着思辨型课堂的魅力，没有被一直以来所认定的标准拘囿，而是勇于挣脱，朝向有血有肉的心灵方向。

最后，收获心灵疗愈之效。青春语文长在创新里，活在改变里。王老师的青春语文在打通教法与活法的基本原则下，界定文本特质的类型，给课堂以抓手；统筹群文阅读的整合，建课堂以格局；融通各类信息的资源，给课堂以疗愈。在推行项目化学习的大背景下，将项目化学习的形式与青春语文的疗愈意义合二为一，也是王老师的探索方向。

课堂上一个小女生的发言，让在场的全体师生为之动容，她哽咽着讲述了妈妈在医院做小脑手术时所遇到的艰难，以及她看到妈妈被病魔折磨头发都被剃光时的难过与绝望。她很诚实地说，不希望妈妈告诉她病情，她只想一个人默默承担，默默流泪。王老师即时引导：“孩子，你是女儿，我是妈妈，如果我是妈妈，我最不愿意的就是你一个人默默流泪。这就是矛盾！”此时此刻，不仅这个小女生，在场的所有人都会从自我身份的角度思考血缘亲情，思考亲子之爱，进而唤醒自我反思并进行自我疗愈。

王老师超强的媒介融合能力在这堂课上照样彰显无遗，无论是鲁迅与胡适对父亲、母亲爱的困惑，还是姜文和母亲爱的矛盾，都因父母拼命而笨拙的爱令人痛苦挣扎。于父母而言，就是如何避免爱成为害；于孩子而言，就是如何安放父母拼命而笨拙的爱。从孩子们的课堂表现及课后反馈来看，他们懂得爱的沟通，明白爱的表达的重要性。有个孩子如此反馈：“我以后如果有孩子，我会给予他们程度合适的爱，我可能会有‘拼命的爱’，但绝不会有‘笨拙的爱’。”王老师的这堂课经由文本，直抵孩子内心深处，引发共情与同理，这就实现了青春语文的疗愈功能。

创设教学新境，疗愈语文心灵。项目式学习能释放学生天性，让学生在相对自由的氛围里激发创造力，锻炼学生解决实际问题的能力，连通校内学习与学生未来生活，从而为他们的幸福人生奠基。

7. 这么爽的人生，你敢不敢要

——刘禹锡《陋室铭》群文教学实录

执　　教：王　君

授课学生：长沙怡雅中学八年级学生

课　　型：思辨型文本+诵读型文本

整　　理：山东济宁高新区杨村煤矿中学　李亚平

思辨一：今人之歌唱，理解迥异

师：首先致谢本课朗读者——青春语文语言艺术家孙雪梅、刘兴艳女士（屏显照片）。同学们，文言学习一般有三个层面：

【屏显】

文字层面重积累——关注生生不息的汉语之生长，给古代汉语找现代亲人；

文学层面重鉴赏——关注耐得住推敲的经典之写法，理解作者的独特用笔；

文化层面重打通——关注推陈出新的经典之灵魂，探索《陋室铭》的当下意义。

师：本课我们重点从文化层面来学习《陋室铭》，我们要进行三次思辨活动。

【屏显（生读）】

思辨一：今人之歌唱，理解迥异；

思辨二：今人之研究，石破天惊；

思辨三：今人之追问，振聋发聩。

（播放《陋室铭》配乐朗读录音）

【屏显】

文字层面重点关注铭文韵脚。关注“馨”“牍”两字。

文学层面重点关注“铭”。解释“铭”并齐读——

【屏显（生读）】

刻于金石自我警诫

对偶押韵托物言志

山水起兴通篇对比

类比结尾引用收束

师：听说我们班有位同学朗读非常好。

（一男生主动读课文。掌声）

师：读得真好！舒展，自然，不紧绷。

师：诗歌是可以歌唱的语言。

（播放卢一帆版古典优雅的《陋室铭》，屏显歌词，重点标注“只求得心安宁”）

（播放《经典咏流传》中摇滚式激越高亢的《陋室铭》）

师：哪一款歌唱更符合你心中的《陋室铭》和刘禹锡？

生：后者。刘禹锡性格刚烈，更配摇滚风格。

生：第二种，刘禹锡虽然被贬，但乐观自在，后者用沙发表示陋室，用高音来表现他的爽朗性格，很适合。

师：你是背景派，善于观察。不仅看作者背景，还会看舞台背景。

生：根据他的诗歌“吹尽狂沙始到金”，后者更能表现他的开朗豪放。

师：有没有喜欢第一种的？

生：第一种更符合诗的意象和意境，展现出诗人宁静、放松、高雅的内心。

生：第一种弦乐加钢琴更能体现他优雅的气质。

师：音乐文学都懂，水平挺高啊。听说过《爱莲说》吗？齐背。

（生背）

师：中国知识分子有三种活法——

【屏显】

芸芸众生的牡丹式人生：追名逐利，与世浮沉。

陶渊明的菊花式人生：隐逸独居，安贫乐道。

周敦颐的莲花式人生：淤泥共生，高洁独立。

师：你认为刘禹锡选择了哪一款人生？

生：他选择了周敦颐的莲花式人生，他积极入世，永贞之变中遭到很大打击，但他能坚守自我，活出独立的精神。

师：腹有锦绣啊！"入世""出世"信手拈来，难得！

生：我觉得刘禹锡是莲花，但他同时活出了凌霄花般的高傲。"种桃道士今何在？前度刘郎今又来。"像凌霄花般娇艳自信，屡次被贬，却始终保持自信昂扬的精神。

思辨二：今人之研究，石破天惊

师：你已经超越教参了。很了不起！今人发现一个秘密：《陋室铭》可能根本不是刘禹锡写的！关于刘禹锡写《陋室铭》的故事，也是编撰出来的。为了解决这个难题，让我们沿着刘禹锡一生的诗路来了解他和他的《陋室铭》。看第一站——

【屏显】

第一站：苏州和长安（大概 19—33 岁）

《赏牡丹》（略）

师：刘禹锡一出生就极不平凡。据说他奶奶在他出生时做了一个梦，梦见尧帝给了一块玉。传说大禹治水成功，尧帝就把美玉奖励给大禹，“禹锡玄圭”是个典故。因此他的名为禹锡，字梦得。他绝对是富二代、官二代。22 岁和柳宗元一起进士及第。24 岁时通过吏部拔萃科考试。30 岁不到，就做到监察御史，进入大唐权力中心了。看他的诗——

（生齐读《赏牡丹》）

师：谁是牡丹？我！谁大名动京城？我！但，我们重庆有一句话，叫“女人三十三，好像破船过烂滩”。刘禹锡 33 岁时也开始倒霉了。和一帮人搞永贞革新，动了皇帝的奶酪，唐宪宗恨死他们了！赐死的赐死，贬官的贬官，这就是著名的“二王八司马”事件。刘禹锡被贬到了朗州，一困十年。

【屏显】

第二站：朗州（33—43 岁）

师：朗州的刘禹锡，发水灾，无房住，妻子去世，留下二子一女。

宪宗下诏：八个坏司马，纵逢恩赦，不在量移之限。

师：就在这时，史上著名的《秋词》诞生了——

【屏显《秋词》：“自古逢秋悲寂寥……”】

（播放朗读录音）

师：贬我的官咋了，我的心情好着呢！谁来把他的好心情读出来？

（一生读）

师：特别好，但温柔了点，表情稍微凝重了一点点。刘禹锡那豪情高着呢！来，齐读——

（生齐读）

师：对，就这样，心情好得很。再困十年我也死不了！还有一首《浪淘沙》（生举手）好，你读——

【屏显（生读）】

莫道谗言如浪深，莫言迁客似沙沉。千淘万漉虽辛苦，吹尽狂沙始到金。

师：这次读得稍微深沉点了。刘禹锡被贬了，可诗里头为什么没有担忧，没有恐惧？来，齐读——

（生齐读）

师：43 岁还相信自己是金子一定会发光的。重磅来了！玄都观看桃花。刘禹锡一辈子就跟桃花较劲了。

【屏显】

第三站：长安归来（43 岁）

紫陌红尘拂面来，无人不道看花回。玄都观里桃千树，尽是刘郎去后栽。

（听配乐范读录音。生读）

师：十年之后回到了京城，刘禹锡的朋友圈可热闹了，全是大人物，都跑到玄都观来看花。看完之后手又痒，写诗。写完之后，历史上一个重磅尴尬时刻降临了！唐宪宗又把刘禹锡逐出京城了。我要问同学们，这首诗为什么让同行及皇帝都不开心呢？

生：因为这首诗是在讽刺他的那些同行们，都是在他走之后提拔的。

师：别看你们混得好，混得好是因为老子走了！太傲了！别人当然不高兴了，告到皇帝那里，一脚就给踢出去。而且刘禹锡还是个“猪一样的队友”，什么意思，懂吗？

生：在好的时候干坏事，然后把队友全给坑了。

（众笑）

师：一语中的。连柳宗元等一帮朋友也跟着被贬了。（生举手）你来？

生：当时刘禹锡被贬播州，他妈妈八十多岁了，非要跟着他走。刘禹锡崩溃大哭，柳宗元就上书唐宪宗说，“愿以柳易播，死无恨”。（众生鼓掌赞叹）

师：连文言文都背下来了，不简单啊！柳宗元是刘禹锡的神助攻。皇帝也感动了，重新把刘禹锡贬到了广东连州。

【屏显】

第四站：连州

剡溪若问连州事，惟有青山画不如。

师：连州，南蛮之地，不化之地，无比落后。但刘禹锡惊人的治理能力显现出来。在这里，他“横眉冷对千夫指，俯首甘为孺子牛”“当官不为民做主，不如回家卖红薯”，深入群众，大干快干，政绩非凡，刘禹锡纪念馆可以做证！人家问这个地方怎么样啊，没有好吃的，没有好玩的，热得不得了，蚊虫多得不得了，但青山有画也画不出来的美，刘禹锡享受到了。来——（生读）

师：日子苦，山水美！第五站，柳州，他怎么来到了柳州？

生：刘禹锡在母亲去世后，就扶着灵柩从广东赶回老家洛阳。路过衡阳，柳宗元的家仆送来一封信。他高兴地拆开，发现是柳宗元的遗书。当初他们被贬，分别就在衡阳，现在又在衡阳。刘禹锡很悲痛，一共写了三篇祭文来悼念好友，又把柳宗元的诗做了整理出版。还把柳宗元的孩子全部接来抚养。（全场响起热烈的掌声）

师：有时候“猪一样的队友”也会变成神一样的助攻。你看他的悼词，多么深情悲伤，却不乏豪气——

【屏显（师生齐读）】

第五站：柳州（47岁）

呜呼子厚！我有一言，君其闻否？……呜呼子厚！此是何事？……南望桂水，哭我故人。孰云宿草，此恸何极！

师：第六站，王老师的家乡——重庆，以前叫夔州。他50岁，古代已经算暮年了，但你看刘禹锡好玩不好玩，一天天还情哥哥情妹妹的，还创作了《竹枝词》。

（听配乐朗诵《竹枝词》）

【屏显】

第六站：夔州（50岁）

勤政爱民，抚养柳宗元余脉，刊印柳宗元著作，创作竹枝体。

《竹枝词》三首

（其一）杨柳青青江水平……

（其二）山桃红花满上头……

（其三）瞿塘嘈嘈十二滩……

师：来，谁愿意读？

（生读第一首。声音平缓、洪亮、深情，全场掌声）

师：我怎么觉得50岁的刘禹锡像个少年？谁再来读？

（生读第三首，抑扬顿挫。掌声）

师：最后一句，简直就像一个青春期的少年在感叹“生活多艰难哪”。（众笑）

（生读第二首）

师：以后长大了，这首诗可以送给你心爱的人。这可是50岁的刘禹锡写的啊。

【屏显】

第七站：和州（52岁）

师：此时刘禹锡52岁，和州大旱，哀鸿遍野，民不聊生。像大禹治水一样，刘禹锡三过家门而不入，投入抗旱工作。

（听配乐朗读《陋室铭》。学生跟读，教师提醒控制节奏）

师：《陋室铭》就是在和州写的。关于刘禹锡在和州的故事，有个大家都喜欢的版本。谁来讲这个故事？最好讲得波澜起伏。

【屏显】

版本一：

刘禹锡在和州做通判，知县策大人对他空降至此很不喜欢。本来刘禹锡应该住衙门三室三厅的房子，策知县偏偏安排刘禹锡住在城南郊区。刘禹锡来到一看……高声吟诵：“面对大江观白帆，身在和州思争辩。”策知县不乐意了，哼，让你高兴，从城南移到城北去住吧，三间变一间。刘禹锡……挥笔写下：“垂柳青青江水边，人在历阳心在京。”策知县气炸了。让刘禹锡从城北迁到破烂不堪的茅草屋……刘禹锡铺开宣纸，转瞬间，《陋室铭》挥洒而就。

（生读。掌声）

师（神秘地说）：还有一个版本。谁来讲给大家听？

【屏显】

版本二：

为了改善民生，刘禹锡为和州想了很多办法，甚至冒着危险向皇帝进言，尽可能免去更多的赋税。因为太忙了，他执意不住府衙，而是盖了几间茅屋庐舍，自称“陋室”。在他的艰苦努力下，和州在极短的时间内变化非常大。他借“陋室”而抒怀，《陋室铭》由此诞生。

（生读，声情并茂。众鼓掌）

师：两种版本，你认为哪一个版本更靠谱？我们先不要回答。

【屏显】

第八站：扬州（54岁）

《醉赠刘二十八使君》（白居易）（略）

《酬乐天扬州初逢席上见赠》（刘禹锡）（略）

师：刘禹锡54岁，终于获得恩旨回京。途经扬州，遇到了老友白居易。鬓发苍苍的白居易感叹：“满朝富贵，为什么就容不下你一个刘禹锡呢？”作为好朋友，他为刘禹锡——

生：鸣不平。

（播放配乐朗诵《酬乐天扬州初逢席上见赠》。一生主动请读，深沉感慨，抑扬顿挫，结末豪情倍增。众鼓掌。又一生举手）

师：你第一次发言我就觉得你表情超好。诗歌不仅是语言的艺术，也是体态的艺术。好，你来读。

（生读。字正腔圆。沉沉起势，渐涌豪情，结末高昂。众热烈鼓掌）

师：又一位朗读艺术家！

【屏显】

第九站：南京

《乌衣巷》（略）

《石头城》（略）

《西塞山怀古》（略）

（播放配乐朗诵《乌衣巷》《石头城》）

师： 这些咏怀诗引发千载共鸣。选择你喜欢的一首来读。

（生读《乌衣巷》）

师： 声音稚嫩但感情深沉。还有谁来读？

（生读《石头城》）

师： 他哪里是在思考历史呀，他是借历史来思考自己的人生！（生举手）

（生读《西塞山怀古》）

师： 这些诗里都有他思想情感的密码啊。重磅！

【屏显】

第十站：洛阳和长安（56 岁）

《再游玄都观》（略）

师： 刘禹锡 56 岁了。困居洛阳半年后又回到长安，又去玄都观看桃花，又写一首诗，再次遭到弹劾。（生举手）你想读？

（生读。抑扬顿挫，铿锵有力。众鼓掌）

（另一生读，重音落于“何”“又”，柔中有刚，傲气凌霄。众鼓掌）

师： 一个比一个好哇。

师： 这首诗为什么让周围人都不爽？

生： 他在讽刺朝廷里尽是碌碌无为的小人，还讽刺原来的皇帝去了哪里。所以让其他人都很不爽。

生： 他还有一个意思，我们这些好人，都被你皇帝贬了，看看现在朝廷中都是啥？全是“菜花”！（众大笑）原来迫害我的那些人，还有皇帝，去哪了？都没了！我又回来了！我又又又回来了！（女生夸张的表达和语气惹全场爆笑）

师（笑）：对，跟以前的政敌公开叫板。你们都死掉了，我还活着，就灰太狼那个话——（台上台下齐高喊）我又回来了！（众笑）

生：还有个意思，我把原来那些“桃花”全耗死了，你看，你们这一地的“菜花”，还能把我怎么样呢？（众笑）

师：他骄傲啊。56岁，还“刘郎”呢。哈哈。

【屏显】

第十一站：苏州

《赠李司空妓》（略）

师：苏州，遇到“锄禾日当午，汗滴禾下土。谁知盘中餐，粒粒皆辛苦”的作者——

生：李绅。

师：人家请他来喝酒，还请了美丽的姑娘来陪他。他可不乐意了，写下一首诗，于是乎，有一个成语千古流传，有一个人遗臭万年了。

（听配乐朗诵）

师：诗一写出来，朋友圈里李绅大概被骂成灰了。但刘禹锡在苏州做了很多于民有利的好事情，在朝廷考课中获得“政教之最”——相当于政府绩效考核最高等。离开苏州时，百姓夹道相送，哭声震天，后来自发建立“三贤祠”纪念他。

【屏显】

第十二站、十三站：汝州、同州（65岁）

师：65岁的老人一步一步去丈量颠簸之旅。辛苦哇。

【屏显（生读）】

第十四站：洛阳（终年71岁）

《咏老赠梦得》（白居易）（略）

《酬乐天咏老见示》（刘禹锡）：“人谁不顾老，老去有谁怜……莫道桑榆晚，为霞尚满天。”

师：刘禹锡被称为诗豪，谁评价的呀，白居易。大家比一比，同样写“老”，他俩谁写得好？

生：刘禹锡写得好。白居易的诗看起来平常无奇，刘禹锡的却显得大气有格调，比如“阅人如阅川”，再比如“莫道桑榆晚，为霞尚满天”，不仅含有积极的人生态度，还把“老”写得那么美。（掌声）

师：你这番论诗不简单哦！联系刘禹锡一生的诗路，关于《陋室铭》你认为哪个版本更靠谱？

（一生快速举手）

生：第二个。因为刘禹锡一生豪情万丈，心系百姓，来到和州，肯定要为民做事，干大事业。他是用《陋室铭》表达情怀。

生：第二个版本。在苏州，百姓在他走的时候都哭着挽留，说明他是一个勤政爱民的好官。（众赞许）

生：我倾向于第一种，他两次回京都写桃花诗“怼”小人。他日子过得舒服还想着“怼”人，那么当有人“怼”他的时候他肯定“怼”回去。“身在和州思争辩”，你不让我好，但是我可以写诗，写诗来气你。（稚气的声音引得全场大笑）

师：“怼”人已经成为他的生命惯性。不“怼”，就不是刘禹锡！（众笑）

生：我赞成后者。刘禹锡拿过“政教之最”，证明他很有治理才能。“南阳诸葛庐”说明他愿意像诸葛亮那样为国为民操劳，符合他豪爽的气度。

师：说得好，从做事看气度。

生：我赞成第一个版本。“无案牍之劳形”说明没有官府公文劳神伤身，结合他的性格，很容易跟策知县“怼”。

师：这个女同学是第一个根据课文内容来回答问题的，这是了不起的文本解读意识。

生：第一个版本更真实。“山不在高，有仙则名。水不在深，有龙则灵。”我住的虽然是陋室，但我人好哇，我有才华呀，我就是比你强。感觉他可以出一本书，叫《“怼”人的自我修养》。（掌声）

师：哈哈，“怼”人要有文采。老师也倾向于第一个版本。但王老师还是觉得这个可能是后人编出来的。作为一位在当时政坛上有影响力的官员，小小策知县敢为难他吗？年龄也这么大了，他有必要和小知县“怼”吗？是后人希望他去“怼”，希望他就那么爽，希望有一个底层官员跟上层官员使劲“怼”！但老师的观点不一定正确啊。总之——

【屏显】

刘禹锡的一生，如果选一个流行字概括，那就是：爽！

如果选一个流行短语概括，那就是：不忘初心！

如果选一句流行语概括，那就是：我已出走一生，归来仍是少年。

是摧不垮、压不倒、蒸不烂、煮不熟、捶不扁、炒不爆、响当当一粒铜豌豆！

（师生配合朗读完毕。众鼓掌）

师：知世故而不世故，懂套路却不被套路，看透人性却不宽恕人性，眼前黑暗而内心明亮。终生豪气干云，终生铮铮硬骨，终生通透敞亮！活得不憋屈，不压抑，不妥协，那叫一个爽啊！（众鼓掌）

思辨三：今人之追问，振聋发聩

【屏显】

今人之追问——刘禹锡的超爽人生，咱敢不敢要？

生：不敢。因为他有超常的才华打底，没有的话还是不要那么“爽”。（笑声）

生：我敢。虽然没有金刚钻不揽瓷器活，但宁鸣而死不默而生，人生在世，如果不能潇潇洒洒，那一辈子也没有别人快意半辈子爽。（热烈掌声）

师：你这种价值观特别有高度，但要继续思考。

生（男）：我——可能不敢要。因为这种人在社会上不受欢迎。并不是每一个人都喜欢你提出的观点，你不能特别“直”，要用委婉的方式去表达

自己，要考虑别人的感受。(众鼓掌)

生：我敢。吹尽狂沙始到金，我们要敢于发掘自己，取得更高的成就，更多的突破点，让自己的人生拥有更多亮点。(众鼓掌)

生：我敢，即使没有才华，我们也要敢于与命运做斗争。比如别人欺负你，你手里有把刀最好，但如果没有刀，你就不与他搏斗了吗？(众笑，掌声)

师：哈哈。我可告诉你，手里没有刀的话，还是赶快逃吧！有刀也别用来打架，后果太严重。(众爆笑)

生：我是不敢要，这样爽的话，假如遇到昏君被剐了怎么办？留得青山在，不怕没柴烧，先把小命保住了，再去施展抱负，死了就没办法再干活了。(掌声雷动)

师：鲁迅的"壕堑战术"，八路军游击战！(全场大笑)

生（女）：我敢要。张季鸾先生说过"不愿陷于盲"。刘禹锡把事情都看得很清楚，他只有率直，才会形成自己独立的见解，才能够不陷于盲。

师：如果他不这么爽的话就成不了刘禹锡。

生：我敢。他的豪迈是他很大的一个特点。读他的诗，从青年到晚年，其实我们读的都是他的少年意气。不是有《少年中国说》吗？少年精神是最宝贵的。(众鼓掌)

师：阅读垫起来的精神高度，太棒了。(竖大拇指)

生：我敢。我是豪爽派，让我不爽的事情，我就要提出来，然后想办法去改善，但不要让别人那么不爽。(全场笑声)

师：懂哲学，中庸之道。

生：这样的人生为什么不要？首先你看他"怼"谁，那些很褊狭的小人，你为什么不"怼"？还有，刘禹锡无论何时都有自己的赤子之心。行万里路，书写了万里的赤子之心。就像李清照，面对世俗打破成见，一生通透独立。我也是一个女子，我就是要活出自己的样子！(掌声雷动)

师：小姑娘，你太懂刘禹锡和李清照了。

【屏显（生读）】

刘禹锡超爽人生的成本：超人的绝世才华、超级健康的身体和超级坚定的三观。

师：人生一世，有些人玩的是有限游戏，还有些人玩的是无限游戏——他们获得的从来不是世俗的荣誉，而是独与天地精神往来的内心通透和愉悦。他们在人世中可能不算成功，但他们活出了一个民族的高级文化审美。

【屏显，《有限游戏与无限游戏》】

师：但才华傍身才可以玩无限游戏。刘禹锡、柳宗元、李白、杜甫可以玩无限游戏。你，我，有资格玩吗？

【屏显（生读）】

刘禹锡熬死了唐代八个皇帝：代宗、德宗、顺宗、宪宗、穆宗、敬宗、文宗、武宗。

柳宗元活到46岁，韩愈56岁，元稹52岁，杜甫58岁，刘禹锡71岁。

师：超级健康的身体啊！如果他熬不过唐宪宗，后边的好戏全没有了。活下来，才是人生最重要的功课。刘禹锡对国家、对人民的三观极稳定，借用范仲淹的话，“先天下之忧而忧，后天下之乐而乐”。连州、苏州、和州，无论到哪里，都为老百姓把事儿办好。对自我层面更坚定：我就是我，不管如何，我就是要做自己，必须做自己！

【屏显（生读）】

你可以战胜我，但是，你打不败我！

师：刘禹锡71岁离开人世的那一天，他笑傲江湖，睥睨政坛上一帮连胡子还没有长齐的年轻人，开心地哈哈大笑：“我这一生，值了！”余秋雨老师有一本书叫作《泥步修行》，他说人生是一个破惑的过程，多少岁不惑？

生：四十而不惑。

师：孔子太乐观了。人一辈子都在惑。只不过优秀的人物在破惑上做得比较好。在某种程度上，刘禹锡破了位之惑、名之惑、财之惑，甚至终极之惑。人生从来没有大事，除了——

生：生死！

师：死都不怕了，我还怕“怼”个人吗？我继续追问：刘禹锡的超爽人生，你敢不敢要？

生：我敢要。因为可能我的才华、身体乃至于三观都比不上刘禹锡，但是我有赤子之心，我会依靠我的赤子之心来达到刘禹锡所达到的境界。（掌声）

生：我还是敢要的。除了才华之外，我拥有健康的身体及坚定的三观，我再提升才华，三者都有了，（笑）我也可以快意人生，活得爽朗。（众鼓掌）

师：孩子们，祝贺你们都能够这么爽。但是，刘禹锡的超爽人生有代价没有？

生：各种被贬。才华没有得到充分施展。

生：妻子早亡，母亲跟着他颠沛流离，儿女受到冷落；在朝堂上受尽排挤，无论同行还是皇帝都对他抱有很深的成见。

师：还付出了什么代价？

生：友情，坑了一些朋友。

生：还有23年的青春。

师：代价巨大呀！（走向刚才发言的女生）你还敢要吗？

生：我敢要。

师：你未来的老公愿意吗？你将来的儿女愿意吗？你的母亲愿意吗？

生：他们不愿意，那我宁愿不连累他们，我靠自己拼搏，我自愿去承受这些，我也会尽全力去保全他们。（掌声，伴随感叹声）

师：你能控制得了吗？

生：控制不控制得了，就像撞南墙，你不撞一下，怎么知道它不会倒？（热烈的掌声及叫好声）

师：哈哈，有些南墙撞下去就死了，明白吗？

生：我不怕死。（更热烈的掌声）

师（呆住）：不怕死，不代表不会死呀，哈哈。（众笑声）

师（意味深长）：人到中年，没有忍辱负重的担当，只图一时口舌之快，无论如何都不是最高级别的酷。刘禹锡破了很多惑，有一个惑他没有破，那就是仇之惑。他的人生遇到很多小人，他把小人永远埋在心里，时机一到，就要表达出来。内心没有安宁。否则他就不会跟桃花较劲，跟玄都观较劲了。历史上有比他段位更高的人——

【屏显】

古之所谓豪杰之士者，必有过人之节。人情有所不能忍者，匹夫见辱，拔剑而起，挺身而斗，此不足为勇也。天下有大勇者，猝然临之而不惊，无故加之而不怒，此其所挟持者甚大，而其志甚远也。

——苏轼

师：一个有大志向的人，小人是进不了心、伤不了身的。

【屏显】

苏轼："眼前见天下无一个不好人。"

（观电视剧《清平乐》两个片段，展现一代明君宋仁宗在大事小事上的"忍"）

师：宋仁宗就是"宋忍宗"！皇帝都得忍，何况我们？（掌声）

师：看看刘禹锡超爽人生的"爽"什么意思呢？

【屏显】

说文解字：爽，本义明亮。

师：真正爽的人生，不是"怼"人的人生，是活得清楚，活得明白，知道什么时候该"晴空一鹤排云上"，什么时候该"低头弯腰让人行"。假如刘禹锡在天有灵，我相信他会在另一个世界反省自己的人生。也许他会对自己的"爽"有另一个定义。我们今天学习刘禹锡的诗歌，纪念他，也反思他的人生。我们要比刘禹锡活得更智慧。（掌声）

师：最后让我们再背一遍诗文。

（生齐背《陋室铭》。声音洪亮，全场鼓掌）

师：下课。

生：老师再见！

（掌声再次响起）

课评

好课如诗　顿挫抑扬

（卢望军　长沙怡雅中学）

对于秉持“最不完美的创新，也比最完美的守成伟大100倍”的王君老师来说，每一堂课都是一座丰碑，每一次设计都必然是“课不惊人死不休”。在2020年12月27日中国第三届诗词教学大会上，王君老师执教的《陋室铭》，便是这样一堂好课。

什么样的课，才是好课呢？

如果以水为喻，飞流直下、一泻汪洋的课当然是好课；但是，萦折盘纡、婉曲回环的课，更是好课。

一泻汪洋的课，固然酣畅淋漓，但是，因为推进太顺畅，便少了一些停顿、徘徊、逗留、玩味，少了一些思辨的情味，少了一些渐入佳境的韵致。王君老师这堂《陋室铭》辨读课，以刘禹锡的一生诗路为线索，以深度思辨作为课堂的主要活动，引领着学生在刘禹锡的人生选择里几进几出，在心里一次又一次掂量：这么爽的人生，我敢不敢要？

在课堂内容的呈现上，这堂课是汪洋恣肆的；在课堂氛围的感知上，这堂课是大气磅礴的；而在课堂意脉的呈现上，细细品味，这堂课采用了绝句的折线结构，宛转变化，螺旋推进，精彩纷呈。

起：辨文章风格

《陋室铭》的风格，到底是怎样的？是失意文人的浅吟低唱，还是仁人志士的高调宣言？王君老师并没有给出现成的结论，而是播放了两曲现代演唱版《陋室铭》，前者是古典式的优雅宁静，后者是摇滚式的激越高亢。学生在辨析风格的同时，走进了刘禹锡《陋室铭》的精神内核：“惟吾德馨”的陋室里，居住着高贵的灵魂。这个灵魂的气质，不是采菊东篱的悠然自适，而是笑傲江湖的大气从容。

课堂之“起”，看似平常，实则奇崛，指向明确，且有心无痕。

承：辨人生选择

十几年前，群文教学尚未发端的时候，王君老师就曾把《陋室铭》和《爱莲说》进行了整合教学，以一个主问题“刘禹锡的人生选择是莲花式的还是菊花式的”贯穿课堂，引领学生走进刘禹锡之“德馨”。

十几年前，这样的设计已然惊艳；十几年后的2020年，王君老师努力超越自己，虽仍提出了“刘禹锡的人生选择是莲花式的还是菊花式的”这个问题，但是，课堂处理却是以终为始，目的不在得出“刘禹锡选择了莲花式的人生”之结论，而是增设思辨的靶子，探究刘禹锡为什么会选择莲花式人生。刘禹锡如莲：世界以痛吻我，我却报之以歌；世界让我置身泥沼，我却在淤泥里开出一朵花来。王君老师想告诉学生，处世宜如泥中花。

课堂之“承”，轻轻一拨，四两千斤，以终为始，意脉贯通。

转：辨创作背景

元代杨载在《诗法家数》中说：“绝句之法，要婉曲回环……至如宛转变化之工夫，全在第三句，若于此转变得好，则第四句如顺流之舟矣。”

王君老师这堂课的重头戏，在课堂第三部分“今人之研究，石破天惊”，大约相当于一首绝句的第三句。关于《陋室铭》的创作背景，大家喜闻乐见的是刘禹锡智斗策知县的版本，而王君老师提供了另一个版本：刘禹锡自建陋室，以明勤政爱民之志。

哪一个版本更接近刘禹锡人生的真相？为了让学生充分思辨，王君老师煞费苦心地搭建了思辨的支架——刘禹锡的一生诗路。这个思辨支架涵盖了刘禹锡波澜壮阔的一生。从第一站苏州和长安出发，途经朗州、连州、和州等地，直至以71岁高龄病逝于洛阳家中，刘禹锡的一生，没有彷徨，始终坚定："对国家对人民，先天下之忧而忧，后天下之乐而乐；对自我，不管如何，必须做自己！"

至此，学生恍然大悟：这样的刘禹锡，是不屑于跟策知县争强斗气的；这样的刘禹锡，安贫乐道、归隐田园并不是他的人生选择，大干一场、不枉此生才是！历史不是历史剧，需要激烈的矛盾冲突推动情节发展；诗人也不是偶像巨星，需要幕后和花絮提高搜索热度——《陋室铭》起因于勤政爱民的版本，也许不好看，但是更有思辨性，更像刘禹锡。

这个环节思辨的意义何在？学生追寻答案的过程，就是理解刘禹锡人生选择的过程；理解刘禹锡的过程，就是理解中国杰出的那一部分知识分子生命气象的过程。这种九死未悔，这种矢志不渝，经由层层思辨，进入学生的心灵深处，成为其将来人生选择的参照——正确的三观，是王君老师精心送给学生的生命的厚礼。

课堂之"转"，史料丰富，纵横开阖，预设充分，生成更精彩。

合：辨敢与不敢

课堂至此，学生几乎都一边倒地崇拜起刘禹锡。然而，超爽人生，是否适合所有人？

王君老师提出了刘禹锡超爽人生的成本，让课堂再添波折：超人的绝世才华、超级健康的身体和超级坚定的三观。

王君老师说，有这样的才华、身体和三观做底气，刘禹锡式的超爽人生，你才敢要，才要得起。

刘禹锡为他的超爽人生付出了巨大代价，家人、朋友、同事都不同程度受到牵累，刘禹锡固然将自己活成了文化的审美姿态，但这样的人生，究竟应不应该成为我们的参照系？当王君老师出示超爽人生的成本后，再问"你敢不敢要"时，很多学生犹豫了。课堂的节奏慢下来，课堂的意脉，再一次迂折萦回。

听课至此，我内心有一种巨大的感动。如果说坚定的三观是这堂课想给学生的生命礼物，那么，学会妥协和退让则体现着人到中年的王君老师对学生母亲般的体贴和呵护。同样一直在出走、永远在路上的王君老师深知：人生，除了一路高歌猛进，更需要浅吟低唱；生命，除了超爽的自我实现和成全，更要有对其他生命的爱惜和怜悯。刘禹锡的超爽人生，是生命的一种美态，但也许，不是也不应该成为一种普遍存在的常态。

课行至此，又出现了一个大大的波折：有个女孩，无论王君老师怎么引导和劝解，仍然坚持要拥有刘禹锡式的超爽人生。这个孩子，是刘禹锡千年后的知音，是刘禹锡心灵的后裔，是中华文化爽朗刚健基因的勃发。对于这样的孩子，我们除了欣赏，还有祝福。

刘禹锡的超爽人生，你敢不敢要，你能不能要，这不是一个简单的选择题，而是王君老师留给孩子们的一道论述题——相比于课堂思辨，人生，才是需要永恒思辨的对象。

课堂之“合”，且破且立，破立相宜，余音绕梁。

刘禹锡的一生，是一首波澜壮阔的史诗，他勇往直前，所要战胜的已经不是皇帝，不是政敌，而是自身的局限，是时间的阻遏。刘禹锡是无限游戏的高手，一生精神明亮、爽朗豪迈。王君老师是深爱刘禹锡的，爱这一个出走半生、归来仍是少年的刘郎。

王君老师的这一堂课，是一首起承转合的绝句，一转再转，宛转变化，腾挪跳跃，一直向着最高级的思维层级推进，一直向着学生的心灵深处叩问。王君老师更是深爱着学生的，她像一个虔诚的教徒，一路传经布道，希望能够让每一个与之相遇的孩子，都拥有更明亮的人生。

8. 这么“不爽”的人生，我们敢不敢悟

——柳宗元《江雪》等诗文联读教学实录

执　　教：王　君

授课学生：清华附中清澜山学校八（1）班学生

课堂类型：诵读型+思辨型群文教学

整　　理：河南省襄城县教育体育局教研室　孙秋备

第一部分　回顾已知，比较入题

师：同学们好！我们今天的课是“刘禹锡《陋室铭》辨读课”的姊妹篇。讲刘禹锡的时候，我们的课题是“这么爽的人生，你敢不敢要？”同学们有各种各样的看法。刘禹锡和柳宗元是铁哥们，他们之间有很多动人的故事，他们的人生经历也曾高度一致。我找同学给大家讲讲他们俩的故事。

（一生根据教师提供的材料，声情并茂地讲柳宗元科考顺利、担任要职、参与永贞革新、失败后被贬的人生经历。教师随着讲述板画柳宗元人生曲线图。尖顶高山形，最高峰是“33 岁”，随后直线降落）

师：柳宗元的人生曾经春风得意……

生齐：春风得意马蹄疾，一日看尽长安花。

师：但是，最后……

生齐：一落千丈。

师：我们讲《爱莲说》的时候说过，中国古代知识分子有这样三种人生追求、三种典型活法。

【屏显】

芸芸众生的牡丹式人生：追名逐利，与世浮沉。

陶渊明的菊花式人生：隐居避世，安贫乐道。

周敦颐的莲花式人生：淤泥共生，高洁独立。

师：毫无疑问，柳宗元和刘禹锡选择的是哪一种活法？

生齐：莲花式人生，淤泥共生，高洁独立。

师：因为有这样的选择，柳宗元虽然那么倒霉，但是他活出了自己的气象。我再找一位小助手来讲讲柳宗元的事迹。

（一生根据老师提供的材料讲述柳宗元一生功绩）

师：谢谢你！我们讲刘禹锡的时候，曾经讲到刘禹锡的绩效考核是第一等，是“政最”。柳宗元也一样。请大家一起读。

生齐：柳宗元在蛮荒山水之间建立起来的文化身份，把世人惯性追求的行政身份、财富身份、寿命身份，抛了1800条街。

师：柳宗元和刘禹锡活得很不一样。上一节课，我们讲到，刘禹锡一生活得超级“爽”，但是，柳宗元的一生活得超级“不爽”！

【屏显，齐读】

刘禹锡的一生，像一首激流勇进的进行曲；

柳宗元的一生，像一首千回百折的咏叹调。

师：刘禹锡的一生，是快意人生。柳宗元的一生，是怎样的人生呢？我们今天这节课要探讨一下这个问题。我们的话题是“这样不爽的人生，我们敢不敢悟”。

【屏显，课题】

师：这节课，我们通过《江雪》这首诗的学习，来探讨柳宗元非常“不爽”的人生。这节课核心部分是三次非常有挑战的思辨活动。接下来，我们开始第一次思辨。

第二部分　思辨活动一：辨翻译

师：柳宗元的《江雪》，中国人喜欢，外国人也喜欢。所以，网上有成千上万的翻译，我选了两种，你觉得哪个翻译更好？

【屏显两种英语译文，一男生朗读】

师：好，你觉得哪种翻译最懂柳宗元、最懂《江雪》？

生：我认为翻译二更好一点。第一，翻译一是对照着中文一个字一个字翻译过来的，而翻译二是根据这首诗的意思和柳宗元想表达的那种感情而翻译的；第二，翻译二每句最后一个单词，基本都是韵脚，读起来朗朗上口。

师：他讲了两点，翻译二把意境翻译出来了，还关注了韵脚，很高明啊。其他同学，继续。

生：我也觉得第二个翻译好，因为它更突出人的孤独感，而第一个翻译只是客观地写景叙事。

生：翻译二更简洁一些。

师：同学们知道吗？第二个是我国的大翻译家许渊冲先生翻译的，翻译得真好！好的翻译应该表现出这首诗歌"千山""万径"这些意象的奇特、全部用入声韵的声韵奇绝、"万千孤独"的意境、"钓不为鱼"的心境。作者绝对不是在钓鱼，他在钓什么？

生：内心的孤独。

师：这首诗不仅英文翻译千差万别，中文翻译水平也是不一样的。大家看这两个翻译：

【屏显，生齐读第二个翻译】

千山，飞鸟绝迹
万路，人影消匿
孤舟，渔翁披蓑戴笠
独钓，一江冰雪静寂

第三部分　思辨活动二：辨歌唱

师：《江雪》这首诗，从古至今人们一直在传唱。我找了《经典咏流传》中董宝石的说唱给大家听，你觉得董宝石的改编和传唱，是不是算得上懂《江雪》、懂柳宗元？

【屏显董宝石说唱版《江雪》歌词，播放演唱视频】

师：为了帮助大家判断董宝石这首歌是不是真正懂柳宗元，我给大家准备了柳宗元的一些作品。下面，咱们进行一个小型的柳宗元作品朗诵会，在诵读中走近柳宗元。我首先推荐的是《江雪》，谁来读？

（一生抑扬顿挫地朗读）

师："千""万""孤""独"，读得不错，有感情。第二首，柳宗元写给他四位兄弟的诗歌。

【屏显《登柳州城楼寄漳汀封连四州》，一男生情感朗读，全体学生跟读前两句】

师：咱们的课堂资料中有每首诗歌的翻译，大家可以参考。接下来这首诗是柳宗元写给自己弟弟的。

【屏显《登别舍弟宗一》，一男生情感朗读，全体学生跟读前四句】

师：如画的桂林山水在柳宗元看来……

生（齐读）：桂岭瘴来云似墨。

师：到了柳州之后，看到这里的山，柳宗元这样写：

【屏显《登与浩初上人同看山寄京华亲故》，一女生朗读】

师：柳宗元离开京城就再也没有回去了，大家设身处地想想，共读这两句。

（全体深情朗读"海畔尖山似剑铓，秋来处处割愁肠"）

师：当然，柳宗元也有心情好的时候。谁来读一读这首诗？

【屏显《渔翁》，一男生朗读，语速舒缓】

师：非常好，大家要学习他的放松状态。一起来读读末两句。

（生齐读"回看天际下中流，岩上无心云相逐"）

师：除了诗歌之外，柳宗元最著名的是散文“永州八记”。我们学过《小石潭记》，我们来复习一下，看他的心情如何由乐转哀。读！

（生齐读“潭中鱼可百许头……乃记之而去”）

师：同游者有哪些人？

（生齐背末段）

师：围在他身边的都是至友亲朋啊，但是，他觉得“寂寥无人，凄神寒骨”，好冷清啊，赶紧离开！

师：再来看这一篇。

【屏显《始得西山宴游记》节选，学生读“自余为僇人，居是州，恒惴栗”译文】

师：读了柳宗元的诗歌和散文之后，我们还要特别注意他的寓言。我们小学时候学过他的《黔之驴》，有一个成语来自这个故事。

生齐：黔驴技穷。

师：对。很多人认为，柳宗元的寓言不仅是批评别人、批评社会的，重要的是，他还在批评自己。咱们复习一下《黔之驴》。有人认为，柳宗元写这头驴就是写自己。小助手来给大家讲讲这个故事。

【屏显《黔之驴》原文，一生根据教师所给资料讲这则寓言故事】

师：为什么说柳宗元写这头驴是写自己呢？我请一位小助手给大家讲讲柳宗元在“永贞革新”失败之后的反思。“永贞革新”的失败，除了皇帝的原因、政敌的原因，还有他们革新派自己的原因。

（一生根据教师提供的资料，用自己的话讲述“永贞革新”失败的原因。学生自发鼓掌）

师：他很放松，能脱稿，把王老师给他的材料化作自己的语言。这是语文课堂上最好的学习状态。

师：柳宗元在这篇寓言中说自己这群人，就是黔之驴，看起来年轻有力量，其实是外强中干、色厉内荏，最后肯定会被老虎吃掉。再给大家推荐一篇寓言，讲的是小虫子的故事。有人说，很多人都是这只小虫子，柳宗元自己更是这只小虫子。谁来讲讲这个故事？

【屏显《蝜蝂》原文，一男生根据资料讲故事】

师：同学们，柳宗元背上有东西吗？他在背着什么？

（师挨个问学生）

生：声望、官职吧。

生：他背着权力和财富。

生：他背着压力。

生：他背着包袱吧？

师（追问）：他包袱里装着什么？

生：就像现在有偶像包袱，柳宗元也有偶像包袱吧。（生笑）

师：他有偶像包袱，还有官二代、富二代包袱，还有神童包袱，他放不下。

生：他背着他的梦想，他想回到官场。

师：他有梦想，他的为国为民的梦想放不下，有时候也成了包袱。

师：同学们说得太好了。有了这些背景资料，再来看董宝石的演唱，你觉得董宝石懂柳宗元吗？懂《江雪》吗？谈谈你的看法。

生：他是懂柳宗元的。《江雪》这首诗有深深的惆怅和悲哀。伤得深，心就会麻木了。“飞绝了心中的悲切让我空空如也”和“这天地孤影任我独行”这两句歌词就写出了柳宗元的痛苦麻木，感觉身边一切都是浮云。所以，我觉得他是懂柳宗元的。

生：我认为董宝石不是那么理解柳宗元。因为从柳宗元一系列作品来看，他并没有放下那些包袱，他是痛苦的。不像这首歌里唱的那样，洒脱得放下了世间的一切事务，达到忘我的无忧无虑的状态。

师：我要提醒大家，发言要扣紧歌词中的关键信息，扣紧诗文中的关键信息，这样才会充实、有说服力。

生：我认为董宝石是不太懂柳宗元的。歌词中写“忘记输赢”“逍遥自在”，但是柳宗元没有放下，他还想着回京城做官。

生：我觉得他懂，但不是特别懂。歌词中写到“孤独”“孤行”“学会自我观照”“自嘲”，这些从《江雪》和其他诗文中都能看出来。但是，歌中写的“忘记”“放下”，柳宗元并没有做到。

师：这位同学懂得一分为二地看问题，棒极了。

生：我的观点是，柳宗元没有达到刘禹锡那种逍遥自在的状态。他被贬到永州时写那些诗文，可以看出他想再回朝廷重入官场，后来被贬到柳州，他才逐渐打消了这个念头。

师：他的优点是拿柳宗元与刘禹锡进行比较，这个角度很棒。

生：我也觉得董宝石并不是特别懂柳宗元。我注意到歌词中“人生的征途又何苦去分胜负”，但是柳宗元的作品中一直表现出一种后悔、焦虑，“永州八记”第一篇开头就说，自从他成为一个罪人，每天都很害怕，都很恐惧；《小石潭记》中，虽然他前面写和鱼儿玩耍，多么快活，但后来感觉“凄神寒骨，悄怆幽邃”，他又想起了以前，想起了恐惧，所以我觉得他还是没有放下内心的包袱。

（师生一起鼓掌）

师：这就叫“发言引经据典”，这就叫“每一个观点都落在原文”，这是真正在学语文。他的观点非常精准，柳宗元嘴巴里说“放下放下”，但内心一片冰雪，无比纠结。柳宗元有一篇文章，内容是写一个人看见柳宗元正大刚正的样子，就祝贺柳宗元在他乡活得好。柳宗元就写了这封信——《对贺者》。

【屏显原文节选及译文，生齐读前两句的译文】

……嘻笑之怒，甚乎裂眦；长歌之哀，过乎恸哭。庸讵知吾之浩浩非戚戚之尤者乎？子休矣。

师：“嘻笑之怒，甚乎裂眦”，“眦”是眼角，愤怒得瞪大眼睛把眼角都撑裂了；“长歌之哀，过乎恸哭”，“恸哭”就是放声大哭，他的情绪比放声大哭还要痛苦，这种压抑是极端的痛苦。来，立刻把原文背下来。

（生齐声读背两遍。师挨个找学生背诵）

师：很多时候，我们的生命也会是这种状态，没有人懂得。所以，王老师这样评价董宝石的歌：

【屏显】

董氏歌《江雪》，一腔热血，豪迈通达，柳子厚，慰也，惭也……

师：柳宗元应该很欣慰，董宝石懂得他想要达到的那种境界，但是他也惭愧，他达到了吗？就像同学们说的，他没有达到的。好，这是我们进行的第二次思辨。

第四部分　思辨活动三：辨名画

师：自《江雪》面世以来，名诗催名画，无数画师都想把自己心中的《江雪》表现出来。王老师选了四幅图，你觉得哪幅画最懂柳宗元、最懂《江雪》？

【屏显四幅画作】

生：我认为第一幅画最懂柳宗元，这幅画描摹出大雪纷飞的情境，画中只有一艘船一个人，旁边杂草丛生，能表现出他的孤独。

师：这四幅画中都只有一个人一艘船。要发现相同信息中的不同，你的发言才有精神和思想的含量。调整一下，再来说。

生：我认为第一幅更懂《江雪》。因为画中的雪更符合这首诗描写的环境，画渔翁的背影，更能突出孤寂的情感。

师：漫天白雪中，一个孤寂的背影。我喜欢你这次的思考和发言。

生：我觉得图二和图四都很好，但图二更好。因为这两幅图都有足够的留白，能表现这首诗的孤独意境。而图二把人放进山水间，更能表现他的孤独。

师：更多的留白能表现孤独，适当的景物能衬托这种孤独。你能打通美术和文学，很棒。

生：我也比较喜欢图一和图四的留白，但诗中说“孤舟蓑笠翁”，这个渔翁是穿着蓑衣的，而图四不能表现出来这种形象。相比而言，我觉得图一更好；还有，图一画的是渔翁的背影，在大雪中这个背影更能表现出孤独凄凉；图三呢，人物的神情比较悠闲自在，比较符合刚才歌词中的“放下一切”，但我觉得柳宗元内心比较忧郁矛盾。所以我觉得图一更能表现《江雪》。

师：她比较了四幅图的优缺点，对细节的观察和思考特别棒。

生：我认为第二幅比较符合。因为它的配色是以白色为主，给人一种白茫茫的感觉；通过比较，这幅图中的小船是四幅画中最小的，可以表现出柳宗元无限放大的自己心中的孤独。

师：他发现一个比较珍贵的信息，图二中的人和船最小，放在漫漫白雪之中，无限放大了孤独。

生：我觉得图一、图二各有各的好，但图一相对更好些。因为图二虽然很广阔，但是看起来像是晴空万里；图一有雪，更能呼应诗歌标题和内容。

生：我觉得柳宗元把自己当作“孤舟蓑笠翁”，去“独钓寒江雪”，他不是主动要去做这个活动，图二、图三、图四都是很悠闲自在地去钓，而图一是恶劣天气中的背影，能表现出他是被动的、矛盾的，还有忧伤的情感。

生：我认为图二更好，与其他三幅相比，图二有一座高山和一个孤岛。我个人认为，这座高山象征着他做官的高峰，江雪则是他被贬的现状，所以图二能表现出柳宗元从做官的高峰走向被贬的低谷。

师：这个同学无限地进行着象征和隐喻，无限地进行着联想。也许画家有这样的想法呢，哈哈。

师：相比较而言，我比较喜欢第四幅。它是宋代著名画家马远的《寒江独钓图》。他这样画是有深意的。从大家的发言中可以感觉出来，大家也注意到，所有画家都在用画作来表现柳宗元跟世界的关系、跟宇宙的关系，就是人与天的关系。

（板画三个圆圈，分别在圆圈中写大小不同的“人”字，“人”字跨越圆圈、在圆内、在圆心）

师：在中国文化中，有人认为人定胜天，有人认为人必须服从天。还有一种观点，认为天是无限大的，而人是非常渺小的，要把人融汇在天地之间，这就是“天人合一”精神。个人的痛苦在广袤的天地间算得了什么呢？宇宙无穷大，你所有的痛、所有的苦都被无穷大的宇宙化解了。所以，马远的画，还有这些画家的画作其实是要帮助柳宗元解脱的，但是柳宗元没有解脱。什么是天人合一？人与天没有对立，人与天融为一体。大家看看这些图片。

【屏显“天人合一”风景图】

师：读《江雪》，我们读出了寒冷，读出了孤寂，读到了人与天的对抗。王老师认为，《江雪》之心灵境界，离天人合一之境，尚远矣。

师：好，我们进行了三次思辨活动，大家的表现一次比一次好。

第五部分　比较打通，思考活法

师：我们再来比较柳宗元与刘禹锡。我们用朗诵的方式来比较，注意读出区别。

【屏显：柳宗元《登与浩初上人同看山寄京华亲故》《登柳州城楼寄漳汀封连四州》《江雪》《渔翁》与刘禹锡《秋词》《浪淘沙（其八）》《玄都观桃花》《竹枝词二首·其一》，两两对照朗读】

【屏显刘禹锡《酬乐天扬州初逢席上见赠》】

师：刘禹锡永远是这个样子的，沉舟侧畔千帆过……

生齐：沉舟侧畔千帆过，病树前头万木春。

师：刘禹锡和柳宗元的人生经历几乎是一模一样的，但刘禹锡终生都是高傲的、坚定的、旷达的、欢喜的。柳宗元呢？用一个词来概括。（逐个问学生）

生：孤独的。

生：寂寞的。

生：悲伤的。

生：悲凉的。

生：恐惧和不安的。

师：说得真好，是不是和我们自己某些时候的状态非常像？

【屏显，共读】

刘禹锡是高傲的、坚定的、旷达的、欢喜的

柳宗元是卑微的、犹豫的、压抑的、悲伤的

刘禹锡是典型的乐观主义者

柳宗元是典型的悲观主义者

师：一个活得超级爽，一个活得超级不爽。我们谈到中国知识分子三种典型的人生选择，多数人都很佩服周敦颐“莲花式人生”——淤泥共生，高洁独立。这类知识分子又分出两种类型，一种是刘禹锡式旷达型，一种是柳宗元式抑郁型。记笔记，同学们。想一想，你是哪种类型呢？

（学生静静地记笔记，思考）

师：咱们再来比较一下刘禹锡和柳宗元的异同。

【屏显导图】

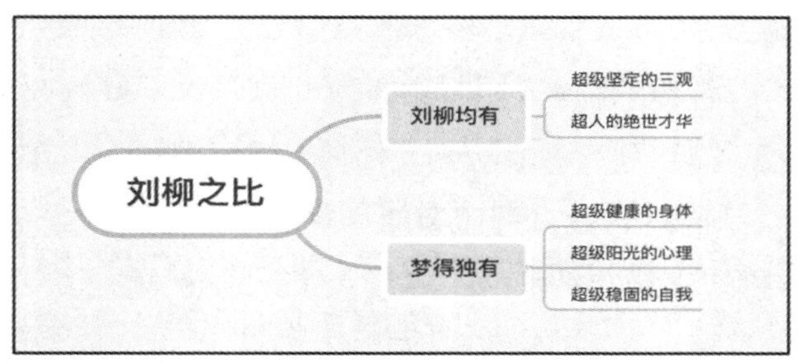

师：刘禹锡和柳宗元都有超级坚定的“三观”，不管朝廷怎么对待“我”，“我”对国家对人民，“先天下之忧而忧，后天下之乐而乐”“达则兼济天下，穷亦兼济天下”；他们都有超人的绝世才华，都有资格玩好“无

限游戏”，可以不和任何人比荣誉，而用历史影响、世界影响、文化影响彰显人生的意义，他们都活成了一个民族的高级文化审美。

师：来看他们的不同。刘禹锡拥有但柳宗元缺失的，是超级健康的身体。柳宗元是“唐宋八大家”中寿命最短的。有一句流行语说，“世界是属于活得久的人的”，很有道理。

师：刘禹锡拥有但柳宗元缺失的，是超级稳固的自我和超级阳光的心理。刘禹锡的人生逻辑是什么？读！

【屏显，共读】

我要做自己！我就是要做自己！

你可以战胜我，但是，你打不败我！

我就是掉在阴沟里，也依旧有能力仰望星辰。

师：我们讲刘禹锡的时候，聊到余秋雨《泥步修行》中的观点：在某种程度上，刘禹锡破了位之惑、名之惑、利之惑、财之惑、潮流之惑，甚至终极之惑——生死之惑。死都不怕，还有什么好怕？死都不怕，还忧虑什么？所以，刘禹锡终生豁达。但是，柳宗元一直都在怕。

师：佛家说“无常”，世事是人无法控制的。人生境遇你能控制吗？功名利禄你能控制吗？生老病死你能控制吗？这些都是“无常”。与之相反，有些东西是我们能够控制的“有常”。刘禹锡控制了什么？

生：自己的精神面貌。

生：自己的情绪。

生：自己的精神。

生：自己的心态。

师：一切皆不可控，但是，我们的心态是可以通过自己的力量来控制的；一切皆不可控，但是，我们永远拥有选择自己生活态度的自由。

师：《江雪》这首诗，那么孤独，那么冷寂。好在柳宗元通过这首诗遥遥指向这“有常”：自我审视的严厉，融于生活的宁静，上达宇宙的空澄。他希望通过“见自我”“见众生”“见天地”，在“无常”中变得“有常”。他做到了吗？没有。因为没有做到，所以抑郁而终。

师：刘禹锡比柳宗元做得好，还有比刘禹锡做得更好的，比如，宋代的大神苏轼。

【屏显“苏轼一生足迹图”“柳宗元一生足迹图”】

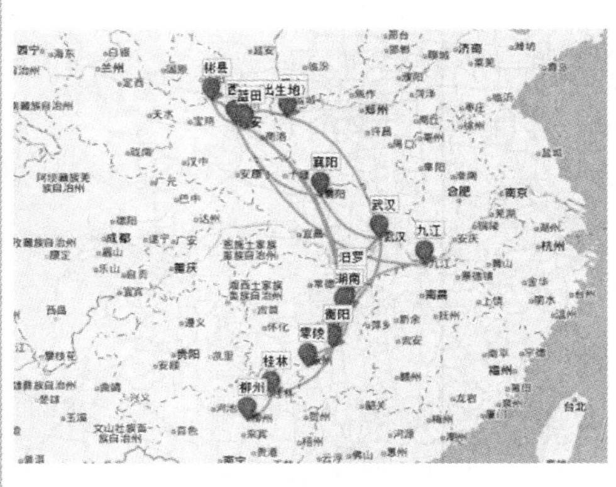

师：柳宗元一生走过了这些地方（*指右图*），而苏轼一生是这样的（*指左图*）。柳宗元到永州的时候 33 岁，到柳州的时候 43 岁，正当盛年、壮年。苏轼到岭南的时候已经 59 岁了，牙齿脱落，眼睛看不清楚了，但是他在岭南活得很开心。我们讲《记承天寺夜游》，讲过苏轼的“空明”之心。来，背诵一下《记承天寺夜游》最后一句。

生齐：何夜无月？何处无竹柏？但少闲人如吾两人者耳。

师：再想想，苏轼是怎样写月亮的？

生齐：庭下如积水空明，水中藻、荇交横，盖竹柏影也。

师：王老师讲《记承天寺夜游》时说，人是空明之人，月才是空明之月。“空明”，不是说什么都没有，“空”是身有承担，“明”是心怀日月。当你身有承担、心怀日月时，才会爱自我、爱天地、爱众生。你就能“莫听穿林打叶声”，来，一起读。

【屏显《定风波·莫听穿林打叶声》，生共读】

师：苏轼很多时候都能达到这种状态：不管皇帝怎么整“我”，不管敌人怎么整“我”，“我”不跟你们玩儿；朝廷上玩儿不了，“我”到天地中玩儿，到宇宙中玩儿。“我”把自己放在苍茫宇宙之中，所以，他就拥有了“独立完整的自尊体系”，他永远知道自己的价值所在。苏轼的状态、刘禹锡的状态，就是“空明”的状态。

【屏显，共读】

空明就是：我看透了这个世界，但我依然热爱她。

空明就是：深情地活在这薄情的人间。

空明就是：哪怕掉在了阴沟里，也依旧要仰望星辰。

空明就是：让每一个日子都像鲜花，一朵一朵绽放。

空明就是：我已出走一生，归来还是少年。

师：苏轼爱这个世界的方式，就是拥有强大的安置自己心灵的能力。我们说每一个人都要眼中有光，心中有梦，脚下有路。这个能力来自哪儿？首先要把自己的灵魂安置好。所以，我们太需要懂刘禹锡，太需要懂苏轼。

师：刘禹锡活得“超爽”，柳宗元活得“不爽”。这里的“爽”不是想怎么活就怎么活。“爽”的甲骨文字形，像人左右腋下有火，表示明亮。一个人在行走过程中，永远心有光明，心中有梦，这才是“爽”。

【屏显】

身处江雪

内心空明

灵魂温暖

师：柳宗元的《江雪》、柳宗元所有的作品都在呼唤后人：身处江雪，内心空明，灵魂温暖。所以，这个时候我们再去听董宝石的歌，就会明白，董宝石虽然不太懂柳宗元，但他是有追求的。

师：我们再来听一听《经典咏流传》中的《定风波》。课后，我们还可以继续追问，人生如此“不爽”，应该谁来负责？如此“不爽”的人生，有可能是你的人生吗？推荐大家阅读《遇见未知的自己》《我们终将遇见爱与孤独》《自卑与超越》《恰如其分的自尊》，希望能对你的成长有所帮助。有兴趣的同学可以继续研究：韩愈与柳宗元。把这个研究透了，你就更能领悟什么是天人合一，什么是从“无常”到“有常”。好，下课！

课评

语文意义疗法：激活经典，唤醒灵性

——评析王君“柳宗元群文课”

（孙秋备　河南省襄城县教育体育局教研室）

经典名篇作为教材的主要组成部分，承载着以文化人、以文育人的功能和职责。开掘经典文本的现实意义，以语文的方式打破时空界限，打通经典“语境”与现实生活情境，让学生的生命状态与语文学习同生共长，是新时代语文教学的应然追求。王君老师倡导“激活语言文字的生命力，使语文教学过程保持青春状态，为教师和学生创造、保持、享受幸福人生做准备”，从中可以看出，“青春语文”自提出伊始就将探索和追寻文本的育人意义作为课堂教学终极目标。近几年来，王君老师提出“青春语文意义疗法”，并用大量的课例来阐释和实践这一教学方法。其中的古代文化名人系列课程，影响深远，广受好评。现以“这么‘不爽’的人生，我们敢不敢悟——柳宗元群文课”为例，研习“青春语文意义疗法”的课堂实操路径。

一、重构意义，用经典文本滋养心灵

统编教材中的文本以经典名篇为主。这些篇目大多长期保留在各版本教材中，其教学价值和教学重点，在教学用书、名家解读中早有定评。比如，教学《记承天寺夜游》，必以读出作者“赏月的欣喜、漫步的悠闲、贬谪的悲凉、人生的感慨”为目标；教学《陋室铭》，必要学习作者“安贫乐道、淡泊名利”的情怀；教学《范进中举》《孔乙己》，必让学生牢记文章对封建科举制度的嘲讽和批判等。如此教学经典名篇，对于学生当下的生活而言，语境阙如，意义寡然。博尔赫斯说，经典可以“引出无止境的解释”，引发深广的共鸣。教学经典文本，需要开掘出时代意义，让其参与到学生的人格建构和文化建构中。王君老师的课堂，秉持“灵动而深刻”的教学原则，以对经典文本的创意解读，打通经典与学生生活，直面学生成长期的困惑，疗愈并滋养着学生心灵。

《陋室铭》一课，王君老师带领学生梳理刘禹锡的一生诗路，辨析写作背景和目的，发现刘禹锡的“超爽”人生；同时，也让学生认识到，这样的“超爽”是付出沉重代价的，只有心怀光明、活得通透，才能达到超“爽”境界。《记承天寺夜游》一课，王君老师以“月是空明之月，人是‘什么’之人?”为话题，带领学生通过诵读诗词研究苏轼对待妻子、对待兄弟、对待朋友、对待自己的态度，从文本中读出作者的“空明”状态，激励学生建立“完整而独立的自尊体系”，爱自我、爱天地、爱众生。以《江雪》为原点的柳宗元群文课，是在上面两课的基础上进行的，王君老师确立的课堂主题是“这么不爽的人生，我们敢不敢悟”，从《江雪》和柳宗元的其他诗歌、散文、寓言作品中，王君老师引导学生发现柳宗元“不爽”的人生经历，而这样的人生困境可能也是我们的某一段生活甚至长久的生命状态，只有以“有常”之生活态度面对“无常”之生命际遇，我们才能走出“不爽”，即使身处“江雪”，也能内心空明、灵魂温暖。

这样解读和教学经典名篇，立足成长需求，课堂逻辑自洽，让经典超越了“有限时空”，贴近学生实际生活，产生“无穷增值”的现实意义。“人是悬挂在自我编织的意义之网上的动物”，当学生从经典名篇中收获了意义，才会更加热爱优秀传统文化，在内心深处厚植文化自信。

唐文明教授在谈到“传统”时说：“陈迹不可为统，意义乃可为统。”古诗文承载的中华优秀文化，在应试课堂中多局限于“陈迹”，止步于“滥调陈词”，让学生望而却步。古诗文如此，其他经典名篇亦然。王君老师开发的青春语文意义疗法，引领学生在阅读经典的过程中，树立正确的人生观、价值观，建立“人格模板”，寻找和发现生命的意义，汲取前人的生存智慧，用经典赋能于当下，让学生获得了破局成长困境的能力。

二、开拓场域，在群文语境学会阅读

语文意义疗法是语文教学法之一，必然要以语文的方式，经由语言学习去建构意义。王君老师始终坚守语文学科本位，不断开拓语文学习场域，由“篇”到“类”，由文及人，勾连整合，读文识人，进而观照自我，在群文语境中教会学生阅读。

教材是例子，教材中的经典名篇犹如点点光亮，只有顺着“光路”找到“光源”，才能分析原理、汲取能量。比如，读《记承天寺夜游》，知其事赏其景，只能算浅阅读；悟其理识其人，经典名篇的价值和意义才得以凸显。循着“欣然起行”“空明”“闲人”去探寻，教材中苏轼的两三篇诗文不足以打破时空隔阂，群文阅读是深度阅读、重构意义的应然之道。同样，学习《陋室铭》，给刘禹锡贴上“安贫乐道”的标签，再读《秋词》时，学生难免会有“撕裂”感；《小石潭记》中柳宗元由乐而忧的根源，不仅仅是遭遇贬谪可以解释的。王君老师用群文阅读的方式，带领学生聚焦主题，开展研究性阅读，在阅读中提炼、整合、比对，形成系统化理解结构，同时习得了阅读策略，提升了阅读能力。

在“这么‘不爽’的人生，我们敢不敢悟——柳宗元群文课”中，王君老师编组了两类群文：一类是柳宗元的人生故事，一类是柳宗元的诗文作品。学生借助教师提供的资源，用自己的话讲述故事，既训练了复述能力，也饶有兴趣地进入课境，走近柳宗元；朗读柳宗元诗文，帮助学生思辨今人的歌唱是不是符合柳宗元《江雪》一诗的本意。在这个环节中，王君老师选用了柳宗元五首诗歌、两篇散文、两则寓言和一封书信节选。丰厚多样的阅读内容，形成一个有向心力的开放的阅读场，不断开阔着学生视野，形成并强化着学生的判断和认知。诗歌和散文流露的是作者的情感与志趣，寓言和书信则凝聚了作者的思考与省察，多个文本的结合，引发学生思维的碰撞，引导学生辩证思考问题、综合分析问题。

在群文阅读过程中，王君老师着重训练学生提取关键信息、情感朗读、整合阅读的能力。要在有限的课堂时间内阅读多个文本，跳读、提取信息很重要。王君老师基于七年级学情，帮助学生勾画出关键信息，让学生学习筛选信息阅读。“朗读是最简省的教学方法”，通过朗读，学生体悟到作者的情感，对诗文形成系统的理解。可以看到，学生通过朗读柳宗元群诗文，对作者的人生态度有了清晰的感知，对《江雪》中流露的情感有了准确把握。值得注意的是，王君老师设置的群文场域，是帮助学生思辨的支架和路径，不为“群文阅读”而“群文”。经由群文场域，学生不但对“今人的歌唱懂柳宗元吗?”这一问题达成共识，其思维、审美能力也得以训练提升，文化积淀逐步丰厚。

三、思辨表达，以言语活动点燃思维

新课程标准指出：“语文课程要通过积极的语言实践活动，积累语言经验，培养语言文字运用能力，发展思维能力，提升思维品质，积淀丰厚的文化底蕴。”王君老师的“青春语文意义疗法”，通过设置丰富多样的思辨性课堂实践活动，激发全体学生参与听说读写训练，在言语活动中触文化之魂。在这一课的教学中，王君老师扎实有效地进行了朗读品析、比较思辨、跨媒介阅读等言语实践活动，点燃了学生的思维，提升了学生的语用能力和思辨能力。

在朗读活动中品析。王君老师引导学生通过朗读诗歌、品析关键字词的方式来把握柳宗元诗歌传达的情感：朗读《江雪》时，引导学生关注“千”“万”“孤”“独”的孤寒；读《登柳州城楼寄漳汀封连四州》时，指导学生读出“海天愁思正茫茫”的悲伤；读《登别舍弟宗一》时，指导学生品读“一身去国六千里，万死投荒十二年”中数量词表达的凄楚；读《登与浩初上人同看山寄京华亲故》时，反复引导学生品味“秋来处处割愁肠”中“割”字传达的彻骨之痛……除此之外，王君老师还让学生朗读译文、背诵诗文中的关键语句、对比朗读刘禹锡和柳宗元的诗文。这些朗读活动，一方面丰富了学生语感，切实提高了学生的朗读能力，让学生受到情感熏陶；另一方面，用朗读促分析，用朗读串联思考，提升了学生的言语思维能力。从课堂效果来看，通过丰富多样的朗读活动，学生的思辨能力提升了，语言表达越来越流畅完整。

在比较阅读中思辨。在王君老师的“青春语文意义疗法”中，思辨活动是显著特色，思辨的路径则是多形式、多角度的比较阅读。在本课的教学中，主要进行了三次比较思辨：第一次，辨翻译，把《江雪》的两种英文译本和现代文译本进行比较。学生通过比读对照，理解了诗歌内容，感知了诗歌韵律美和意境美。第二次，辨歌唱。听董宝石说唱版《江雪》，阅读由《江雪》改编的歌词，通过联读柳宗元多篇诗文，让学生思辨：董宝石的歌唱是不是真正懂柳宗元？第三次，辨名画。比较四幅画作，辨析哪一幅画最懂《江雪》。每一次思辨活动，都以学生的言语表达为落点。经过多轮听、读、思、说，所有学生都参与到课堂中，他们对《江雪》有了深层认知，语言表达能力有看得见的提升。

在此基础上，王君老师承接课前预热活动，把柳宗元与刘禹锡进行了深入比较。通过比读两人在相同际遇下的诗歌，学生对柳宗元"不爽"人生的根源有了较为明晰的感知。再用直观的"人生足迹图"把苏轼与柳宗元的贬谪历程进行比较，强化了学生的认知。在多层次多角度的比较中，学生已然明晰：不管处于何种人生境遇，都要持有积极的生活态度，以通透明亮的精神对抗人生之无常。

在跨媒介阅读中整合。王君老师是摄取和整合教学资源的课堂艺术家，在电视剧、公益广告、动漫、绘画、自媒体作品等各种媒介中都能发现与课文联通的教学内容，然后，调遣腾挪，裁剪组合，帮助学生在跨媒介阅读中提取信息，分析综合，形成观点，外化为闪耀着思想光芒的言语表达。在这一课中，王君老师基于国际学校的学情，让学生比读《江雪》的英文翻译，促进学生领悟《江雪》的韵律和意境；接着，把歌曲和歌词植入阅读教学，用当下学生喜欢的艺术形式撬动对经典名篇的解读；最后，比较四幅图画，以图解诗，以图悟境，学生在思辨表达中进一步感受到诗歌的情感内涵。

在信息高度发达的时代，跨媒介阅读是学生生活的重要部分。王君老师的"青春语文意义疗法"启发我们，多媒介阅读是激活"一池春水"的小石子，能让语文学习更活泼灵动、跳脱隽永。这需要教师有开阔的视野，需要教师保持"时时刻刻有所发现"的大备课观，需要教师树立"万物互联"的大语文观。

无论是现场观课还是阅读课堂实录，王君老师的青春语文疗愈课都让人心潮澎湃、热血沸腾。课堂不仅点燃了学生，也唤醒了观课的因困惑而倦怠于教学的一线语文教师。语文课原来还能这么上！语文原来有这么丰沛的能量！青春语文意义疗法作为一种教学法，不仅立足生命成长需求，赋予了经典名篇以时代意义，也通过群文语境、朗读活动、比较思辨和跨媒介阅读等语文手段，赋予了语文教学以新的姿态、新的意义。

参考文献：

[1] 王君. 王君青春语文代表课 11 例 [M]. 北京：开明出版社，2021.

[2] 杨九诠. 对古诗文教学的课程学考察 [J]. 中国教育学刊，2020 (3).

[3] 罗振宇. 阅读的方法 [M]. 北京：新星出版社，2022.

9. 月是空明之月，人是“什么”之人？

——《记承天寺夜游》课堂实录

执　　教：王　君

授课学生：清华附中合肥学校八年级学生

课堂类型：主题型+诵读型文本教学

整　　理：安徽省安庆市怀宁县振宁初级中学　何庆华　郑　丹

一、课前热身，学生尝试演讲

师：《记承天寺夜游》王老师有很多种上法。这节课呀，是针对已经学过、基础又特别好的同学上的，很有挑战性哟。请齐背课文中写景的句子。我们的第一个演讲话题是：

【屏显】

月是空明之月，人是“什么”之人？

（六位同学上台围绕主题演讲。老师提要求，强调演讲时长1分钟。老师现场录像并请一位学生现场板书演讲核心词）

生：我认为“月是空明之月，人是悠闲之人”。虽然诗人是被贬黄州，心怀被贬的悲凉，但跟张怀民散步时有散步的悠闲，所以我认为“月是空明之月，人是悠闲之人”。

生：我认为“月是空明之月，人是达观之人”。苏轼虽然因乌台诗案被贬为黄州团练副使，但他豁达乐观，有面对逆境乐观潇洒的生活态度。

师：前两位同学发言不易，大家掌声鼓励。接下来演讲最好不要看笔记。孩子们很会记笔记，很会把老师讲的内容记录下来，但思考不够。大家少记笔记，多思考多表达。这是我们第一轮演讲的一个尝试。

（学生板书演讲核心词：悠闲、达观、潇洒……其他同学的演讲主题类似。老师点评、鼓励学生并指出学生演讲还存在缺乏独立思考意识等不足）

二、走近苏轼，引发深度思考

（教师快速介绍自己《记承天寺夜游》新授课的一般上法。最后的落点是：月是空明之月，人是空明之人）

师：同学们，这种上法是不是也很好？但这种上法的问题是我们总把苏轼当成了一个神，好像他一辈子都处于一个禅定的状态，一直都在佛家空明的状态。其实苏轼之所以有名，不是因为他是神，而是因为他是一个人，而且是最像人的人。

【屏显】

中国文学史和艺术史上最全面的伟大天才。

——季羡林《我的人生感悟》

师：如果现在王老师要给苏轼重新命名，那只能是四个字：独孤求败。但这个人，没有让我们感觉“高处不胜寒”。所以，这节课我们会欣赏苏轼经典作品中的一部分，会听到苏轼人生中的许多故事。主问题还是“月是空明之月，人是‘什么’之人”。我们要去探索为什么苏轼在生命的低潮中，还能够看到空明之月。要研究一个鲜活的人，可以这样研究。

（板书圆形图：“人”在中间，辐射“妻子、朋友、兄弟、同事、自我”）

（一）苏轼对妻子

（老师现场提供资料，请一女生用讲故事的方式绘声绘色地、幽默地讲做苏轼的妻子的艰难）

师：你愿意嫁给苏轼吗？

生：不愿意！（生笑。老师追问多人，都不愿意）

（请一女生继续讲苏轼是当时的“国民老公”的原因）

师：哈哈，你们错了，苏轼写给妻子的诗歌，是他家庭幸福的明证，也是他深情专一的明证。他用一生来爱和怀念自己的妻子，我们来听吧！他写给亡妻王弗的词《江城子（十年生死两茫茫）》。

【屏显，音频播放《江城子（十年生死两茫茫）》。学生跟读，声情并茂，渐入佳境】

师：后来苏轼续弦，新娘是王弗的堂妹王闰之。她没有王弗的才华，也不及侍妾朝云更懂苏轼，但她陪伴了苏轼 25 年，后因病去世，终年 46 岁。王闰之是苏轼穷困潦倒时温暖的港湾。我们一起听他写给王闰之的词：

【屏显，音频播放《蝶恋花（泛泛东风初破五）》】

师：大家可以把你们的所思所想记录下来，为后面演讲做准备哦！在苏轼的人生伴侣中，名气最大的是侍妾朝云。大家有没有听过苏轼捧着自己的大肚子，问身边人大肚子里是什么的故事？

生：一肚子不合时宜。

师：孩子，你真的读了不少书呀！朝云在惠州病逝，苏轼极度悲痛，他连续写诗作词，抒发他绵绵不尽的哀思。其中最出名的一首就是：

【屏显，音频播放《西江月（玉骨那愁瘴雾）》】

师：评判一个男人首先看他如何对待自己的妻子。现在你愿意嫁给他吗？

女生：愿意！

师：愿意成为这样的丈夫吗？

男生：愿意！（众笑）

（二）苏轼对兄弟

师：做苏轼的妻子不容易。做苏轼的亲人，就容易吗？

（请一男生讲苏轼与弟弟苏辙的故事）

师：有人说，如果苏轼像烟火一样绚烂的话，那么苏辙就像烛光一样温暖。

【屏显，音频播放《和子由渑池怀旧》】

师：前两句特别有名，来，齐读背诵。

生：人生到处知何似？应似飞鸿踏雪泥。

师：（讲述《狱中寄子由》的背景）苏轼以为死期将至时，他首先想到的却是自己的弟弟！

【屏显，音频播放《狱中寄子由》】

狱中寄子由（节选）

苏轼

是处青山可埋骨，他年夜雨独伤神。

与君世世为兄弟，又结来生未了因。

师：幸好，这是一场误会啊！苏轼和苏辙演绎了中国几千年最让人感动的兄弟之情。最有名的是那首苏轼写给子由的中秋绝唱。

【播放《经典咏流传》中《水调歌头（明月几时有）》视频，学生静听】

师：孩子们，苏轼的经典诗词会永远传唱，他们兄弟的故事也会永远流传。他们兄弟之情是用一辈子的灵魂去相互成全的！

（三）苏轼对同事

师：做苏轼的亲人不易，做苏轼的朋友也不易呀！因为苏轼实在太聪明了，而且才华外露。谁跟他在一起，都只能成为陪衬，甚至，一不小心，就会成为他的笑料！连他的恩师——欧阳修这样的一代文豪，都逃不过他的“捉弄”。我们看：

（播放电视剧《清平乐》苏轼“教训”欧阳修的视频片段，生会心笑）

（请一男生介绍苏轼调侃王安石新作《字说》，修改王安石《咏菊》的故事）

师：王安石错了还是苏轼错了？（生思考）

师：后来苏轼才发现，原来是自己错了！

师：大家看大屏幕（屏显“程颐”），知道这是谁吗？北宋理学家程颐。他还是一位环保主义者。一天皇帝随手折了一根柳条，程颐批评说：

“方春万物生荣，不可无故摧折。”把皇帝惹得很不高兴！对于这样的程颐，苏轼也无好感，有机会就会嘲笑他。苏轼曾戏说程颐是“鏖糟陂里叔孙通”（《宋人轶事汇编》）。如果你有这样的同事，你喜欢吗？

生：如果有，我一定喜欢。

师：只有灵魂强大的人才会喜欢这样的爽直。

师：你喜欢这样的同事吗？

生：喜欢！因为他桀骜不驯。

师：你只有好好读书，遇到这样的同事才能摆得平。虽然苏轼的性格桀骜不驯，有很多人恨他，但是爱他的人更多！

师：同学们知道“河东狮吼”是怎么来的吗？陈慥，就是那个著名的陈季常，苏轼的死党。据说，陈慥有个性情火暴且爱吃醋的夫人柳氏，经常发脾气。于是，苏轼写下一首诗：

【屏显】

《寄吴德仁兼简陈季常》（节选）

师：“河东狮吼”的柳氏因此臭名远扬，陈慥也因“怕老婆”千古留名。是不是因此他和苏轼的关系就不好了呢？不是。苏轼被贬黄州时，陈慥在岐亭亲自迎接。岐亭距黄州有百里之遥啊！在苏轼谪居的四年中，苏轼和陈慥相聚达十次之多，每一次都靠腿、靠牛车奔波十多天。你想想，我们现在交通这么发达，但同居一个城市，一年能见几次面啊？可见两人交情多么深厚啊！

王安石和苏轼斗了一生，但是，关键时刻，彼此绝对够义气。乌台诗案时，苏轼几乎被置之死地，已经退休了的王安石向皇帝进言：“岂有盛世而杀才士乎？”力保苏轼。

后来苏轼去南京拜访王安石，苏轼要离开的时候，王安石说：“你呀，不如就买块地在南京住下吧。”苏轼写了一首诗送给王安石，说：“我真想买座房子就此住下。想拜入先生门下做学生，可是已经太迟了。”两位才子握手言和，一生的恩怨就此放下。我们来听：

《次荆公韵四绝》

师：王巩即王定国，苏轼相伴终身的朋友，他家世显赫，后来受苏轼乌台诗案牵连，家道中落，并被贬到偏远的岭南宾州。大难临头，王巩不愿家眷随己到蛮荒送死，但家中一位名叫柔奴的歌女，毅然陪伴他共赴岭南，不离不弃。于是，苏轼写了这首著名的《定风波·南海归赠王定国侍人寓娘》。

【屏显（音频播放）】

师：这首词最后一句堪称经典，请背下来。

生：试问岭南应不好。却道：此心安处是吾乡。（生深情齐背）

（四）苏轼对自己

师：同学们要继续带着问题思考：月是空明之月，人是"什么"之人？不管苏轼怎样对待家人、同事、朋友，最重要的是面对自己。

且让我们在苏轼的诗词中看看，他是如何爱自己的。苏轼爱自己的方式，首先，就是接受严苛的教育，努力学习。父亲苏洵对苏轼、苏辙的教育十分严苛。为了强化记忆，苏轼还被父亲要求抄80万字的《汉书》。苏轼对《汉书》熟悉到每一个典故都知道。后来苏轼曾梦到儿时父亲监督自己读书的情景，被吓醒了——请听音频，大家跟读。（众笑）

【屏显，播放音频《夜梦》，学生朗读的感觉越来越好】

师：天才是怎样成长出来的？需要刻苦，需要坚持……苏轼爱自己的方式，也体现在不管在哪个地方，都会享受自己的生活。每一个眼中有风景的人，心中都有风景。请大家跟读啊——

【屏显，音频播放《饮湖上初晴后雨二首·其二》】

师：再看下面这首词，最后两句也是中国诗词的符号。请跟读——

【屏显，音频播放《望江南·超然台作》】

师：最后一句再来一遍！

生：休对故人思故国，且将新火试新茶。诗酒趁年华！（朗读入情）

师：十四岁的青春易逝，我们要拥抱生活，爱每个老师、爱每节课也

是诗酒趁年华！（学生朗读渐入佳境）

师：再看一首词，这就是苏轼的生活状态，一起跟读——

【屏显，音频播放《江城子·密州出猎》】

师：会挽雕弓如满月，苏轼的一生完全如满月，苏轼的一生都在路上，他完全地接纳自己，并且对人生有了更加通透的认识，再跟读——

【屏显，音频播放《西江月（世事一场大梦）》，男生领读浑厚深情，掌声响起】

师：当你考得不好时，你可以说——

生：世事一场大梦，人生几度秋凉。

师：这样你的心就宽了。当你长大了职场遭遇不顺时，你可以感叹一句——

生：世事一场大梦，人生几度秋凉。……

师：你看，就是这样，苏轼写诗词能够写到所有人的心里去，因为他的诗文总是面对我们人类共同的困境！再听一首，看看他被贬了，他的生命状态是怎样的？

【屏显，音频播放《临江仙（夜饮东坡醒复醉）》】

师：请齐读“长恨此身非我有，何时忘却营营”。（生齐读）

师：什么叫营营？成绩考差了，颓废了，我喜欢人家，人家不喜欢我……都叫营营。忘却营营，淡定从容！再齐读。（生齐读，感情浓烈）

师：继续听吧，看他放下得多么彻底！一首《定风波（莫听穿林打叶声）》，我们来听！

【播放电视节目《经典咏流传》中的《定风波（莫听穿林打叶声）》】

师：莫听穿林打叶声，何妨吟啸且徐行。如果有人说你不够优秀，你告诉自己——

生：莫听穿林打叶声！

师：有一天，有人说你一辈子就这样了，翻不了身了，你会说——

生：莫听穿林打叶声！

师：苏轼就这样把词写入每个人的心中，这是苏轼自己爱自己的方式。我们再听那首千古绝唱《念奴娇·赤壁怀古》。听——

【屏显，播放电视节目《经典咏流传》中的《念奴娇·赤壁怀古》片段】

师：大江东去啊……这是苏轼爱自己的方式，如果将自己安放在宏大的历史面前，一切痛苦便无足挂齿了，心境就会安宁平衡。人要活成怎样的状态？就要活出“大江东去”的豪迈！当生活一地鸡毛时，我们应该活出什么状态？

生：大江东去！（铿锵有力）

师：最动人的是，苏轼无论到什么地方都能享受当下，安心当下。特别是被贬到偏远的惠州，你看，他在诗里写：

【屏显，音频播放《惠州一绝》】

师：苏轼厚爱上天赐予的一切，后来苏轼又被贬到了更加荒蛮之地的儋州，过着“食无肉、病无药、居无室、出无友”的凄苦生活。不过，离开时，苏轼的心情却是这样的：

【屏显，音频播放《别海南黎民表》】

师：日啖荔枝三百颗，不辞长作岭南人！这就叫活在当下！苏轼在海南谪居三年后才北归。他离开那天，当地百姓和学生一直送到即将远行的船边。苏轼挥泪写下这首诗，大家跟读——

【屏显，音频播放《六月二十日夜渡海》】

师：齐背最后一句。

生：九死南荒吾不恨，兹游奇绝冠平生！

师：有一天，你熬过了中考、高考，你可以跟自己说——

生：九死南荒吾不恨，兹游奇绝冠平生！

师：有一天，你穿过生命的无数暗夜，站在晨曦下的时候，你可以跟自己说——

生：九死南荒吾不恨，兹游奇绝冠平生！（浑厚的男中音让听课老师赞叹！）

三、品读回味，再次主题演讲

师：同学们，我们现在回到开头的问题“月是空明之月，人是‘什么’

之人呢？”请同学们再次上台演讲！

（有六位学生自主踊跃上场板书）

生：“月是空明之月，人是无念之人。”纵观苏轼一生，对妻子，苏轼就像一个河蚌，妻子就是里面的珍珠，无论漂到天涯海角，妻子都是他心里的一颗珍珠，用一生去爱护怀念。对同事，苏轼为人桀骜不驯，富有个性，对同事一视同仁，耿直豪爽。但他也深受朋友们的喜欢，甚至为他赴汤蹈火。于自我，他是内心能够装得下世界的人，一切美好都在他心中。他心怀美好，所以他是一个无念的人，心无杂念，向往美好！（热烈的掌声）

生：“月是空明之月，人是淡泊名利（板书）之人。”乐观豁达，不慕名利，这篇散文写他与朋友在院中散步，非常悠闲，没有被贬的忧伤。

师：孩子们，淡泊名利不是一个贬义词啊，我们可以用诚实的劳动去追求名利，追不到的时候才淡泊。苏轼是上可陪玉皇大帝，下可陪卑田乞儿的。他是能够享受名利的。（众开心会意笑）

生：“月是空明之月，人是哲学（板书）之人。”听王老师的课，我发现一种现象，苏轼的每首诗都具有哲学意味，他的内心有一种佛家的思想在里面，他的内心非常开阔、平静，他所交的朋友都很友善，他自己，也非常友善，还有深度。所以，苏轼是哲学之人！（掌声再起）

师：你心中有，你眼里才有。懂哲学的人都爱智慧。你是一个智慧的孩子！（大家鼓掌）

生：“月是空明之月，人是深情（板书）之人。”对待妻子，他给每一位都写了一首诗，表达深情；对待朋友，像王安石，虽然职场上存在分歧，但是最后能解除恩怨，握手言和；对待兄弟，兄弟情深，兄弟苏辙能够为他舍生忘死，他愿来生还与苏辙做好兄弟！（掌声响起）

师：你对世界深情，世界就会深情待你！只有活得深情的人，才会不枉此生！这就叫“我们要深情地活在这薄情的人间”。

生：“月是空明之月，人是人中（板书）之人。”苏轼的诗词里面表达的都是对妻子的爱，对家人的爱，对兄弟朋友的思念之情。他不是神，而是我们每个人心中的普通人，他有着一个普通人的丰富情感。他的深情全部在他的诗词里。他的诗感情丰富，让人产生很多联想。我们普通人也都

能够在他的诗词中，感受到普通人的种种情感。他是一个普通人，更是一个伟大的普通人！（掌声不息）

师： 人最成功的就是活得像一个人。孩子，你的意思是，在苏轼的身上，我们也看到了自己。

生：“月是空明之月，人是重情又洒脱（板书）之人。”苏轼重视妻子和朋友，他用诗词去怀念妻子和朋友；他重情重物，他爱世间所有的事物，包括他自己。而洒脱就是说他非常豁达，遇见困难，都能积极勇敢面对。

师： 人不重情，活得轻飘；人不洒脱，一生羁绊！苏轼独孤求败，就在于在“轻”与“重”之间，找到了平衡点。他的“空明”的本质到底是什么？请齐读——

【屏显】

苏轼承天寺里的不孤独、不寂寞，从来不是绝唱。他的一生、一路，简直就是无数个承天寺的创造性复制版。他不是偶然地松弛，偶然地投入，偶然地信任，偶然地自足，偶然不孤独、不寂寞，而是一直如此！

他一直松弛，一直投入，一直信任，一直自足，一直不孤独、不寂寞。

现代心理学所说的：独立完整的自尊体系，不过如此！

苏轼确实无敌，但，绝不仅仅是他的才华无敌，而是他安置心灵的能力无敌，他爱这个世界的方式无敌，他爱自己的智慧无敌……所以，他无敌，却不寂寞。

我们也要一路修行，疗愈自我，更疗愈他人，我们，就能慢慢地见了自我，见了天地，也，见了众生！

（学生齐读，课堂达到高潮，掌声不息）

师： 这首歌送给朗读最美的你！也送给所有的朋友。苏轼，是值得我们用一生来阅读的。下课！

（播放歌曲《天地客》。这首歌，诗意地诠释了苏轼一生）

创新课堂的三个维度

——王君青春语文课堂观察

（郑　丹　安徽省安庆市怀宁县振宁初级中学）

王君老师恪守“不完美的创新也比完美的守成伟大一百倍”这个准则，她的这节《记承天寺夜游》，又一次超越了自己。有创新意识的教师对于教学内容、教学课型、教学形式的开发总是永无止境。

一、教学内容的开发：与时俱进

经典文本的召唤结构决定着教学内容的开发不会一劳永逸。教师的视野、生命状态不同，学生的需求不同，也呼唤着教学内容的不断更新。

几年前，王君老师教授《记承天寺夜游》，月是空明之月，人是空明之人，以仰望的视角看到的是苏轼的弹性和佛性。几年后，王老师以平行的视角看苏轼，看到的是苏轼作为“人”的格局与属性。她以文本为圆点，以他和周围人的关系为半径，立体呈现一个真实的苏轼。通常我们只以读者之眼看苏轼，看见的是一维苏轼——“神性”苏轼。当王老师把目光从苏轼身上移开，从苏轼妻子的视角、弟弟的视角、同事的视角、自我的视角来看时，一个多维的苏轼跃然而出。他们的视角，更能够还原作为“人”的苏轼，更能为学生所亲近。

语文核心素养的落实也呼唤教学内容的开发永无止境。王老师一共完整呈现了苏轼的20首诗词。这20首诗词是他与别人关系的最好证明，以苏轼之诗词解苏轼之生命状态，严谨周密。王老师还从史书古籍中搜集了15个故事，这些故事与诗词相互印证珠联璧合，真实准确地呈现了苏轼的人生，令人信服。苏轼本就是诗词大家，引用他自己的诗词符合人物特点，同时使学生受到古典文化的熏陶，提升语文核心素养；穿插苏轼的逸闻趣事，激发学生的兴趣。

王君老师对教学内容的开发契合文本特点，契合当下需求，丰富且开阔。

二、教学课型的开创：开放探索

“没有一种课型可以包打天下”，王老师是这样说的，也是这样做的。她根据文本特质将新授课分为语用型、主题型、跳板型、思辨型、写作型、诵读型等课型，这些课型建立在教师已知的基础上。本节课，王老师再走一步，创造了一种开放的课型，没有现成的答案，只有未知的探索。

《后现代课程观》认为：课程成为一种过程——不是传递所（绝对）知道的，而是探索所不知道的知识的过程；而且通过探索，师生共同“清扫疆界”从而既转变疆界也转变自己。[1]不同于传统课堂，教师把自己所知道的确定的结论传递给学生，后现代课程观下的课堂具有开放性、不确定性，学生在探索过程中通过回顾性反思不断改变自己，形成属于自己的思考。王君老师的这节课暗合这种思想。在本节课，王老师只设置了一个主问题：“月是空明之月，人是‘______’之人?”开课伊始，让学生发表小演讲尝试表达自己的观点，但学生所谈的大多是笔记的内容。本来是开放的问题，却得到了封闭的答案。王老师并没有谈自己的看法，而是提供了丰富的信息资源，即与苏轼有关的人、事、诗词，让学生自己去反思去关联去形成新的认知。这个信息资源不同于通常的引用资料，一般引用资料是为了印证和加深学生对某一知识的理解。王老师提供的信息资源是为了制造巨大张力促使学生去探索去思考去转变，至于转向哪里并不确定，因此具有“不确定性、异常性、无效性、模糊性、不平衡性、耗散性与生动的经验”[2]。最后，王老师再让学生发表演讲。和开头的人云亦云不同，学生各抒己见，精彩纷呈，令人赞叹。

大道至简，没有各种花式炫技，王老师创造的课型既简洁又丰富，在开放中探索，在关联中反思。学生的转变看得见。

三、教学形式的创造：以学为本

形式和内容密不可分。丰富的教学内容决定着教学形式多样，而教学形式也规定限制着教学内容。探索开放的课型更呼唤着适宜的教学形式。本节课，王老师信任和鼓励学生站在课堂中央，而自己退居其后，真正实现以学为中心。

本节课，王老师通过各种形式让学生参与、经历学习的过程。教学内容的呈现形式多样：有趣的故事，动人的配乐音频，传唱的经典歌曲，热播的影视剧目等。语文和生活水乳交融，学生乐于参与。学生参与的形式多样：有演讲，有讲故事，有欣赏跟读。通常情况，学生演讲需要写、背、讲三个阶段，课堂上很少使用，即使有也是提前准备。王老师创造性地进行了改造运用。减少时长，挑战一分钟；降低难度，规定话题和层次；录制视频，促进管理表情提高兴趣。第一次演讲，既是检查学情，也是锻炼学生完整表达思想的能力，比单纯说更胜一筹。有了第一次被动尝试，第二次学生就积极主动，表达流畅自如，思考独立深刻。两次演讲，不是简单重复，而是一种超越。课堂小演讲，更能训练学生高阶思维，提高学生即兴表达能力，为未来生活奠基。把学生的相关情感与经验唤醒，使他们沉潜在作品的情境中与人物同呼吸、共命运，实现物我交融，这便是“熏陶感染”的生成机制[3]。不只如此，在故事欣赏告一段落，王老师还不断追问“这样的人愿不愿嫁”“你愿不愿和他做同事”，意在让学生躬身入局，主动思考。课堂大部分时间，都是学生说、讲、听、读、思，老师只是鼓励、提醒。

限于篇幅，笔者不一一赘述。教学形式的创新背后是王老师不倦的追求，她打通语文和生活，为学生探求幸福生活之道。

参考文献：

[1][2] 多尔. 后现代课程观［M］. 王红宇，译. 北京：教育科学出版社，2020：160-161，181.

[3] 王荣生. 语文教学内容重构［M］. 上海：上海教育出版社，2013：107.

第三辑 大单元教学

王君老师说

青春语文意义疗法的目标是把语文教学变为语文教育，把语文和现代心理学、哲学等更多的和心灵有关的科学结合起来，让经典文本焕发青春活力，拥有疗愈功能；让语文课，不仅提升学生的语文素养，更能提升他们的心灵素养；让语文教学，巧妙地为学生拥有幸福的人生赋能，实现新课标立德树人的终极目标。

我们应该拥有一种自信：相信在此刻，在当下，我能够赋予经典文本新的生命活力。相信经典之所以成为经典，不是因为她古老，而是因为她拥有在当代语境下随时复活、重生的特质。

谁能让经典文本配得上年轻的生命，配得上这个时代，谁的课堂就有活力，就有精气神。

只有让经典焕发了青春，课堂，才会青春洋溢。

10. 我们都是一样的

——七下第三单元大单元整合课

执　　教：王　君
授课学生：重庆常青藤国际学校七年级学生
课堂类型："文学阅读与创意表达"任务群教学
课堂特色：单元文本联通，阅读与表达融通，学法与活法互通
整　　理：广东仲元中学　夏海芹

第一部分　介绍规则 课前铺垫

师： 同学们，大家不用这么拘谨，放松下来。按照王老师的上课习惯，我们班要分成两个阵营，现场PK，我给每一个发言的同学打分，输的小组要做下蹲或者唱歌。

（全班分成两个战队，战队以组长的名字命名）

师： 我们这个单元都是非常经典的课文，如果换个角度去看它，会有太多成长的感悟和生命的思考，接下来抢答第一个问题：理解"阶层"这个词语吗？

【屏显】

阶层

生： 我认为阶层是阶级的意思，代表着人与人之间的层次的差距。

师： 优秀，同学们，政治上是这样解释阶层的——

【屏显】

阶层，指人类由于经济、政治、社会地位等因素不同而分成的若干层次。

师：我们伟大祖国追求的目标是人人平等，但客观上每个人还是处于不同的阶层。接下来，观察一幅漫画，抢答：这幅漫画在表达什么呢？

（漫画略）

生：少部分人占有更多的财富，他们给大部分的人带来了一些压力。

师：表达非常精准。在世界范围内，贫富差距的问题普遍存在。这个问题很严肃，也很严酷，这是我们这个世界必须面临的一个问题。在社会不断进步的过程中，出现了阶层的鸿沟、阶层的对抗、阶层的鄙视、阶层的接纳、阶层的融合、阶层的上升。这些短语非常重要，一会儿大家发言的时候也许会用到，请把它们放在心里。

【屏显】

阶层鸿沟出现
是社会发展之必然
阶层对抗越微弱
阶层鄙视越轻微
阶层接纳越真挚
阶层融合越自然
阶层上升越通畅
社会就越和谐
人类前景就越美好

第二部分　任务一：深度思考课文

师：同学们观察本单元的这些经典文本，会发现作品中的人物处在社会的不同阶层。比如陈尧咨，他是状元，是高官，在一个很高的阶层；比如鲁迅，比如曹先生，比如杨绛，比如《台阶》中看着父亲劳作、评判父亲劳作的儿子，相对来说，这些人的经济资源、文化资源、社会资源要多一些。但是呢，像老王，像阿长，像祥子，像父亲，相对来说，他们拥有的资源就比较少。

（老师边说边板书）

师：我们的第一个任务是深度思考课文。为了帮助大家把观点宣讲好，我们有两个热身。第一个热身是王老师设计的一幅图，人与人之间的交流互动，如果用数学象限来表示的话，横轴叫作物质支持，竖轴叫作精神支持，最美好的交往是既有金钱支持又有精神支持的交往，最不好的交往是既剥夺你的财富，还要摧残你的精神，大家理解吗？

【屏显】

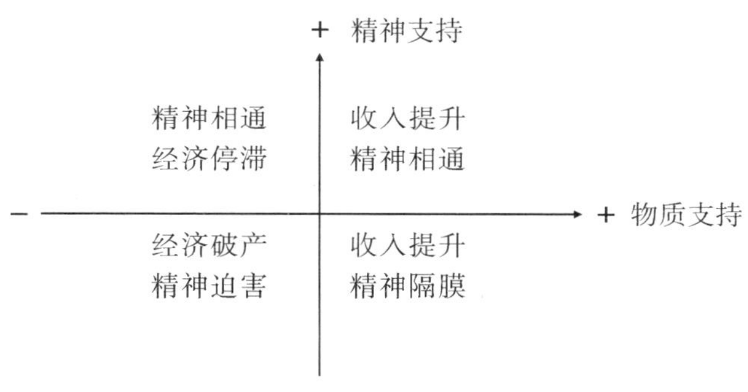

（师边板书边解说，生纷纷点头表示理解）

师：第二个热身，你要理解这些知识分子在跟老王们互动的时候，最后到达了一个什么样的境界。请大家朗读这些段落，你读好了，就表明你读懂了。

【屏显】

热身：文本关键片段赛读

1. 好久之后，父亲又像问自己又像是问我：这人怎么了？

怎么了呢，父亲老了。

2. ……不知为什么，每想起老王，总觉得心上不安。因为吃了他的香油和鸡蛋？因为他来表示感谢，我却拿钱去侮辱他？都不是。几年过去了，我渐渐明白：那是一个幸运的人对一个不幸者的愧怍。

3. 我的保姆，长妈妈即阿长，辞了这人世，大概也有了三十年了罢。我终于不知道她的姓名，她的经历；仅知道有一个过继的儿子，她大约是青年守寡的孤孀。

仁厚黑暗的地母呵，愿在你怀里永安她的魂灵！

4.（卖油翁）因曰："我亦无他，惟手熟尔。"康肃笑而遣之。

此与庄生所谓解牛、斫轮者何异？

5.（遇到曹先生后）（祥子）看这个天，多么晴爽干燥，正像北方人那样爽直痛快。人遇到喜事，连天气也好了，他似乎没见过这样可爱的冬晴。为更实际的表示自己的快乐，他买了个冻结实了的柿子，一口下去，满嘴都是冰凌！扎牙根的凉，从口中慢慢凉到胸部，使他全身一颤。几口把它吃完，舌头有些麻木，心中舒服。

（生朗读，师进行朗读点拨）

师：做完热身运动，我们回到任务一，请在四个宣讲话题中选择一个来表达，每个战队派出三名同学发言，发言时间是30—60秒，宣讲要观点明确，层次逻辑清楚，发言内容要求是总分总结构。

【屏显】

任务一：深度思考课文

从"阶层融通"的角度来观察本单元的五个故事，结合关键情节，完成一分钟左右的观点宣讲。

宣讲话题为：

1. 我从这些故事中，感受到了阶层鸿沟、阶层对抗、阶层融合、阶层接纳……

2. 如果我有一束鲜花，我最愿意献给故事中的这个"底层小人物"——因为……

3. 如果我还有一束鲜花，我最愿意献给故事中的这个"知识分子"——因为……

4. 低阶层的（　　）和高阶层的（　　）的故事最让我感觉（　　），我由此思绪联翩……

生：大家好，我从本单元的故事中感受到了阶层鸿沟、阶层对抗、阶层融合和阶层接纳。如果我有一束鲜花，我最愿意献给故事中的这个底层人物——卖油翁，因为他通过自己的技能改变了命运，找到了与高层人物平等对话的窗口，努力突破阶层的不平等和阶层的鸿沟；如果我还有一束鲜花，我最愿意献给故事中的这个知识分子——曹先生，他并没有因为祥子是一个廉价的身份低下的劳动力车夫，就对他区别对待。

师：时间到，作为第一个发言的学生你真的好厉害！老师提醒大家，不需要四个话题都说完，选择其中一个话题把它说透效果会更好。

生：大家好，我从这些故事中感受到了阶层鸿沟，如果我有一束鲜花，我愿意献给故事中这个底层小人物——老王，因为他把一生的所有都给了杨绛。他是一个底层人物，无法像杨绛一样给予他鼓励，他只有送给杨绛香油和鸡蛋，或者在“文化大革命”期间送钱锺书去医院，但是，杨绛却因为这个阶层的鸿沟，因为老王是个底层小人物，是个三轮车夫，在老王一次次把她当作自己的亲人、在老王一次次献上真心的时候，她却只是把老王当作熟人，给了他报酬。杨绛只是不想亏欠老王，所以我从他们的交往中感受到阶层鸿沟是不可跨越的。

师：说得不错，给你 1 分吧。王老师提醒大家发言要聚焦，选择一个话题来说。

生：大家好，我从这些故事中感受到了阶层融合和阶层接纳。如果我有一束鲜花，我最愿意献给故事中的这个知识分子——曹先生，因为祥子一开始面对被大兵抓去充军的困难，他感到恐惧和失落，后来遇到曹先生，祥子的内心充满了希望，即便祥子出现失误，把车给砸坏了，曹先生并没有因为这个底层人物的失误责怪他，而是包容他，理解他，这就是阶层的接纳。

师：大家看，这个小姑娘说话的时候不仅有理有据，细节复述也很到位，而且注意到了体态语言，同学们要向她学习，满分，谢谢。

生：大家好，如果我有一束鲜花，我最愿意献给这个底层小人物——阿长，因为阿长虽然是一个大字不识、信奉许多烦琐礼节的妇女，迅哥儿对她百般嫌弃，但是她会把鲁迅随口一提的心愿牢牢记在心里，不畏艰难地买回了他心爱的《山海经》。如果还有一束鲜花，我愿意献给故事中的这个知识分子——曹先生，因为他没有因祥子是一个车夫，与他身份差异巨大而不平等对待他，有一次祥子拉车出了事故，曹先生体谅他，还去安慰他，从这两个故事中，我感受到了阶层鸿沟以及阶层接纳。

师：好，小姑娘嘴巴特别利索，表达清楚，满分。有请本轮训练的最后一名发言的同学，一名男生，我们对你充满了期待。

生：大家好，我从这些故事中感受到了阶层鸿沟和阶层融合。如果我有一束鲜花，我最愿意献给这个底层小人物——老王，老王把杨绛当作自己的亲人和朋友，给她讲自己的悲惨人生和身体疾病，还给杨绛送鸡蛋送香油。如果我还有一束鲜花，我最愿意献给这个知识分子——杨绛，杨绛对老王有精神上的帮助和物质上的帮助，不仅与他闲话交谈，而且杨绛的女儿还送他鱼肝油，但是这种阶层的鸿沟还是无法突破，因为老王终究是一个拉车的，杨绛终究是一个坐车的，低阶层老王和高阶层杨绛的故事，让我感觉阶层鸿沟是不可跨越的。

师：小伙子，你的确没有让我们失望，你回去之后思考一个问题，假如时光可以倒流，杨绛又遇到一个老王，她会不会做得更好。同学们，大家要好好理解王老师的这幅图，祥子为什么让我们觉得痛？因为祥子最后被毁掉了，既是被自己毁掉了，也是被当时的那个社会毁掉了。祥子应该在第四象限的位置，祥子的物质破产了，精神也破产了，但是祥子跟曹先生的故事应该处在第一象限，曹先生给了祥子物质和精神的双重帮助，而杨绛和老王之间的交往是没能达到第一象限的。

（师一边板书一边解说）

师：同学们讲得很好。如果我来演讲，我最感兴趣的是《卖油翁》里的故事，因为这里有一个高高在上的文武双全的状元陈尧咨，他的社会地位、文化地位在那个朝代都在很高的阶层了。他的出场是趾高气扬的，来，同学们，读出他的趾高气扬。

【屏显】

汝/亦知射乎？吾射/不亦精乎？

尔/安敢轻吾射!

(师反复指导朗读)

师：虽然陈尧咨很骄傲，但是作者欧阳修好像更倾向于卖油翁，欧阳修也是属于社会高阶层的官员，但我们可以明显感受到欧阳修在刻意渲染卖油翁很酷。你很骄傲吗？我跟你一样骄傲。你很骄傲吗？我不卑不亢。欧阳修在刻意渲染平民的“酷”折服了贵族，欧阳修在刻意渲染贵族与平民之间的和谐关系。《卖油翁》之所以有名，在于它创造了中国历史的可爱时刻，在这个时刻，平民和贵族是不对峙的，陈尧咨学的是“大学”之道，治理国家之道；卖油翁学的是“小学”之道，在历史的那个可爱时刻，“大学”和“小学”是可以不对峙的。

【屏显】

《卖油翁》：中国历史的可爱时刻

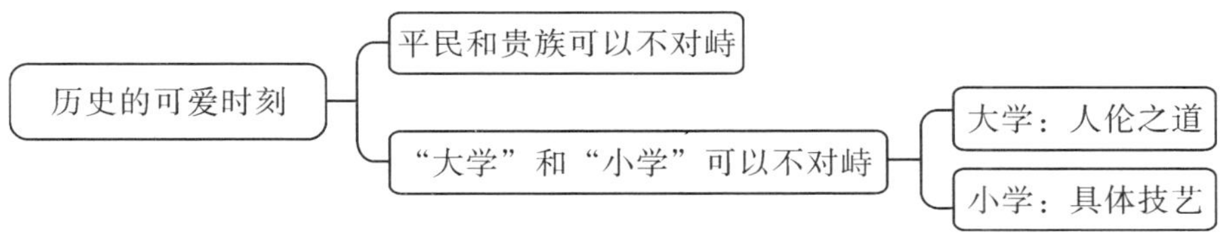

师：同学们，卖油翁的胆儿是谁给的？卖油翁的内心为什么那么强大？这个历史的高光时刻是如何产生的？第一个原因是个人的原因，因为陈尧咨爱射箭，所以他知道酌油能够酌到那种程度是非常了不起的，他懂卖油翁，他懂“技”的可贵。还有更重要的是社会的原因，大家看《水浒传》里的武大郎，他只是一个卖炊饼的小商贩，却住得起两层小楼，养得起一个如花似玉的美貌妻子。在宋朝，国家保护摆地摊的，国家非常支持小商贩们。《卖油翁》中还有一句话被删掉了，除了卖油翁的故事，还有庖丁解牛和仑扁斫轮的故事，大家课后去了解一下这些故事。来，读一读。

【屏显，齐读】

普通的劳动者经由劳动获得了生命的自信

把劳动经验上升到了哲学境界

他们生命的通透影响了知识分子
影响了贵族阶层
甚至君王
这是劳动之美的力量
劳动之神圣的力量

师：王老师提醒大家，历史上阶层融合的这些可爱的高光时刻是如何产生的？一定是因为在那个阶段，普通劳动者的劳动技能被尊重，劳动者被尊重，而且劳动成为一种哲学和文化。什么样的社会才会出现这样的可爱时刻呢？读！

【屏显，齐读】

社会富裕
思想开明
每一种职业都可以舒展身心
每一个劳动者都衣食无忧
各阶层都有展示才华的舞台
高阶层对低阶层包容支持

师：只有这样的社会，这样的人心世道，卖油翁才可能在一天的忙忙碌碌中，在求取生存时，有闲心走到一个贵族的花园旁边，把担子放下来去看射箭。贵族没有撵他走，而且当贵族质疑的时候，我们的卖油翁不卑不亢、从容自信。来，读出这种感觉。

【屏显】

无他，但手熟尔。
以我/酌油/知之。
我亦无他，惟/手熟尔。

（师反复指导，生读出从容自信）

师：你懂的我也懂，你会的我也会，只不过你做官我卖油罢了，但我们都是一样的。好，这是王老师的宣讲，现在我们进入第二个任务的学习。

第三部分　任务二：大胆追问社会

【屏显】

任务二：大胆追问社会

深思老师推荐的四个思考“阶层融通”大问题的深度作品，有理有据地完成一分钟左右的观点宣讲。

演讲话题为：

1.（　　）让我想起了本单元的（　　），我由此思绪联翩……

2. 关于阶层融通或者阶层对立的问题，我又有了新的思考……

3. 我的其他思考……

师：同学们，大家要把老师推荐的材料和我们单元内的课文打通，下面请两个阵营各派出 2 名特别会讲故事的同学，把老师推荐的故事讲出来，时间 2 分钟。

（学生代表讲电影，第一部是关于美国黑人种族歧视的《绿皮书》的故事；第二部是瘫痪的亿万富翁和出狱护工的《触不可及》的故事；第三部是韩国三个家庭都被毁灭的《寄生虫》的故事；第四部是《北京折叠》的故事）

师：大家生活在信息社会，在浩瀚的信息当中，你必须拥有提炼关键信息的能力。故事讲完了，接下来是“大胆追问社会”的演讲，这是一个打通课内与课外的高阶思维训练，发言时间 1 分钟，请两个阵营各派出 2 名同学完成这个挑战。

生：大家好，《绿皮书》让我想起了本单元的卖油翁，我由此思绪联翩。《绿皮书》这部电影讲述了一个黑人与一个白人、一个雇主与一个用人从有隔阂到相互融洽，最后变成朋友的故事。这个故事与《卖油翁》的相似点是都有阶层差距，陈尧咨是一个高官，而卖油翁处在社会底层，但是他们相互用技艺来折服对方，最后陈尧咨理解了卖油翁，两个阶层变得融洽了，所以我认为这两篇可以联系在一起。

师：这个头开得很好，不过老师提醒你，陈尧咨和卖油翁在茫茫人海当中，在时间的无涯和空间的无涯里，他们只相聚了短短的一瞬，其动人程度远远不如《绿皮书》中，黑人白人相伴 14 天所产生的跨越阶层、跨越种族、跨越肤色的那种感情，两者还是不一样的，谢谢你。

生：大家好，《寄生虫》让我想起了本单元的《骆驼祥子》，我由此思绪联翩。它们有很多相同点，首先剧情安排是相似的，前面一半都基本是喜剧，而后面都是一系列的悲剧；其次都是穷人与穷人在斗争，最底层的人与最底层的人在斗争；最后都落得一个堕落成泥的结果，祥子在物质上和精神上都堕落了，物质上他破产了，精神上他从一个热血青年变成了沦落街头的酒鬼，而《寄生虫》的金先生家和前保姆家因为争斗，最后两家都没有得到好处……

师：时间到，好漂亮的发言。他看到了这两个故事中底层人与底层人斗，最后谁都没有得到好处。他看到了更深刻的东西，这是一个伟大的发现，超越老师的预期了，小伙子，我要奖励你，给你 1.1 分。

生：大家好，《触不可及》让我想起了本单元的《阿长与〈山海经〉》，我由此思绪联翩。首先《触不可及》讲的是一个白人雇主和一个黑人雇佣的故事，因为阶层不同、肤色不同，两个灵魂本来是永远接触不了的，但是雇主菲利普很欣赏黑佣，欣赏他的幽默，欣赏他的乐观，因为幽默和快乐可以忘掉病痛。我觉得《阿长与〈山海经〉》跟这部电影非常相似，鲁迅对阿长的态度开始是鄙夷的，他觉得阿长是一个举止粗俗、大字不识的妇女，但后来被阿长震惊了，目不识丁的阿长买回了《山海经》，这是一个不平凡者对平凡者的优秀之作。

师：很不错的思路，确实这两个故事之间是有联系的，但有一个不同，鲁迅先生认识到阿长的可贵，是他长大之后才明白的，所以写作时有成人的视角，而《触不可及》的人物是在同一个空间里从不接纳到互相接纳，我们要看到故事之间的不同，给你 0.9 分。

生：大家好，有一本书让我想起了本单元的《台阶》。那本书里写到一个中年男人带着一个弃婴，他希望让弃婴得到更好的教育，而《台阶》中的父亲，经过长期准备，建造九级台阶，他希望能够触及更高的社会阶层，这是他们的共同点——他们都希望能突破阶层，让更高阶层的人正视自己。虽然他们最后明白了阶层是不容易跨越的，但是仍然都对后辈充满着期待。

师：很好，最后一句特别漂亮，他们所有的努力都是为了让后辈能够突破阶层的藩篱。王老师补充一点，《寄生虫》是奥斯卡史上首部非英语最佳影片，获得如此殊荣的原因在于它触及了阶层跨越这样一个非常重要的问题。如果王老师把《寄生虫》放在我们这个象限中间，我都没办法放，因为我这个图讲的是高阶层与低阶层之间交往互动会产生什么结果，而《寄生虫》的问题出在两个底层家庭，他们不善良、互撕，最后造成了悲剧，所以人世间还有更深的苦难，还有更难以言说的苦难，是在王老师这个图的归纳之外的。

【投影】

王君老师观点宣讲

师：接下来又是我的观点宣讲时间了。刚才同学们都谈到了阶层跨越的问题，王老师以我们伟大的祖国为例：为了实现阶层融合，我们的祖国一直在想办法。从国家制度层面上说，这些年国家政策的重心就在精准扶贫，给予贫困阶层的老百姓经济上、文化上的支撑。我们国家还在文化层面进行努力，赋予每一种职业以职业尊严，大家来看一小段视频。

（播放短视频《大国工匠》）

师：国家把最隆重的奖励送给他们，称这样伟大的工人为“大国工匠”，目的是什么呢？来，齐读。

【屏显，齐读】

普通劳动者走上了时代的大舞台

普通劳动者的才华正在深深影响时代

师：不仅中国在努力，世界文化层面也在努力。中国外卖小哥能够登上美国的《时代周刊》，这是我们整个时代、整个世界释放出来的最美好的信息，每个人都可以用自己的方式活着，每个职业都能够受到尊重。再来看个人层面的努力。现在全网都在呼唤这个姑娘回归，她叫李子柒，她以一个底层人物的身份创造了一种文化形式，看上去是她的个人行为，但是共青团中央做出了呼应，让她荣登“年度影响人物”，这也是我们这个时代释放出来的最美好的信息。阶层融合虽然艰难缓慢，但是变化依然在发生，所以蓝翔技校的校长调侃说：“咱们蓝翔技校啊，要教会学生踏踏实实地学本事，如果我们不踏踏实实地学本事，那跟清华北大有什么区别?”这是我们当代的卖油翁，站在当代的陈尧咨面前，一样的不卑不亢，一样的云淡风轻，这就是时代的发展。同学们，王老师在讲《卖油翁》的时候，我立意主题是“小人物的职业境界和尊严的逆袭”，其实不仅仅是卖油翁，我们这个伟大的时代，各行各业的小人物都在追求职业境界和尊严逆袭。我们来看一个伟大的绘本作品《我们都是一样的》，读一下。

【屏显，齐读】

我们都是一样的

亲爱的小孩，
无论你是谁，
无论你在哪儿，
在这个世界，
我们都是一样的。
我们和你一样会微笑，
我们和你一样会大笑。
我们和你一样会受伤，
疼了也和你一样会哭。
无论你是谁，
无论你在哪儿，
在这个世界，
我们都是一样的。

第四部分　任务三：勇敢规划未来

师：最后一个任务仿写小诗。你的身份是本单元中的知识分子，是高一阶层的陈尧咨、鲁迅先生、杨绛，还有那个以旁观者视角看父亲劳作的儿子，你站在他们的角度写几句话给卖油翁、长妈妈、祥子、老王、父亲。如果人人平等、没有阶层鸿沟的理想社会到来了，把你对他们的美好情感写下来。

【屏显】

任务三：勇敢规划未来

大胆想象，分别以知识分子“陈尧咨、鲁迅、曹先生、杨绛、儿子”的口吻，仿写《我们都是一样的》小诗，分别写给卖油翁、长妈妈、祥子、老王、父亲，表达理想社会中阶层融合的美好情怀，并且有感情地朗读。

【屏显】

我们都是一样的

卖油的老翁，我们那么不一样，但又都那么一样……

长妈妈，我们那么不一样，但又都那么一样……

祥子啊，我们那么不一样，但又都那么一样……

老王啊，我们那么不一样，但又都那么一样……

父亲啊，我们那么不一样，但又都那么一样……

……

（学生思考，动笔写诗）

师：现场作诗现场朗读，每个团队至少派出三名同学展示，请上台。

生：老王啊，我们那么不一样，但又都那么一样，你用你的力气养活自己，我用我的文笔努力生活，你遭受到了精神和经济上的暴击，我也曾在特殊时期受到打击。

师：这个小姑娘的表达语言整齐，思想深刻，对文本的背景了解很到位，满分。

生：卖油的老翁，我们那么不一样，但又那么一样，我们都对高超的技艺那样渴望，我们都对更高的阶层有着极大的追求，我们都希望自己能够用技艺去征服对方，我们在这样的一个时代，可以打破阶层一起进步。

师：选点很好，老师提醒，你不是你自己，你是陈尧咨，你是站在你自己的立场表达的，所以给分要低一点。

生：卖油的老翁，我们那么不一样，但又那么一样，我文武双全，学的是“大学”经典，而你一点点练习酌油本领，踏踏实实地做一个卖油翁，是以“小学”治家，在历史的一个可爱时刻，我们都站在技术的顶端，我们并肩齐谈。

师：特别好，这节课她学得很扎实。我没有让你们做笔记，但是她记在了心里，这比写在纸上更为重要，所以要给你 1.2 分。

生：长妈妈，我们那么不一样，但又那么一样，你会在我睡觉的时候摆大字把我挤到一边，又会在元旦强迫我吃福橘，我明明那么讨厌你，但是大字不识的你却买回了我随口一提的心心念念的《山海经》，我是那么怀念你感激你，你开启了我文学阅读的大门，愿地母永安你的灵魂。

师：当你用文章中的细节来充实演讲的时候，我特别想给你 1.2 分，但是后来我发觉不能给，因为你还没有谈到你作为未来的鲁迅，其实是受到长妈妈深刻影响的。鲁迅是中国人中非常懂得爱的人，他不仅爱自己的妻子，爱自己的儿子，更爱更多的中国人。小时候长妈妈对他的潜移默化的影响，让他内心非常柔软，虽然他的笔是投枪、是匕首，但是他是那个腰板最挺直的中国人，是内心最柔软的中国人。所以，你的分数稍低一点。

生：卖油的老翁，我们那么不一样，但又那么一样，你是民间高手，苦练数年练出了酌油的本领，我是文武双全的状元，你在“小学”之道上登峰造极，我在“大学”治学上同样顶尖，我们来自不同的阶层，但我们有着一样的向往，都向往最顶尖的技术，都向往精益求精，我们都象征着这个可爱的时代的阶层融合，可以跨越阶层走到一起，因为我们尊重劳动，我们尊重技艺本身，我们之间是平等的，开放包容的社会孕育了开明的思想，不论你是谁，不论我是谁，我们都可以进行平等的对话。

师：宋代的陈尧咨肯定不会想那么多，那个可爱的历史时刻只是一个偶然时刻，陈尧咨和卖油翁本人是不会想到阶层融合的，但是我宁愿相信，未来的陈尧咨们不仅能够这样做，还知道自己为什么这样做，因为我要帮助比我阶层低的人们，让他们认识到自己精益求精工作的力量。好，一个外表秀丽、内心锦绣的小姑娘，给你 1.3 分。

生：卖油的老翁，我们那么不一样，却又那么一样，我们出自不同的阶层，但是都有着高超的技艺，我用我的博学来治理国家，你用你的技艺来富裕生活，我们都希望阶级平等的那一天，那一天会让生活更加圆满。

师：最后一句说得不够好，前边说得很好，对偶句相当漂亮，对偶句中形成对仗关系的词语相当精准，老师给你 1.1 分。

师：《台阶》中的父亲还没有人说，这个作品中好像另外一个人也没有出现，但是王老师认为，父亲在劳作的时候，文中的儿子在用上帝视角观察着父亲，有没有同学攻克这个难关，以儿子的身份对父亲说两句？谁来，加 1.5 分！

生：父亲啊，我们那么不一样，但又那么一样，你向往着更高的阶层，日复一日地为修台阶做准备，为实现阶层的跨越做准备，我也是努力学习，希望通过知识来实现阶层跨越，可是你为什么要那样倔强地耗费自己的一生来完成这个台阶呢？你为台阶付出了自己的青春，付出了自己的生命。

师：重赏之下必有勇夫，哪怕我不同意你的观点，也要给你 1.5 分。其实没有十全十美的人生，人生总是有缺憾的，但是奋斗的过程是极其美好、极其珍贵的。我觉得《台阶》的结尾挺好的，如果父亲修了高高的台阶，春风满面踌躇满志，他的理想就实现了，就圆满了，那一定是假的。高台阶大别墅永远解决不了内心通透圆满的问题，父亲有了高台阶的房屋，他需要有更高认知水平的内心，这样才能够获得真正的幸福，可惜父亲没有，所以他才会失落，明白吗？接下来是王老师的观点宣讲，王老师第三次为大家做出示范。

【投影】

王君老师观点宣讲

师：在研究高阶层和低阶层互动的过程中，我发现起关键作用的是高阶层的人，他们是相对的社会精英。而社会精英之所以能成为社会精英，是因为他们不仅仅处在社会食物链的顶端，他们拥有很多的物质资产，还因为他们处在智识链的顶端，即智慧和见识面的顶端，更因为他们处在社会幸福链的顶端，他们拥有幸福的才华。有钱不一定幸福，有大别墅不一定幸福，幸福是一种高智商，而真正的社会精英，他们拥有着让自己幸福也让别人幸福的能力。

【投影荣毅仁家族故事的图片】

师：国家原副主席荣毅仁，他家族的一代又一代人在物质财富和精神财富上的共同追求告诉我们，什么是社会精英。下面看一个短视频，你们现在就像故事中那个精英阶层的孩子，希望大家将来能成长为像荣毅仁主席那样真正的社会精英。

【播放短视频：印度故事《另一只鞋子》】

师：亲爱的同学们，把这个故事送给大家，课后细细琢磨，今天这堂课的主题是：我们都是一样的。下课！

青春语文文本特质视域下
“大单元教学”的基本策略

（夏海芹　广东仲元中学）

单元是统编教材的基本单位，同一单元内的文章在“人文主题”和“语文要素”上有一定的相似性，但在长期的教学实践中“单元”的位置并没有显现出来。大单元教学打破传统教学的局限，对单元内容进行统整和重构，产生了别样的课堂精彩。笔者以王君老师的“我们都是一样的——七下第三单元大单元整合课”为例，来谈一谈大单元教学的基本策略。

一、宏观立意：主题既在意料之外又在情理之中

青春语文文本特质的思想已经深入人心，王君老师创造性地将课堂分为“主题型”“语用型”“诵读型”“写作型”“思辨型”“跳板型”“积累型”七种课型。依文本特质的课型分类来看，本节单元整合课属于“主题型”课堂。北师大张秋玲教授认为，大单元教学的首要任务是找到课堂中的“1”，这个“1”即核心概念，即“大概念”。浙江大学刘徽教授在《大概念教学》一书中指出，“大概念”的“大”的内涵不是“庞大”，也不是“基础”，而是“核心”，这里所谓的“核心”指的是“高位”或“上位”，具有很强的迁移价值。

在青春语文文本特质的视域下，“大概念”接近于语用型文本的语用点，而王君老师的七下第三单元的整合创读课中的“1”，是主题型文本提炼出来的“大主题”。无论是“凝练大概念”还是“提取大主题”，都是一件难度系数很高的事情，与教师个体的学科底蕴、心智经验、实践智慧密不可分。王君老师或妙手偶得或千百度寻，觅得“我们都是一样的”这一单元主题，站位高、小而巧，看似简单普通，细思却别具匠心，以此来统摄课堂，纲举目张，既在意料之外又在情理之中。

二、中观建构：素材既来自教材文本又来自滚滚红尘

“教什么”永远是语文课堂的首要问题。关于这一点，王君老师有着个性鲜明的主张，她认为语文老师要能够“指挥文本”而不是“被文本指挥”，“要从学生的语文素养成长和心灵品质成长的需求角度来确定讲什么文本，组合哪些文本，而不是习惯性地看到教材上有哪些文本，就去讲哪些文本”。一言以蔽之，就是以学生需求来确定教学内容，每一节课都是为学生量身定制的。

《义务教育语文课程标准（2022年版）》明确指出：“语文课程资源既包括纸质资源，也包括数字资源；既包括日常生活资源，也包括地域特色文化资源；既包括语文学习过程中生成的重要问题、学业成果等显性资源，也包括师生在语文学习方面的兴趣、爱好和特长等隐性资源。”新课标的推

进，让王君老师“打开大门”上语文的底气更足，更理直气壮地将滚滚红尘请进课堂，建构出生动多元、立体鲜活的阅读场。本节课中，共选用文字材料6个、图片材料7个、电影素材4个、短视频材料3个，这些材料勾连古今，贯通中西，出入于文字内外，游弋于文本之间，有“黄河落天走东海，万里写入胸怀间”的宏阔气势。

但是大单元教学并非以“多”取胜、以“大”见长，而是在聚焦的前提下，打破素材选取的藩篱，筛选与主题、学情有益的资源为我所用。跨界整合是否恰当，衡量的一个重要标准在于是否“融通”，即文本与文本是否融通，文本与生活是否融通，文本与学生心灵是否融通。本节课的材料，是在融通的前提下被选入课堂的，不仅有文学、哲学、政治、心理学的知识，而且创造性地运用了数学的“象限”知识，将人物关系置身在数学象限的图形中，让学生思考、评判人物应该处于数轴交界的哪个点上。

三、细观任务：话题既多元开放又思辨有力

叶圣陶先生在《叶圣陶语文教育论集》中指出：“凡为教者必期于达到不须教。教师所务惟在启发引导，俾学生逐步增益其知能，展卷而自能通解，执笔而自能合度。”在教与学的关系中，教师的职责在于启发和引导。细观本节大单元整合课，就如何有效地启发引导学生这一问题，笔者总结出以下三点。

其一，铺垫扎实有效。在进行任务一“深度思考课文”环节时，课堂铺垫是“文本关键片段赛读”，分别摘录五个文本的五种境界，让学生展开赛读，在帮助学生重温文本内容的同时也为学生接下来的观点宣讲蓄势。在进行任务二“大胆追问社会”的教学时，课堂铺垫是“讲述电影故事”，四位学生各用两分钟讲述一部经典电影，学生在进一步熟知电影的基础上进行观点宣讲。任务三“勇敢规划未来”同样如此，给学生提供绘本作品《我们都是一样的》进行教学铺垫，学生在厚积之后薄发，宣讲观点鲜明，有理有据，亮点纷呈。

其二，话题多元开放。本节课共有三个教学任务，每个任务皆设置三至四个话题供学生选择，学生选取感触最深一个来宣讲。比如任务三“勇

敢规划未来”环节，设置如下话题。

卖油的老翁，我们那么不一样，但又都那么一样……

长妈妈，我们那么不一样，但又都那么一样……

祥子啊，我们那么不一样，但又都那么一样……

老王啊，我们那么不一样，但又都那么一样……

父亲啊，我们那么不一样，但又都那么一样……

多元的话题，让学生拥有了选择的自由；固定的句式，又给表述提供了可靠的抓手。在这样的课堂氛围和教学形式下，学生成为课堂主人，在课堂上拥有更大的发挥空间，有质量有深度的极具个性的演讲就展现出来了。

其三，教师示范引领。言语是思维的外衣，在日常教学中，不少学生的表达呈现出“水上漂”“草上飞”的状态，言语质量不高的根源在于思考得不够深入。在本节课上，师生先后进行三次观点宣讲，学生讲在前，老师讲在后，学生在老师的宣讲中汲取更多的方法要领，迅速迁移到自己下次的陈述中，进而很快提升说话质量。

四、微观疗愈：课堂既学习语言文字又润泽学生心灵

爱尔兰诗人罗伊·克里夫特有一首深受大众喜爱的诗，诗名叫《爱》。诗中写道：“我喜欢你/不光因为你的样子/还因为 /和你在一起时/我的样子……”这首诗同样可以诠释师生关系。王君老师的课堂有一种魔力，能让学生迅速打开心扉主动思考、愿意表达，进而迸发出超乎平常的高光时刻和精彩瞬间。她的课之所以被一线师生喜爱，其中一个非常重要的原因，就是在课堂上学生展示出来的样子，是让他人喜欢也让自己喜欢的样子。

青春语文将“语文意义疗法”作为责任扛在肩头，追求经由语言文字的学习探索生命幸福之道。多方位、全立体的阅读场让学生拥有沉浸式的课堂体验，激励式、互动式的教学场又给予学生润泽式的心灵援助，师生因为挑战任务而激动兴奋，也因为彼此信任而感到安全和放松，课堂实现

了教者和学者精神上的双愉悦。

如果将一篇篇课文比作一个个士兵，那么单篇教学打的是“游击战”，而单元教学打的是“团体战”，“大概念”“大主题”是作战统帅，依据统帅排兵布阵，横向上讲究选材的“量”的厚度，纵向上讲究思考的“质”的深度，集中团队优势力量作战，就会取得“1+1>2”的课堂效果。

参考文献：

[1] 中华人民共和国教育部．义务教育语文课程标准（2022 年版）[S]．北京：北京师范大学出版社，2022.

[2] 叶圣陶．叶圣陶语文教育论集 [M]．北京：教育科学出版社，1980.

[3] 刘徽．大概念教学 [M]．北京：教育科学出版社，2022.

[4] 王君．更美语文课 [M]．武汉：长江文艺出版社，2018.

11. 超级演说家

——八下第四单元大单元整合教学实录

执　　教：王　君

授课班级：清澜山学校 G7-8 班

课堂特色：大单元整合　诵读型文本处理

整　　理：江苏省苏州中学附属苏州湾学校　陈海波

山东省汶上县第一实验中学　徐程明

师生上课问好！

【投影 TED 图片】

师：TED 是世界上最大的演讲平台，这个平台入门的要求是——必须要有好奇心、创造力，思维开放，有创造世界的热情，由此可见演讲真的很不容易。有一部非常有名的电影《国王的演讲》，剧中国王因为口吃的毛病导致演讲困难重重。我们看看这个故事。

【播放视频】

《国王的演讲》片段

师：这个电影值得看。今天我和同学们用三级挑战，完成本节课。每一级挑战我们都要做四件事情：辩论、心法、观察、实战。这节课有两条线，明线是演讲的关键和技巧，暗线则是在听完这节课之后，你对自己的认识和思考。

第一部分　初级挑战

（学生分为凌云队和知行队两大阵营，正方知行队，反方凌云队）

【屏显】

辩论

观点：我天生不善言辞。我做一个倾听者就好了，所以我不需要练习演讲。

正方：同意

反方：反对

自由辩论规则：

个人发言不超过 30 秒

个人不连续发言

双方交替发言

等待时间 5 秒

各方总时间 2 分钟

师：大家要遵守如上规则，正方先开始。（计时）

正方 1 辩：我认为如果不善言辞，就做一个倾听者。我就是一个不善言辞的人，我目前的能力，还不足以做一个演讲者，我需要很长时间去倾听，去学习。

师：对方是可以轻而易举地抓到你的陈述漏洞的。

反方 1 辩：我们反对这个观点，正因为不善言辞，才更要多加练习演讲。

师：你很聪慧，抓住了对方的漏洞。

正方 2 辩：演讲就是要陈述自己的观点，让大家认可你的观点。不善言辞不代表没有想法，表达想法的方式有很多种，不只有演讲。

师：她说演讲不是必要的，你怎么看？

反方 2 辩：这个观点是错误的，很多公众场合都需要演讲。不善言辞恰好是提升演讲能力的机会，演讲是需要练习的。

师：谢谢大家！我说一下我的看法。演讲，有狭义的演讲，也有广义的演讲。狭义的演讲是拿着话筒，说着长篇大论；广义的演讲是沟通交流。打开 TED，打开视频号，你会看到每个人都在演讲的状态。

【屏显】

演讲心法

演讲，是现代人的宿命

演讲，更是现代人的权利

演讲，改变自我；演讲，改变世界

师：演讲如此重要，接下来，我们开始第一轮的演讲。八年级下册第四单元的四篇演讲稿都超级精彩，四位演讲者都很文艺，老师要求每一方都各出一位“闻一多、丁肇中、王选、顾拜旦”，看看哪一方的演讲是入情入境的。现在是“闻一多时间”，有请“闻一多”——

正方“闻一多”：这几天，大家晓得，在昆明出现了历史上最卑劣最无耻的事情！李先生究竟犯了什么罪，竟遭此毒手？他只不过用笔写写文章，用嘴说说话，而他所写的，所说的，都无非是一个没有失掉良心的中国人的话！大家都有一支笔，有一张嘴，有什么理由拿出来讲啊！有事实拿出来说啊！为什么要打要杀，而且又不敢光明正大地来打来杀，而偷偷摸摸地来暗杀！（鼓掌）

（声情并茂）

师：演讲稿内容的选择很重要，要能集中表达中心思想。

反方“闻一多”：你们杀死一个李公朴，会有千百万个李公朴站起来！你们将失去千百万的人民！你们看着我们人少，没有力量？告诉你们，我们的力量大得很，强得很！看今天来的这些人，都是我们的人，都是我们的力量！此外还有广大的市民！我们有这个信心：人民的力量是要胜利的，真理是永远存在的。历史上没有一个反人民的势力不被人民毁灭的！希特勒，墨索里尼，不都在人民之前倒下去了吗？翻开历史看看，你们还站得住几天！你们完了，快完了！我们的光明就要出现了。我们看，光明就在我们眼前，而现在正是黎明之前那个最黑暗的时候。我们有力量打破这个黑暗，争到光明！我们的光明，就是反动派的末日！

（声情并茂，热烈鼓掌）

师：有演讲者的样子，接下来是科学家“丁肇中时间”。

正方“丁肇中”：有一天，王阳明要依照《大学》的指示，先从“格物”做起。他决定要“格”院子里的竹子。于是他搬了一条凳子坐在院子里，面对着竹子硬想了七天，结果因为头痛而宣告失败。这位先生明明是把探察外界误认为探讨自己。

（略缺自信）

师：谢谢你的勇敢，丁先生是获得诺贝尔奖的大科学家，应是既谦逊，又有底气的。

反方“丁肇中”：我觉得真正的格物致知精神，不但研究学术不可缺少，而且对应付今天的世界环境也是不可少的。我们需要培养实验的精神，就是说，不论是研究自然科学，研究人文科学，还是在个人行动上，我们都要保留一个怀疑求真的态度，要靠实践来发现事物的真相。

师：你有了丁肇中先生的风度和气质，不错。下面是“王选时间”。

正方“王选”：名人和凡人差别在什么地方呢？名人用过的东西，就是文物了，凡人用过的就是废物；名人做一点错事，写起来叫名人逸事，凡人呢，就是犯傻；名人强词夺理，叫作雄辩，凡人就是狡辩了；名人跟人握握手，叫作平易近人，凡人就是巴结别人了；名人打扮得不修边幅，叫真有艺术家的气质，凡人呢，就是流里流气的；名人喝酒，叫豪饮，凡人就叫贪杯；名人老了，称呼变成王老，凡人就只能叫老王。（笑声、掌声）

师：风格把握得非常准。

反方“王选”：扶植年轻人我觉得是一种历史的潮流，当然我们要创造条件，就是把他们推到需求刺激的风口浪尖上。在这方面我们要创造一切条件让年轻人能够出成果，特别要反对马太效应，尤其在中国，我觉得在中国论资排辈的势力还是有的，崇尚名人，什么都要挂一名人的头衔，鉴定会的时候挂一个院士，其实院士并不了解那个具体领域，我们打破这种风气是需要努力的。

师：越讲越找到了王选的感觉。最后是“顾拜旦时间”。

正方“顾拜旦”：勇气是战争中的美德，它能够在时势中造就英雄。正如我最近在一篇关于教育学的文章中所暗示的那样，根除恐惧真正的、能持久发挥效应的良药，更多的是自信而非勇气。自信与它的姊妹平和总是携手并进，相辅相成。这样，我们又回到了适才我提到的奥林匹克主义的实质上来，这也正是奥林匹克主义区别于一般体育运动的地方，奥林匹克主义包括但又远远超越了一般的体育运动。

师：你的发音很准确，表情体态都令人感到非常舒服。

反方“顾拜旦”：人类必须吸收古文明遗留下来的全部精华，用以构筑未来，其中就包括奥林匹克精神。当然，仅靠奥林匹克精神，并不足以保障社会层面的和平以及更公平、公正地分配人类生产劳动，分配满足物质生活需要的消费必需品，甚至不足以向青少年提供与他们的能力相当而与其家庭出身无关的才智培训机会。但是，奥林匹克精神致力于让社会底层的人们接触到现代工业所塑造的各种锻炼形式，享受到强身健体的乐趣。

师：感谢大家！我做个总结，通过同学们的演讲，我们明白了演讲的内涵。演讲就是向世界奉献你的思想。

【屏显】

演讲心法

演讲的魅力是向世界馈赠礼物——奉献新的思想

闻一多：正义是杀不完的

丁肇中：中国学者要有实验精神

王选：把世界让给年轻人

顾拜旦：体育更要为底层大众服务

（生齐读）

师：好。下面的这段演讲奉送给刚才所有勇敢的孩子们。

【播放视频】

演讲观察

谷爱凌的演讲《自信的青春》

(生看)

师：谷爱凌向世界贡献了什么新思想？

生齐：自信。

师：最美的青春就是自信。同学们，第一阶段的学习结束。演讲的关键是弄清楚我与自我的关系，提炼自己的思想。

第二部分　中级挑战

(正方凌云队，反方知行队)

【屏显】

辩论

英国著名首相丘吉尔有一句名言：要认真准备你的即兴演讲。

正方：深刻

反方：荒唐

师：同学们，你怎么看丘吉尔的名言？

正方1辩：我认为这里的准备，不是把整篇文章都写出来，而是先列好一个大纲，清楚自己在演讲中要讲的内容，要表达的思想，以及采用的表达方式。

师：你是说要准备好大纲，要有自己的一个界定。

反方1辩：即兴就是站上演讲台，没有任何准备地讲。对方说的列好大纲，违背即兴的要求。

师：你抓住了对方陈述时的一个漏洞。

正方2辩：我认为虽然是即兴演讲，也不能让观众在台下等太久，在这之前就要做好准备。

反方2辩：即兴演讲，情感是发自内心的自然流露，而不是准备出来的。

师：好的演讲是机缘巧合的发挥。

正方 3 辩：即兴演讲虽然有时候会有意想不到的情况出现，但也是可以准备的，比如多了解世界上的一些大事，多关心眼前的世界……（时间到）

师：我替你说完，你说的准备是用漫长的一生做准备，是长期的准备。

反方 3 辩：我觉得即兴演讲更需要一个心理上的建设，即兴演讲之前，你没有时间准备，或者说你根本不知道要准备什么。这个时候，你唯一能做的就是做好心理建设。

师：你的语言表达很漂亮，“心理建设”这个词语我很喜欢。我来做一个总结，丘吉尔先生没有说谎，他发表了很多的即兴演讲，没有任何一次演讲是敷衍的，都做了认真的准备。很多准备不是当下做出的，而是用自己的人生体验时刻准备着。同学们，对演讲而言，最重要的技巧是什么？我们国际部有一个项目是“八年级教材，我有话说”，有一个同学发表了这样一个演讲，一起来听——

【播放视频】

八年级教材，我有话说

师：这个同学一直都在讲故事，把思想蕴含在故事里，故事讲完了，思想就出来了。再来感受一下这位妈妈是怎样对付不愿意做家务的儿子的。

【播放视频】

妈妈和儿子的对话。内容是关于男孩子应不应该做家务的亲子对话。

师：妈妈没讲什么大道理，而是在讲故事。闻一多讲故事，丁肇中讲故事，王选讲故事，顾拜旦讲故事，所有的故事当中都有人生的真相。所以，演讲最好用的技巧就是讲故事。

【屏显】

演讲心法

精彩的演讲都在讲故事

闻一多：暗杀的真相
丁肇中：王阳明格竹子
王选：年老反而受追捧
顾拜旦：奥林匹克的发展史

师：我们在初级挑战中懂得演讲要弄清楚我与自我的关系，老师还想告诉你，还要理顺我与他人之间的关系。接下来，我们的演讲话题是“我和你”。这里的“你”可以是爸爸妈妈，可以是小猫小狗，可以是小花小树，可以是桌子板凳，可以是自我之外的那个世界。你要讲自己的故事，然后向这个世界馈赠思想。我不给大家准备时间了，请你在 120 秒之间，把一个故事讲舒服。

【屏显】

演讲话题：我和你
要求：
1. 120 秒以内
2. 观点鲜明
3. 尝试讲故事

知行队：大家好，我是×××。我讲的是我和同学的故事，我刚进入学校的时候，思维比较活跃，有点自满，常常会和其他同学比谁更聪明、谁更愚蠢，我发现，周围人都没有我聪明。但是越往后，自己就越往下掉，我很奇怪，难道是我不够聪明吗？这个问题困扰我很久，后来看龟兔赛跑的故事才恍然大悟。同学虽然是乌龟，但一直在跑，我虽然是兔子，但我一直不动。到底聪明的是谁？笨的是谁呢？

（掌声、笑声）

师：不动的兔子比坚持行动的乌龟确实是要慢的。你在聪明的基础上还会反省自己，了不起。

凌云队：大家好，我是×××，我要演讲的题目是“我和你”，这里的“你”是何老师。我在作品《依赖那束光》中提到过，何老师无论在学习还是生活上，都给我很大帮助。上个星期，妈妈没有来接我，我感到很沮丧，站在那里号啕大哭，何老师就把我抱在怀中安慰我，给我讲她平常生活中的故事，讲她与妈妈之间的关系，到现在我都记忆犹新。

师：要表达对一个人的爱需要勇气和智慧。你心里有温暖，眼里有光。不仅有勇气，还有智慧。

知行队：大家好，我是×××，我演讲的话题是“我和你”，我想说的是世界上有千千万万个“你”。这个“你”可以是我的朋友，我们在大多数情况下是融洽的，能够一起学习一起玩耍，但偶尔也有矛盾；这个“你”也可以是一个集体，就像我们班，刚入学时很陌生，但是随着时间的推移，我们的班集体越来越温暖，我们的关系越变越好；这个你，还可以是“社会”，身为初中生的我，可以做志愿服务。正是每一个“我”和“你”在一起，形成一个社会。谢谢大家！

师：你代表了八年级思想的一个高度，很有层次地诠释了人与人之间的关系，一层高过一层，有格局，有心胸！

凌云队：大家好，我是×××，今天我演讲的话题是“我和你”。这个“你”指的是社会。我出生在香港，从小就以香港人的身份在内地学习，这个身份给我带来很多不便。比如我喜欢玩游戏，玩游戏时需要身份证号码，内地的身份证号是18位数，但香港是7位，还可以带字母，我感觉自己像是被孤立了。但通过这次疫情，我又感到社会并没有抛弃我们，我们每一个人都属于这个社会。我们家的旁边出现了一位确诊病例，在那样危急的情况下，志愿者依旧给我们支持，身边的朋友也都为我们打气加油，我觉得这个社会给了我最好的温暖。

师：孩子有两种，一种是真正的小孩子，一种是大孩子。大孩子拥有大心胸，能够感受到我与社会的关系，我应该为社会作出的贡献。你从小就思考这些问题，长大以后也会是一个超级有社会责任感的青年。

知行队：我是×××。今天我想讲我和妈妈的故事。疫情期间，我们经历了一段较长时间的隔离，我担心跟妈妈关系会疏远。回家以后，我们确实经常会吵架。亲情到底是什么？难道因为隔离和吵架，就将妈妈对我的爱给疏远了吗？不是的，我们要珍惜当下，珍惜父母。

师：我想你的故事是很多家庭不断重复上演的一幕又一幕。以上演讲告诉我们，如果搞不好身边的人际关系，也很难跟外界搞好关系。一起好好看下面这个视频，我想这段演讲能够帮助我们在和父母代沟之间搭一座温暖的桥。

【播放视频】

《我和父母》：讲的是青年一代思考代沟的问题。

师：以上是第二阶段的学习。我要告诉同学们的是，演讲不难，最好用的技巧就是理顺我与他人之间的关系，把我的故事讲出来。

第三部分　高级挑战

（正方凌云队，反方知行队）

【屏显】

辩论

新闻：奥斯卡颁奖典礼上史密斯掌掴洛克

正方：洛克被打活该

反方：洛克不该被打

自由辩论规则：

个人发言不超过30秒

个人不连续发言

双方交替发言

等待时间5秒

各方总时间为2分钟

正方1辩：洛克被打是活该的，这么大的一个场合，公开嘲笑史密斯的妻子，这种做法非常有损别人的尊严。

师：打他是因为他损害了别人的尊严。

反方1辩：我认为洛克不该被打。洛克是用语言公开损了史密斯的妻子，但史密斯用的是武力，很明显不对等。

师：你的观点很明确。

正方 2 辩：史密斯把感情看得很重，特别是对妻子，这种冲动是可以理解的，洛克被打是活该的。

师：你能够将心比心。

反方 2 辩：我觉得这只是一种调侃，史密斯应学会大度，洛克不该被打。

正方 3 辩：洛克被打活该，在这个几乎所有人都可以看到的场合之下，他却开了一个带有侮辱性的玩笑，这是让别人难堪。

反方 3 辩：洛克他本来就是调侃一下，史密斯应该看开一点，应该先思考一下，这样公开场合直接打别人是否合适。

师：好。我知道大家还想表达自己的观点，关于这件事的观点，B 站有很多讨论，角度非常丰富，感兴趣的可以去看一看。后来史密斯也出来道歉了。我今天想说的是洛克为什么会犯这个错误，他是一个脱口秀演员，主持万众瞩目的奥斯卡颁奖晚会，一定想把作为脱口秀演员的幽默的个性施展得淋漓尽致，但可惜的是他的分寸没有把握好。同学们，优秀的演讲就是在把握好分寸的基础上体现鲜明的个性。

【屏显】

王选：

名人和凡人差别在什么地方呢？名人用过的东西，就是文物了，凡人用过的就是废物；名人做一点错事，写起来叫名人逸事，凡人呢，就是犯傻；名人强词夺理，叫作雄辩，凡人就是狡辩了；名人跟人握握手，叫作平易近人，凡人就是巴结别人了；名人打扮得不修边幅，叫真有艺术家的气质，凡人呢，就是流里流气的；名人喝酒，叫豪饮，凡人就叫贪杯；名人老了，称呼变成王老，凡人就只能叫老王。

师：这是王选科学家的个性，幽默风趣。

【屏显】

丁肇中：

大家都知道明朝的大理论家王阳明，他的思想可以代表传统儒家对实验的态度。有一天，王阳明要依照《大学》的指示，先从“格物”做起。他决定要“格”院子里的竹子。于是他搬了一条凳子坐在院子里，面对着竹子硬想了七天，结果因为头痛而宣告失败。这位先生明明是把探察外界误认为探讨自己。

师：丁肇中温润如玉。

【屏显】

顾拜旦的演讲片段：

……于是，青少年开始为呆板而复杂的教育枷锁所套牢，被在愚蠢的放纵和不明智的严厉交互作用下的道德说教以及拙劣肤浅的世界观所束缚。这就是为何我们要重启奥林匹克时代，并为体格训练的复兴隆重庆祝。

师：如果研究顾拜旦，你会发现，希腊人英文的绵长、优雅、抒情，我们中国人读起来是非常困难的。这是他语言的风范。

【屏显】

闻一多的演讲片段：

反动派，
你看见一个倒下去，
可也看得见千百个继起的！
正义是杀不完的，
因为真理永远存在！（鼓掌）
历史赋予昆明的任务是争取民主和平，
我们昆明的青年必须完成这任务！
我们不怕死，
我们有牺牲的精神！
我们随时像李先生一样，
前脚跨出大门，
后脚就不准备再跨进大门！

（长时间热烈的鼓掌）

（生读）

师：闻一多用一个又一个短句，怀着必死之心，慷慨激昂地去发表这场演讲。同学们，演讲就是向世界呈现你最有人格魅力的那一个方面。这种人格魅力可以折射到你的思想和语言表达上，形成非常炫目的个体光环。

【屏显】

演讲心法

经由演讲，成为你自己

闻一多：热血豪迈、慷慨激昂

丁肇中：温和理性、娓娓道来

王　选：幽默风趣、自嘲自戏

顾拜旦：优雅深邃、一往情深

师：接下来，我们听听莫言先生的演讲。莫言用极具个性化的、最浅显的语言表达了最深刻的思想。

【播放视频】

莫言的演讲《不被大风吹倒》

师：大家看，哪怕是诺贝尔文学奖得主，他还是在讲故事，用讲故事的方式，用属于自己的方式来向这个世界表达自己的思想。所以，厘清我与自我、我与他人的关系，就是厘清我与人生的关系。

师：我们最后一个演讲话题是“不被大风吹倒”。你的生命当中，是否有一场又一场的大风刮过。你会用什么样的故事告诉自己：不被大风刮倒。依旧没有准备时间，从凌云队开始。

【屏显】

即兴演讲比赛：不被大风吹倒

要求：

1. 120 秒以内

2. 观点鲜明

3. 尝试讲故事

4. 充分展示个性

凌云队侯××：大家好，我演讲的题目是“不被大风吹倒”，这里的“大风”是演讲。我对演讲是比较畏惧的，很怕在台上说错了话，就像刚刚辩论的时候，我把自己的观点说错了，到现在还在纠结。演讲对于我来说，就是我心里的一阵“大风”，无论是现在还是之前，它都对我的心理造成了影响，但是——（沉默）

师：我可以帮你结尾吗？要允许自己失误，但不要停在自己的失误当中。我们要善于接受自己的不完美，接受不完美就不容易被“大风”吹倒。

知行队范××：大家好！我是范××，今天我演讲的题目是“不被大风吹倒”。今天我想讲述我父亲的故事，我的父亲在农村长大，从小家里条件比较差。因为没有钱买课本，他的“书”全部都是抄同学的，每天吃饭只吃一个馒头加一小碗米饭，就这样，在艰苦的环境中度过学生时代，后来进入一个比较好的公司。这个故事给我很多启示，不管遇到什么样的困难，都不能被它打败，只有我们努力跨过每一个小困难，人生路上真的遇到大困难时，才能勇往直前，砥砺前行。（生笑）

师：最简单的饭食成就了父亲的钢筋铁骨，对你的人生产生了重要影响。

凌云队霍××：大家好！我是霍××，很高兴能再次发表演讲。我想跟大家说一下我的经历，我从小就学打乒乓球，但是我的体形，并不适合运动。当时，乒乓球队里每一天都要做体能训练，大操场一千四百米，围圈蛙跳一圈。记得有一次，我在操场上跳，跳了一百米不到就累得气喘吁吁，真的跳不动了，看着身边的人一个又一个离我远去，内心真的很孤独，但是当我抬起头，看到站在跑道旁边的父母和教练时，我内心又有了干劲，于是我就继续努力地向前跳，虽然是最后一个到达的，但是我努力了，坚持了，没有被大风吹倒。

师：听大家“不被大风吹倒”的故事真的很感动，人生的风啊，不知道什么时候就吹来了，但是也不知道什么时候就吹走了。演讲到最后还要回到“我和我的人生”，刚才我们讲国王的故事，最后国王胜利了，看这段：

【播放视频】

《国王的演讲》：战胜心魔，震撼人心。

师：我们的国王没有被大风吹倒，闻一多虽然去世了，但他依旧没有被大风吹倒。

【播放视频】

闻一多《最后一次讲演》

师：闻一多永远活在我们的心里。思想和热血成就了他的演讲，也成就了他在中国历史上的重要地位。

【屏显】

讲自己的故事，炼自己的思想，养自己的人格。

（生齐读）

师：同学们，演讲，就是成为你自己。下课！

课评

“大单元”教学的三个维度

——以王君老师“超级演说家”为例

（陈海波　江苏省苏州中学附属苏州湾学校）

《义务教育课程方案和课程标准（2022年版）》一经颁布，“大单元”教学即刻得到了广大一线教师的关注，引起了诸多反响。作为发展学科核心素养的重要路径，“大单元”教学和传统的“单元教学”到底有什么不同？课堂教学的可操作性又体现在哪里？很多教师还处在一个模糊的认知阶段。本文以王君老师“超级演说家”为例，探索“大单元”教学是如何以“单元”为单位，以“主题”为统领，以“教材资源”为范例，以具体情境任务为支点，去充分开发课内外资源，以实现学科教学对生命核心素养的培养的。

王君老师是青春语文的开创者，她将自己数年来不断探索、不断实践的青春语文独特的教学、育人理念和演讲单元的教学目标巧妙地融合在一起。这样的“大单元”教学尝试极具引领的意义，有一定的可操作性，阐释如下。

一、提炼“大主题”，确定明晰的课程目标

从课程的知识角度看，传统的单元教学，其知识点和技能点是分散依附于单篇教学中的，随意性比较大，而“大单元”教学则不仅仅从属于教材单元，它是教师在尊重学情的基础上，结合新课标和单元教学的要求，从课内外的教材资源中，找到最优化的契合点，从而整合提炼出“大主题”来统摄多篇，将分散的知识点和技能点联结成一个主体。

这个“大主题”就是设计课程要遵循的核心目标，教学内容的构建、学习情境任务的设置、学习活动的组织和开展等，都是基于“大主题”的引领之下。

1. 深刻的精神价值。

王君老师认为语文学科天然具有疗愈功能，青春语文，就是要追求“经由语言文字的学习探索生命的幸福之道”，就是要追求“打通教法、学法、活法，实践语文的意义疗法”，让教师和学生都经由语文学习“见自我，见天地，见众生”，这与新课标“落实立德树人”的理念是一致的。

作为思想内容极为深刻的四篇演讲词，其情感爱憎分明，有着很强的号召力和感染力，极富精神的价值。王君老师紧扣演讲的特点，从学生生命成长的角度，带着学生经由“演讲”去体验打通“我与自我、我与他人、我与社会以及世界的关系”，从而让学生明白，“我的生命成长”其实就是“讲好自己的故事，炼好自己的思想，养好自己的人格”，然后，去深爱我们生活的这个时代。

这是一节很有生命力的大单元教学课，王君老师从中提炼的思想主题正契合了学生的现实需要，面向“雕琢灵魂”的演讲，给每一个生命带来了精神的慰藉。

2. 明确的语用价值。

语文学习强调听说读写，演讲就是一种特定场合下的有意图的“说”，但这“说”并不仅仅是一种简单的表达，它彰显着一个人的综合素养。演讲若想讲得好，需要把握演讲本身的知识性和技巧性。所以，王君老师依据单元教学的要求，确定了关于演讲教学的语用主题：通过“三级挑战”，引导学生掌握演讲的相关知识，即演讲的内容要具备一定的思想性、故事性和鲜明的个性。通过一级一级的挑战、一层一层的表达，让学生知晓关于演讲最关键的是什么，最重要的、需要掌握的技巧是什么，并以此作为一条明线展开教学。

围绕这样的语用目标，王君老师将教材单元的四篇演讲稿和学生表达自我的演讲适时地交错融合，不断地向演讲的高阶思维攀缘，顺利地完成了从“由语言到思想、由形式到内容”，再到“由思想到语言、由内容到形式”的学习过程。

基于青春语文理念下的对语用价值与精神价值双向开掘的主题，统领着演讲单元的整体教学，学习方向明确，学习过程一步一个脚印。

二、整合“大资源”，构建独特的课程体系

从教学资源看，“大单元”教学使用的资源不仅仅是“双线组元”的多文本教材单元，教师依据教学的需要，还可以灵活地选用更多元、更丰富、更贴近生活的课外资源，以统整的形式，根据确立的“大主题”整合成独特的课程体系，从而更好地发挥单元教学的教育效果。

在王君老师的课堂上，总是“各种语言现象在呼唤，在应答；有字之书与无字之书，在互相验证，互相诠释。教材上下，风起云涌，课堂内外，风云际会”[1]。这种酣畅淋漓的教学大气象，来自她对教学资源的整合，她总是能将课内教材资源与课外教学资源巧妙地进行统整，构建起独特的结构化课程，在教学徐徐推进的过程中，让学生的思想跌宕起伏。

1. 内容的均衡。

课程结构是教学顺利开展的依据，没有稳定性、均衡性的课程内容结构，课堂教学就会失之偏颇。王君老师根据主题的需要，把课堂分为“初级挑战”“中级挑战”“高级挑战”三个环节，每个环节对课内外资源的统整都恰到好处。

“初级挑战”中以课内四篇演讲稿为本，学生根据自己的阅读理解，提炼核心的思想发表演讲，教师根据学生的演讲进行评价，然后欣赏谷爱凌的演讲资源《自信的青春》，完成第一个环节的主题目标“演讲最关键的不是其他，而是思想”，所以得出“演讲的关键是弄清楚我与自我的关系”；“中级挑战”用“八年级教材，我有话说”的演讲视频，引出“精彩的演讲都是在讲故事”这一话题，学生即兴讲述自我与他人的故事，然后欣赏视频资源《我和父母》，得出“演讲不难，关键是你要把你的故事讲出来”，理顺“我与他人之间的关系”；“高级挑战”中先引入“奥斯卡颁奖典礼上史密斯掌掴洛克”的视频，展开即兴辩论，而后回到教材单元体悟每一个演讲者的语言特色，最后经由莫言的演讲《不被大风吹倒》讲述自己的故事，得出“优秀的演讲需要个性化的演讲语言”，厘清“自我与人生的关系”。

三个环节的教学内容在容量上均衡，课内教材和课外资源、情境的创设和情境下的活动相得益彰，形式上保证了学生学习的均衡性。

2. 促进思维的进阶。

叶圣陶先生说过，语文课的主要任务是训练思维，训练语言。作为联结个体生命与社会的通道，思维的发展必然会丰富个体生命的意义。[2]要想发展和提升学生的演讲水平，就要先发展和提升学生内在的思维质量，所以，在整合课程时，要将思考的起点定位于促进学生思维的提升上。

这一点，王君老师给我们做了示范：在“初级挑战”环节，学生的思维停留在对课内四篇演讲稿思想性文字的提炼上，只需要根据自我的阅读理解进行选择即可；在“中级挑战”中，从课内迁移到生活，观照自我的生活经历，讲出自我的故事，对学生的思维及言语表达有了进一步的考验；在“高级挑战”中，面对生命里一场又一场的“大风”，你会用怎样的故事告诉自己“不被大风吹倒”？这就给学生的思维提出更高的要求。很显然，后面学生的表达较上一环节是渐进的、层递的，是前一环节思维的不断发展和深化。

这种基于整体观照视域下的整合课程，具有重要的教学价值，活化了演讲的相关知识技巧，顺应了学习的规律，发展了学生的高阶思维，提升了语言的表达能力。

三、设置“大情境”，开展特色的教学活动

作为信息载体，语言文字是人类重要的交流工具，“语言文字的运用，包括生活、工作和学习中的听说读写活动以及文学活动，存在于人类社会的各个领域”[3]。学习和使用语言文字已经是人们生活中必不可少的一部分，离开生活的语文学习就会失去其鲜活的土壤。

创设“大情境”则可以把学习内容和生活以及社会紧密地联系在一起，实现内容、学习和生活的深度对话。但设置情境和情境下的课程活动，要学习王君老师，重点凸显如下两个特点。

1. 情境贴近生活。

王君老师在这节课中围绕“大主题”设置了诸多“情境”。这些情境与生活非常贴近，可以最大化地调动学生的生活经验，如：

情境设置 a：

观点：我天生不善言辞。我做一个倾听者就好了，所以我不需要练习演讲。

正方：同意

反方：反对

双方站在自己的立场上遵守规则充分发言。

情境设置 b：

看视频“妈妈和儿子的对话”，挑战“我和你”演讲话题，这里的“你”可以是爸爸妈妈，可以是小猫小狗，可以是小花小树，可以是自我之外的那个世界，但你要讲自己的故事。

……

这些贴近生活实际的情境，瞬间把学生拉进了“生活”，走进深度参与，每一个学生都有话说，都有故事要讲。所以，整个教学过程，无论是辩论，还是演讲，学生的表达都超级精彩，笑声、掌声、赞叹声不绝于耳。

2. 活动彰显实践。

核心素养教育的基本理念之一是强化实践，提倡引导学生“在做中学”“在用中学”“在创中学”。这就要求教师要根据情境，设计让学生感兴趣的活动，将学生已有的知识储备和经验充分地调动起来，在深度参与的活动中，走向素养的攀升。

为了实现主题目标，王君老师在“大情境”下展开了三次“辩论”活动，两次“讲故事”活动。每次活动，学生都宛若在具体的生活场域中实践，是真实的“在场发生”，不仅主动建构了自我的认知体验，实现对生命的化育，更增长了逻辑思维能力，慢慢形成个人的语言运用系统。

德国诗人黑塞说过：“领略人类所思、所求的广阔和丰盈，从而在自己与整个人类之间，建立起息息相通的生动联系……这，归根到底是一切生活的意义。”[4]王君老师从充分尊重每一个生命出发，从教材单元和新课标的要求出发，从青春语文追寻的意义出发，整合设计的演讲“大单元”课程，尽显三个维度，“大”而有深度，“大”而有梯度，“大”而有温度，师生共同缔造了一个生活化的“学习场”，让学生在爱讲乐讲中，提升了自我的思维能力，获取了精神的满足，丰富了自我的生活世界。我想，这就是“大单元”教学的意义所在。

参考文献：

[1] 王君. 更美语文课［M］. 武汉：长江文艺出版社，2018.

[2] 叶圣陶. 叶圣陶语文教育论集［M］. 北京：教育科学出版社，1980.

[3] 中华人民共和国教育部. 义务教育语文课程标准（2022年版）［S］. 北京：北京师范大学出版社，2022.

[4] 黎先耀. 中外名家书话经典：读书美谈（上）［M］. 重庆：重庆出版社，2010.

12. 说明文语言的一千张面孔

——说明文跨单元教学

执　　教：王　君

授课地点：西安市曲江第一学校

课堂类型：语用型大单元整合课

整　　理：任米荣　李小蒲

师：上课！

生：老师好！谢谢老师！

师：我们今天要讲说明文，这是一个起始课。有一本书叫作《被嫌弃的松子的一生》，是一部讲女性命运的世界名著。每次教说明文，我都会想起这部名著。说明文作为一种应用文体，平时我们对它的评价是很准确、很严谨，偶尔说一说它有点生动。但是文学作品，有那么多美丽的标签。

【屏显】

文学作品的语言：清新明快、简洁洗练、意味深长等。

说明文的语言：准确、严谨、生动。

（学生自由读）

师：在所有的应用文当中，说明文是一种被嫌弃的文体。王君老师今天这个课叫作“说明文语言的一千张面孔”。我们有一个切入点——说明文的语言。我们今天有一个终极任务，第五单元的单元提示写得很含蓄、低调，对于说明文的评价就是严谨、准确，可以增强思维的条理性和严密性。

我们今天要帮助人教社来调整一下第五单元的单元提示，在结尾中间加一两句话。目标是提升说明文的魅力，让同学们对说明文更感兴趣。

师：第一个热身活动的主角是同学们，第二个热身活动王老师带领着同学们。我看看没有老师教，你们能够发现说明文语言的多少奥妙。上台发言的同学控制在60秒内，你要说一段完整的话，运用以下句式：

【屏显】

我们小组重点研究了《苏州园林》，我们发现，这篇说明文的语言的确准确严谨，比如……

但是，我们还发现，《苏州园林》的语言，除了准确严谨，它还有更多的特点，比如……我们小组授予《苏州园林》的语言＿＿＿＿＿＿＿＿＿＿奖。

师：最后，你授的这个奖，要把它用大大的字写在黑板上，好吧。

生：大家好！我们小组重点研究了《苏州园林》，我们发现这篇说明文的语言精准、严谨。比如第一句“苏州园林据说有一百多处”，作者也不太确定它明确的数目，所以用了一个词叫“据说”，这样就突出了文章非常严谨、准确。“我觉得苏州园林是我国各地园林的标本”，其中“我觉得”明确了这是作者个人的意见。我们还发现《苏州园林》的语言还有很多的特点，例如文学性，在第二段运用一个排比，生动形象地写出了苏州园林设计者们的呕心沥血。我们小组授予《苏州园林》的语言“文学奖”。

师：文学奖！有老师范，自学能力太强大了！

生：大家好！我们组选《中国石拱桥》。首先它是严谨准确的，比如在第四段多处运用“左右”“约”等词，说明了语言的严谨性。第五段描述桥，“在当时就算是世界上最长的石拱桥”，因为可能现在已经有很多桥超越了它，但是在当时就是最长的，所以文章用了“当时”这个词，十分准确。我们还发现本文语言也是生动形象的。如“桥洞并不是普通的半圆形，而是像一张弓”，这句话生动形象地写出了石拱桥的特点。我们小组授予《中国石拱桥》“最佳生动奖”。

师：最佳生动奖！了不起，这个同学的语言精准，表达有力量。

生：大家好！我代表我们组来讲《人民英雄永垂不朽》。这篇说明文的语言准确严谨。比如，“从地面到碑顶高达 37.94 米，有 10 层楼那么高，比纪念碑对面的天安门还高 4.24 米”。

师：对数字特别敏感，数字有时候最能够说明白问题。

生：我们发现《人民英雄永垂不朽》的语言还非常生动。比如第七段“在这幅浮雕上，一群拿着大刀、梭镖、锄头，扛着土炮起义的汉族、壮族儿女，正从山坡冲下来，革命的旌旗在迎风飘扬”，从这个“冲”字，还有“迎风飘扬”，可以看出来语言非常生动。

师：这个生动是因为它有描写，在说明文中它叫摹状貌。

生：我们小组授予《人民英雄永垂不朽》“最佳描写奖”。

师：非常从容，表达有条理！

生：大家好！《蝉》的语言严谨准确。比如说“蝉的隧道大都是深十五六英寸，下面较宽大，底部却完全关闭起来”。这里用了一些数字，体现了语言的严谨。本文语言还是生动形象的，比如说第七段中“它臃肿的身体”，“臃肿”这个词，就用得非常传神。我们准备授予它“最佳艺术奖”。

师：他很幽默，站在台上轻松自如。

生：大家好，我代表我们组来分享《梦回繁华》的特点。第二段“张择端主要活动于北宋末年至南宋初年”，体现出说明文语言的准确性。

师：这个是时间上、范围上的限制。

生：接下来“《清明上河图》可能作于政和至宣和年间”，这里《清明上河图》创作时间是根据后代文人考定的，所以他也是推测的，这里用“可能”就体现了语言的严谨性。下来是第四段，“疏林薄雾，农舍田畴，春寒料峭”，这里是对画中景物及时节的描写，能体现出这篇文章语言的优美。所以我们小组授予《梦回繁华》“严谨优美奖”。

师：谢谢同学们，你们非常棒！说明文的语言是宝藏语言，我们下面有五个游戏，每个游戏都挺有挑战的。

【屏显】

热身活动之二：宝藏语言说明文　深度学习初体验

游戏一：比炼词

游戏二：比拼句

游戏三：比择材

游戏四：比立意

游戏五：比未来

师：第一个游戏，我需要三位同学上台画图，其他同学在自己本子上画，目的是体会文章语言超级准确严谨。

（三位同学上台，根据句意分别画图）

师：1 号同学画“赵州桥只有一个大拱，大拱的上面各有两个小拱”。2 号同学画“赵州桥只有一个大拱，大拱的两端各有两个小拱”。3 号同学，大家一起读，你来画：“这座桥的特点是：全桥只有一个大拱，桥洞不是普通半圆形，而是像一张弓，因而大拱上面的道路没有陡坡，便于车马上下。大拱的两肩上，各有两个小拱。”

（生 3 修改自己画的图）

师：她开始修改了，太棒了！你来谈一谈，你是在什么的帮助下，画正确的呢？

生：我觉得是“像一张弓”，而且“没有陡坡”，所以它比较平一些。第二是“大拱的两肩上，各有两个小拱”，所以应该有两个。

师（手指第一个错误图）：请问这个是不是肩上？

生：不是。

师（手指第二个错误图）：这个是不是肩上？

生：也不是。

师：你画的是肩上，你是个超级聪明的、听觉和反应非常敏感的同学。

（引导学生再读原文句子）

师：所以说明文也是“吟安一个字，拈断数茎须”呀！卢沟桥上有好多石狮子，茅以昇先生为了描写它，用了一个排比句，“有的……有的……有的……”里面有很多描写的四字短语。不准看书，把你认为最漂亮的顺序排列出来。

【屏显】

这些石刻狮子

倾听水声　母子相抱　交头接耳　惟妙惟肖　千态万状　注视行人

用“有的……有的……有的……有的……”，创造一个句子。

生：我认为是有的母子相抱，有的交头接耳，有的注视行人，有的惟妙惟肖，有的倾听水声，有的千态万状。

生：这些石刻狮子惟妙惟肖，千态万状，有的注视行人，有的母子相抱，有的倾听水声，有的交头接耳。

师：每个同学按照自己的想法给句子排序，开始！

（学生自由排序，自由朗读）

师：我们看，原句子是这样的。同学们，一边读一边想，茅以昇创造的这个句子，为什么比我们的高明？

（学生齐读课文原句）

师：为什么这种排列比我们刚才很多同学的想法要强？

生：我觉得前两句是人们看到它们的样子，后面这两句是人们想象的状态，最后两句是对它们的总结。

师：有道理。

生：我认为前两个是狮子之间的动作，后两个是狮子跟环境之间的动作，最后两个我也认为是总结。

师：前两个是群狮、两头以上的狮子的动作，后面是狮子跟环境之间，或者说一头狮子的感觉，这个角度也非常好呀。还有没有其他的角度？我提醒一个角度，同学们，这些石刻狮子，母子相抱，“抱”几声？

生：四声。

师：倾听水声“声”几声？

生：一声。

师：行人“人”几声？

生：二声。

师：中国古典文学讲究平仄，一般来说，收尾的是平声，平声会让我们的汉语更舒服，所以同学们，这些简单的句子都是有讲究的。好，把它们背下来。（生背）

师：第三个游戏是关于《人民英雄永垂不朽》的。林则徐领导的“虎门销烟”，是中国历史上伟大的事件。请问：哪一幅图最后入选了人民英雄纪念碑的大幅浮雕，也是我们的课文当中做了着重说明的？

【屏显两幅“虎门销烟”图】

生：我认为是第二幅，理由是这幅图的名字叫《虎门销烟》，更注重销烟的过程和销烟的样子，第一幅图注重的是林则徐的领导。

师：真是一语中的。当时，《人民英雄纪念碑》的浮雕内容确定之后，有成千上万的人都在为大浮雕创作图，这两幅进入了决赛，但是最后选择了第二幅，核心要纪念、要褒扬的不仅仅是林则徐，而是人民。整个说明文都洋溢着毛主席当年的感慨和呼声——人民伟大，所以文中提的都是愤怒的群众、人群，还有中国人民。这是纪念碑上毛主席亲自撰文、周总理亲自书写的，重心不在领袖，而在人民。所以同学们，我们怀着庄严肃穆的语言来朗读这些说明文字所体现出来的内在魂灵。

生：三年以来……牺牲的人民英雄们永垂不朽！

师：说明文的语言不仅准确、严谨，还是有魂的。第四个游戏跟一堆情书有关，情书是一位男孩写的。这些情书当中也有这个单元的很多说明文字，所以我们这个游戏的主题就是：它们凭什么进入情书？我们来读一读，这些曾经进入情书的文字。

【屏显语段，学生共读】

生：这些颜色与草木的绿色配合，引起人们安静闲适的感觉。花开时节，更显得各种花明艳照眼。

师：他怎么就能想到这样的语句呢？

生：那些门和窗尽量工细而决不庸俗，即使简朴而别具匠心。

师：我觉得，它好配出现在情书当中啊！

生：有几个园里有古老的藤萝，盘曲嶙峋的枝干就是一幅好画。开花的时候满眼的珠光宝气，使游览者感到无限的繁华和欢悦，可是没法说出来。

师：好，再来。

生：池沼里养着金鱼或各色鲤鱼，夏秋季节荷花或睡莲开放，游览者看“鱼戏莲叶间”，又是入画的一景。

生：未长成的蝉的地下生活，至今还是个秘密。不过在它来到地面以前，地下生活所经过的时间我们是知道的，大概是四年。以后，在阳光中的歌唱只有五星期。

生：四年黑暗中的苦工，……什么样的钹声能响亮到足以歌颂它那来之不易的刹那欢愉呢？

师：这段话在这男孩的情书中反复出现，你可以琢磨，甚至蝉的这个故事也曾经出现在情书中。有一次，他们在讨论一个问题的时候，男孩居然用了法布尔《蝉》当中的这个故事。因为蝉有个天敌叫作蚋，蝉把自己的宝宝生出来之后，蚋就去把它的卵给吃掉。但是蝉妈妈居然无动于衷。来，读。

生：可怜做母亲的对此一无所知……来拯救它的家族。

师：请你，作为男性，你猜猜男孩用当时某一段文字来送给——他的爱人，他到底想要表达什么呢？

生：我们看，“有几个园里有古老的藤萝，盘曲嶙峋的枝干就是一幅好画”，他用了非常多精准的形容词。“开花的时候满眼的珠光宝气，使游览者感到无限的繁华和欢悦，可是没法说出来。”我们能很清晰地感受到他看到美景之后的喜悦之情，但是“可是没法说出来”。我认为他可能带有那么一点点哀伤和遗憾。

师：谢谢你，比较懂感情。

生：“那些门和窗尽量工细而决不庸俗，即使简朴而别具匠心。”这里可以看到他们之间的爱情不是简简单单的，而是十分高尚的。

师：是的，他们当时没有钱，也没有房子，都在重庆农村的一个乡村学校，那时候男孩用这句话告诉女孩：“我们很简朴，但是，我们的生活别具匠心。”这个孩子懂审美，懂人心。

生：“开花的时候满眼的珠光宝气，使游览者感到无限的繁华和欢悦，可是没法说出来。”我感觉他把女孩比作了花，非常耀眼、美丽，但是呢，就是到嘴边，也没法说出来，只有隐晦的表达。

师：这个女孩子眼里的光芒，让他的人生感到无穷的繁华和欢愉，这是爱情的力量。

师：有没有女同学懂得男孩子的这一份苦心啊？这是一个挺沉重的问题，你怎么看？

【屏显《蝉》第二部分《蝉的卵》4—6段】

生：我想他不希望母亲去溺爱孩子，最后让孩子成为一个坏种子。

师：其实真正的爱情一定面向婚姻，真正好的婚姻都要抚养子女。男孩在提醒她要做一个怎样的妈妈。同学们，我举这个例子其实是想告诉同学们，经典的说明文当中依旧有很多名言警句，在我们说明文之外的其他场域被反复地用到，它们的作用一点都不输给文学作品，同意吗？

生：同意！

师：好，还有最后一个游戏，这个游戏是面对《梦回繁华》。《清明上河图》太好了，不仅在宋代前无古人后无来者，就是到现在依旧是了不起的杰作。现在的动画技术把《清明上河图》变成活的了。那么我们待会有一个辩论：

【屏显】

终极比拼：

正方的观点：绘画、动画、雕塑、音乐等现代艺术形式终将败于语言

反方的观点：绘画、动画、雕塑、音乐等现代艺术形式终将打败语言

师：你要做出选择，并且站起来辩论。好，我们现在一边读，一边看着这个动画。来，你来帮我们读红色的字，现在开始。

（播放动画版《清明上河图》）

生齐读：欣赏张择端画的《清明上河图》，整个长卷犹如一部乐章，由慢板、柔板，逐渐进入快板、紧板，转而进入尾声，留下无尽的回味。

师：你继续为同学们读。

生1读：《清明上河图》采用了中国传统绘画特有的手卷形式……有别

于一般的国画。

生齐读：汴河上……热闹非凡。

生齐读：各类店铺经营着罗锦布匹……无所不备。

生 1 读：船正在放倒桅杆准备过桥，……挑担的人们，却无暇一顾。

师：大家读得很好，虽然我们还没有学，但是你对语言初步有了感受。每个同学选，如果你同意正方，站这边，你同意反方站那边。

师：我们主要是要研究语言这种载体和绘画、动画、雕塑、音乐这些载体谁的表现力更强大。

生：我是正方辩手。我们的观点是绘画、动画、雕塑、音乐等现代艺术形式终将败于语言。语言凸显的不仅仅有形容词，它主要描述的是一件事情，从字里行间透露出来的情感。动画、绘画、雕塑、音乐等现代艺术达到的境界没有那么完美。

师：这是他们的观点。

生：我是反方辩手。我方的观点是绘画、动画、雕塑、音乐等现代艺术形式终将打败语言。不知道大家有没有听说过"春秋笔法"，就是用不同的形容词叙述同一件事，就会使这件事被歪曲。又比如说《清明上河图》，它本来就是画的，它是为了显示表面上宋代当时是比较繁华，但实际上已经接近尾声了。

师：你认为语言有可能把一些问题搞混乱？

生：是。

师：这个角度是很美的啊！

生：大家好，我是正方，我们认为：这些现代艺术终将败于语言。语言是一种特殊的表现形式，每一个人对于同一件事情都有自己的看法，所以语言就代表了每一个人的观点，而绘画是一个冗长而繁杂的艺术形式，它所表达的东西是多元的，但是语言可以着重表现他很想表现的东西。

师：非常好，他认为语言可以有无限的延展性。

生：大家好，我是反方辩手。我们是从绘画、动画、雕塑、音乐等多方面表现事物，它包含视觉、听觉的，让观众更直观、更细致地了解一件事情。

师：多种感官综合在一起，而语言呢？他认为没有，这个角度很好。

生：我是正方，我觉得绘画、动画、雕塑、音乐会把人局限在一个画面当中，比方说你想到了宋代的绘画，你可能第一时间会想到《清明上河图》，这就是所谓的标签。语言可以给人无限的遐想，你可以在语言的文字中畅想。

师：他认为语言具有无限性，具有想象的空间，因为它是语言，反而潜力无穷大，这个很高明啊。

生：大家好，我是反方。人们常说，美是无法用语言来表达的，就是那种极端的美，我们这种绘画、雕塑、音乐等多元化表达是让人更加身临其境的表达。

师：无法用语言表达，他用了一句俗语来作为自己的论据，聪慧地调动了自己的积累。

生：大家好，我是正方辩手，我们的观点是语言是人类文化的最主要的载体。比如我现在向大家论述我的观点，用的就是语言，不可能是绘画、音乐，更不可能在这儿弄一个雕塑，然后给大家说这个雕塑代表了我的意思。所以，语言是人类文化最主要的载体，人类的所有行为、所有的艺术来源肯定得有语言，语言是所有东西的媒介，也是所有东西的基础，没有语言就不可能有人类的文化，它是不可能被其他的艺术所打败的，因为它代表的是最主要的一个部分。

（全班鼓掌）

师：有一个大哲学家说过，语言是人类精神栖居的家园，跟你的观点是一模一样的，不管其他承载人类思想的形式如何发展，但语言具有永久的生命力。

师：我知道大家还有很多话说，有时候思考的过程比最后谁对谁错更重要。同学们，你们就没有一个同学来质疑王老师这个辩题本身有问题没有？

生：有，这个问题太极端了，没有一件事是绝对的。

师：你很聪慧，所有的辩论都是一种游戏，辩论太简单了，生活太复杂了，生活永远没有非黑即白和非此即彼，所以所有的辩论其实都是训练我们思维和语言的游戏。什么是对的？综合永远是对的。动画、雕塑、音乐这些从来不是现代艺术形象，古代就有了，所以这是一个有问题的辩题，老师只是想提醒同学们，现代社会，说明文的语言正在和绘画、动画、雕塑、音乐融通。接下来我举个例子。

师：周杰伦的歌当中其实有很多说明文。

【播放周杰伦的歌曲《本草纲目》，屏显歌词】

师：看到说明文了吗？这就是最朴素的说明文。中国有一部连续剧，叫作《我的团长我的团》。这个主角用绝对说明文的形式表达了日本人打进来的时候国土沦丧的痛苦。

【播放《我的团长我的团》片段】

师：这部电视连续剧的一个最沉痛的段落，大部分用的就是最平和的说明文的文字。谁说它不如诗歌？不如散文？当代的说明文甚至都不需要任何文字，请看下面视频。

【播放《中国 GDP 增长动态图》】

师：同学们，这就是当代的说明文，一句话都可以没有。说明文正在摆脱我们日常所认为的文字，和音乐、图像等各种各样的艺术综合在一起。接下来我们看看在一分钟的时间里，咱们中国的创新发展会有哪些表现。

【播放小视频“一分钟见证创新发展的中国”】

师：说明文难道不是一首诗吗？说明文真的可以写成一首诗的，说明文还可以像神话一样激发我们无限的想象。

【播放视频“川藏铁路被外媒称为巨大的过山车”】

师：你可以继续去想，那个巨大的过山车是不是就像神话一样。同学们，现在，我们要帮助人教社调整一下第五单元的单元提示，请你在“严谨、准确、思维的条理性和严密性”的后边加一句话或两句话，让说明文的形象焕然一新。开始写作，两分钟。

（学生写话）

师：好，谁愿意把你的一句话大声地朗读出来。我们学习这个单元，不仅要体会说明文语言的严谨、准确的特点，增强思维的条理性和严密性，接……

生：明白说明文描写的优美与恢宏，文学的淡雅与真诚。

师：漂亮，而且充满了感性的力量，万事万物都是有情的。

生：更体悟其中蕴含的来自文字的雄伟与壮阔，以及带给人深深的震撼。

师：真好，说明文里边依旧有人生大义！

生：体会语言的生动性、优美性，事实的准确性、客观性，这些无不绽放出说明文的独特魅力。

师：真好，他用了一个很灵动的句式。

生：而且同时，我们要感受说明文独特的语言魅力与其承载的特殊的艺术。

师：谢谢你。原来说明文当中也有特殊的艺术。

生：它还具有无限的思维与活力，赋予勃勃的生机和旺盛的生命力，给予我们无限的想象，展望美好的未来。

师：对呀，好的说明文依旧可以给我们带来诗和远方。在你们的基础上，王老师帮助大家再提炼一下，我们还可以更精准一些。

【屏显，共读】

《苏州园林》，语言最闲淡疗愈，抒情散文范儿
《中国石拱桥》，语言最精准端庄，科学论文范儿
《人民英雄永垂不朽》，语言最深情肃穆，政治论文范儿
《蝉》，语言最扣人心弦，神秘小说范儿
《梦回繁华》，语言最典雅厚重，历史散文范儿

师：同学们，经典的说明文都有一千张面孔。

【屏显，共读】

吟安一个字，捻断数茎须的，也是说明文；
团结各文体，协作力非凡的，也是说明文；
千文千面孔，风格无限多的，也是说明文；
生长力蓬勃，一往更深情的，也是说明文；
……

师：所以同学们，我们在研究一种文体的时候，跟面对一种人、一类人一样，一定要独立地去做一件事。

【屏显，共读】

破除说明文的刻板印象
丰富说明文的知识体系
开发说明文的奇幻世界
惊奇一切　热爱一切
发现一切　创造一切

师：同学们，在我们学习语言，跟各种文体亲密相见的时候，你会发现各种文体都充满了魅力。同学们，当今的世界是说明文重生的世界，说明文的美丽新世界正在我们当下的时代徐徐展开，你可以去多多了解这些纪录片，所有的纪录片都是经典说明文，值得我们深深地沉浸其中。所以同学们，希望我们被热爱的说明文的一生不再是被嫌弃的一生，也希望同学们经过一堂一堂的语文课，能够热爱所有文体，学习所有文体，热爱生活中的一切！下课！

课评

单元整合课：大单元教学的价值表达

——王君大单元教学实施路径探寻

（孙秋备　河南省襄城县教育体育局教研室）

大单元教学是落实新课程标准、推进语文课程改革的重要形式之一。近年来，随着学科专家和一线教师的积极实践探索，大单元教学的价值追求、基本特征、实施要素等有了一些理论成果。核心素养导向下的大单元教学追求工具性和人文性的统一，着眼于学生语文素养发展和精神成长需求，注重学生本位的语文实践活动的实施，建立语文学习与现实生活的联系，培养学生在真实情境中解决问题的能力。[1]整体性、结构化、综合性是大单元教学的基本特征。一般来说，大单元教学包含学习资源、学习目标、学习任务、学习评价等要素。[2]现阶段开展大单元教学，需在现行统编教材与新课标理念之间寻找衔接点，立足实际学情，以教材单元或典范单篇（实现单元目标的支柱文本）为基础，统筹和设计教学目标、任务及过程。

对于广大一线教师而言，立足统编教材现有单元，引入适宜的课外资源，在“三位一体”编排理念基础上进行整体规划、整合打通，是现阶段开展大单元教学的有效路径。青春语文倡导者王君老师积极探索大单元教学，其单元整合课以学科育人为宗旨，以语文实践活动为基石，联结课内外资源，打通经典文本与学生生活，生动诠释了“语文教材无非是个例子”[3]这一教学理念，值得迷茫于大单元教学的一线教师研习借鉴。研读王君老师系列大单元整合课，很受启发，结合具体课例探析课堂实施路径如下。

一、遴选整合点，设置情境任务

大单元教学是学习任务群实施的基础，体现整体性、关联性的学习任务的设置是大单元教学中至关重要的一环。《义务教育语文课程标准（2022年版）》指出，“设计语文学习任务，要围绕特定学习主题，确定具有内在逻辑关联的语文实践活动”[4]。可见，学习主题是设计学习任务、确定语文实践活动的基点。作为起始课或总结提升课的单元整合，学习主题的确立即单元内容整合点的遴选。根据单元学习资源，整合点可以是指向思想启蒙和情感熏陶的主题探究，也可以是某种语言特质的认识和学用；可以是多种学习资源的差异思辨点，也可以是阅读与写作、综合性学习的融合共生点。

语言的建构和运用是语文学科核心素养的基础，认识和学用文本的语言特质，提高学生语言理解和运用能力是语文课的独当之任。八年级上册第五单元是事物说明文单元，《义务教育语文课程标准（2022年版）》“实用性阅读与交流”学习任务群第四学段要求，“结合日常生活的真实情境进行教学”“比较不同媒介的表达效果，尝试探究不同媒介的表达特点”“引导学生提高语言理解和运用能力”[5]。基于此，王君老师选定“经典文本和现代生活中的说明语言”作为整合点，联结打通《中国石拱桥》《苏州园林》《人民英雄永垂不朽》《蝉》《梦回繁华》等教材文本，以及现实生活中歌曲、影视、短视频、纪录片等媒介。作为大单元教学的起始课，这一整合点的确立，以小支点撬动了“说明文”这一大文体，对后续板块学习起到了兴趣激发、认知重建、引领统率等作用。

优质的学习任务往往具有统整性和多元性，能破除零碎，激活思维。王君老师深读教材，敏锐地发现单元提示语与文本特质之间的差异与错位，设置这样的学习情境：说明文是被嫌弃的文体，单元提示对它的表述也过于含蓄、低调，没有把说明文的魅力显现出来。由此，确立本节整合课主任务：帮助人教社调整修改单元提示，激发同学们的阅读兴趣。这样的学习任务源于真实的学习情境，切近学生的学习生活，能统筹单元内的各类学习资源，指向学生语言运用、思维能力、审美创造等核心素养的发展。

二、编织关联线，开展实践活动

学习任务的实现依靠语文实践活动。《义务教育语文课程标准（2022年版）》把语文实践活动阐释为识字与写字、阅读与鉴赏、表达与交流、梳理与探究，并在六个学习任务群中反复指出“引导学生在语文实践活动中”完成各项学习任务。可见，学习任务群视域下的大单元教学应充分发挥学生的主体地位，把语文实践活动作为课堂教学的主要形式。

以单元整合课“说明文语言的一千张面孔”为例。这节课王君老师设计了两个大活动：活动一，给单元文本语言授奖；活动二，探究说明文语言的奥妙。第二个活动分为五个步骤：比炼词，比拼句，比择材，比立意，比未来。第一个活动旨在让学生通过自主阅读初步感知五篇课文的语言特点，这是基于整合点的单篇理解品味，是整合学习的起点。第二个活动中，“比炼词”用画图的方式让学生体会说明文用词的精准；“比拼句”通过重组句子与原文比较，让学生体会说明文句式的讲究；“比择材”则用辨析插图的方法引导学生体会说明文语言的内在意蕴。这三个小活动紧紧围绕“说明文语言”这一整合点，鉴赏评价，比较辨析，学生的学习由感性直觉逐渐走向理性探究。而“比立意”环节则引导学生走出文本，勾连生活，体悟经典的说明语言是鲜活生动、可迁移的；“比未来”环节引入课外学习资源，让学生在广阔而真实的现代生活中审视说明文的崭新形态和无限生机。这两个小活动指向迁移、综合、创造等高阶思维，融通了文本与文本、文本与单元、单元与生活。

纵观本节课的课堂活动，学生作为活动主体由对单篇文本的阅读感知、比较鉴赏，到对多种学习资源的探究辨析、运用创新，思维的层级逐步攀升，认知的深度逐渐增加；整节课以激发学生的已有知识经验为起点，通过由词、句到段、篇，由静态文本到多元媒介的梳理探究，不断丰富着学生的认知，锻炼着学生的思维能力和表达交流能力。

由王君老师这节大单元整合课，我们可以获得设计课堂活动的方法路径，即聚焦整合点，统筹单元内学习资源的个性和共性，构建单元要素与单元整体的关联，强化学习活动与学习任务的关联，编织语文实践活动之间的关联，从而让学生在参与和体验过程中建构意义，获得新知。

三、开发思辨场，实施学科育人

与其他学科相比，语文课的独当之任是引导学生“在真实的语言运用情境中，通过积极的语言实践，积累语言经验，体会语言文字的特点和运用规律，培养语言文字运用能力”[6]，并由此发展思维能力，激发审美创造。在学生的学习生活中，课堂就是重要的“真实语言运用情境”。在语文课堂中设置充足的分享、讨论、交流、表达活动，能让学习资源等外部信息作用于学生的内在言语经验，从而达到训练、提升语言文字运用能力的学科育人目标。

近年来，王君老师的课堂一直采用“话题式”样态，把学生放置在课堂中央，通过生本对话、师生对话以及学生与各种学习资源的对话来训练学生的语言运用能力，浸润学生的精神成长。

在“说明文语言的一千张面孔”一课中，王君老师设置了两个思辨场。课初，思辨表达的话题是“说明文的语言准确严谨，比如……；除了准确严谨，它还有更多的特点，比如……；我们小组授予×××的语言……奖”；

课末，思辨表达的话题是“绘画、动画、视频、音乐等现代艺术形式终将败于（打败）语言”。在这两个思辨场中，话题聚焦而开放，始于文本而落地现实生活，学生或深入阅读文本，或利用学习资源和学习支架，勾连生活经验，迁移运用课堂所学，确立观点，有中心、重理据地表达，语言运用能力极大提升，文化自信在潜移默化中形成。

当然，开发思辨场，鼓励学生围绕话题表达交流，对教师的引导、点拨、对话、评价等综合能力是较大的考验。而倡导大单元教学，本身就是对教师把握新课标理念和教材编排意图、独立解读文本、创新教学设计、开发教学资源等能力提升的呼唤和期待。如王君老师等语文名师和诸多教育专家在前方引领，我们且从体现大单元价值和追求的单元整合课做起，学习、借鉴、实践名家教学实施策略和路径，在语文课程改革之路上走一步，再走一步。

参考文献：

[1] 陆志平. 语文大单元教学的追求 [J]. 语文建设，2019. 6 上. 4—7.

[2] 李慧慧. 数字教学系统支持下指向深度学习的初中语文单元教学 [J]. 初中语文教与学，2023（11）.

[3] 叶圣陶. 叶圣陶语文教育论集 [M]. 北京：教育科学出版社，2015：152.

[4] [5] [6] 中华人民共和国教育部. 义务教育语文课程标准（2022 年版）[S]. 北京：北京师范大学出版社，2022.

[本文系 2023 年度河南省基础教育教学研究项目“指向核心素养的大单元教学实践研究”（立项编号：JCJYC2301100201）研究成果，有删节]

13. 大道之行　天下为公

——八下第六单元大单元整合课

执　　教：王　君
授课学生：湖北监利新教育实验学校八年级学生
课堂类型："思辨性阅读与表达"任务群教学
整　　理：孙秋备

第一部分　明确任务，课堂预热

（课前划分小组，确定小组长，明确小组积分竞赛的学习方式；了解学生的学习进度）

师：天下文本都是互联的，所有文本都可以打通。这节课，我们要把第六单元所有课文打通来学习。主要任务有三个：

【屏显】

辩论一桩江湖公案
开发一次隔空对话
创造一轮崇高致敬

师：我们先来做课堂准备活动。（屏显"马斯洛人类需求五层次理论"示意图）大家能看懂吧？（学生点头）

师：好，如果把个人换成国家，道理也差不多。一个国家要发展得好，也需要五个层次。首先，没有战争，做到安全创新；其次，要让老百姓有钱，做到财富创新；还要有制度创新、精神创新，最后做到文化创新。大致的意思就是这样，需要老师解释吗？不需要。好，请两位小组长起立，你们先带头参与第一个活动。如果要用一个数学符号来表示“个人发展”与“国家发展”的关系，你会用什么符号？大于号、小于号、等号，还是其他符号？说说你的理由。

生（画等号）：我觉得个人发展与国家发展是相等关系，可以用个人的思想高度带动国家的发展，也可以用国家的思想高度推进个人发展。

生（画小于号）：我认为国家发展是大于个人发展的。我认为我们应该以国家为重，以“大我”为重，做一个新时代优良青年。

师：这位同学道法学得好，发言很有高度哦。给两位同学各加 0.5 分，他们起到了很好的带头作用。

第二部分　任务一：辩论一桩江湖公案

师：前几年有一件事在网上吵得挺热闹。大家知道，《石壕吏》讲了一个小官吏抓壮丁的故事。大部分人读《石壕吏》，读出的是对战争的控诉、对老妇人的同情。大家都觉得故事好凄惨啊。有一个著名的教授，他在讲学时谈了对《石壕吏》的新理解。同学们来观看视频，两个小组确定正反方，然后对己方观点进行阐述。

【播放康震讲《石壕吏》的短视频。出示“正方观点：教授讲得有理”“反方观点：教授冷血糊涂”】

师：大家听懂了吗？教授的意思是，这位老妇人不痛苦，她大义凛然，为国献身。这个故事的背景是安史之乱，唐王朝需要征兵打仗，没人打仗怎么能平息叛乱？没有办法，所以老妇人毅然为国出力。现在，请正反两方根据自己对《石壕吏》的理解谈观点。虽然这首诗咱们还没有学过，但你可以在字里行间寻找证据。

生：我认为这位教授讲得有理。我们可以从三个角度分析老妇人的行为。首先，老妇人有两个儿子都为战争献身了，但她非常清楚，如果没有人去打仗，会有更多家庭像她的家庭一样；其次，我们学过《木兰诗》，我觉得老妇人和木兰一样，她的行为是“巾帼不让须眉”的另一种体现；最后，老翁是家里的主心骨，老妇人让老翁逃走，自己去战场服役，既为自己家庭着想，也是为更多家庭着想。所以，我认为教授讲得有理，老妇人为了家国，立场是坚定远大的。

师：他把木兰和老妇人放在一起比较。发言很有质量，加 1 分。请反方同学陈述观点。

生：我认为教授是冷血糊涂的。刚才对方辩手说老太太是自愿为国捐躯的，我认为老太太并不是心甘情愿的。大家看课文第二段，“吏呼一何怒，妇啼一何苦”，从“一何苦”可以看出老太太内心是非常不情愿的，她的两个儿子已经战死了，另一个也只是苟且活着。安史之乱是因为唐玄宗沉迷享乐造成的，老百姓不应该为这场战争买单。

师：对方辩手认为老太太与木兰是一样的，你同意吗？

生：我认为她们是不一样的。首先，木兰是自愿替父从军，而老太太不是自愿的；最后一段“夜久语声绝，如闻泣幽咽”，可见她的家人也是不希望她远征的；这是一个贫寒的家庭，老太太走了，老翁不一定能承担养家的重任，而木兰的家庭不一样。

师：老太太走了，家里人“泣幽咽”，一家人在哭啊，老太太走的时候应该也一直在哭。她的离家与木兰的离家是不一样的。这个演讲其实在江湖上搅起了很大风波，大家稍微查一查就能发现很多不同的视角和不同的观点。同学们也发现了，在这桩公案中，国家利益和个人利益产生了矛盾冲突。这首诗歌的背景是安史之乱，安史之乱给国家造成了灾难，国家的灾难造成了这一家人的灾难。杜甫的灾难也是因此而来，没有安史之乱就没有他的流离失所、没有他的茅屋被大风吹破。

【播放视频：安史之乱给唐王朝乃至整个中华民族造成的损害】

师：大家看，个人的命运、那个老妇人的命运，背后其实就是国运、国家的发展，国家不行了，个人的发展就没有了根基。所以，个人和国家比较起来，永远是国家为大。国家强大，才会有个人安全。不仅杜甫的诗歌在表现这个主题，我们读白居易的《卖炭翁》也可以看到这个方面。那时候没有战争，百姓为什么而苦？看课下注释一，做圈画。为什么那些太监可以明目张胆地抢老百姓的东西？因为当时国家有一个政策，叫作“宫市”。当国家制度落后的时候，受苦的就是老百姓。所以，一个国家的安全、制度、文化深刻地影响着这个国家的每一个家庭、每一个人的命运。诗人就是这样子的。同学们看手中的资料，各组派出一名你们朗读最好的同学，开始比拼朗读。

（两组各推荐一名同学朗读）

师：两位同学，要用你的朗读传递出战争降临、生灵涂炭、国家危难的时候，人的命运、人的情绪状态是怎样的。女同学来读李清照。你看，这个诗情画意的贵族女子，战争到来的时候，她得变成一个男人。好，请你朗读。

【屏显，学生朗读】

夏日绝句

李清照

生当作人杰，死亦为鬼雄。
至今思项羽，不肯过江东。

师：虽然这首诗慷慨激昂，但是我们也从中读出难过，因为女人不应该是这个样子的。

【屏显，学生朗读】

春望

杜甫

国破山河在，城春草木深。
感时花溅泪，恨别鸟惊心。
烽火连三月，家书抵万金。
白头搔更短，浑欲不胜簪。

师：最后一句处理得挺克制，很好。大家看下面这首诗，它写城市灾难。城市灾难的背后就是国家灾难。这首诗有点长，就从“淮左名都，竹西佳处”开始朗读。两组分别再派一名同学朗读。

【屏显，学生朗读】

扬州慢·淮左名都

姜夔

淳熙丙申至日，予过维扬。夜雪初霁，荠麦弥望。入其城，则四顾萧条，寒水自碧，暮色渐起，戍角悲吟。予怀怆然，感慨今昔，因自度此曲。千岩老人以为有“黍离”之悲也。

淮左名都，竹西佳处，解鞍少驻初程。
过春风十里，尽荠麦青青。
自胡马窥江去后，废池乔木，犹厌言兵。
渐黄昏，清角吹寒，都在空城。
杜郎俊赏，算而今、重到须惊。
纵豆蔻词工，青楼梦好，难赋深情。
二十四桥仍在，波心荡、冷月无声。
念桥边红药，年年知为谁生？

师：两个小组同学朗读得挺好。战争之下，人的境遇、人的心情就是这样的。那么当国家太平的时候，人们是怎样的状态呢？继续朗读。

【屏显，齐读】

早发白帝城

李白

朝辞白帝彩云间，千里江陵一日还。
两岸猿声啼不住，轻舟已过万重山。

师：再看这一首，杜甫不再是为几根茅草跟孩子生气时候的样子了，他特别高兴。

【屏显，齐读】

闻官军收河南河北

杜甫

剑外忽传收蓟北，初闻涕泪满衣裳。

却看妻子愁何在，漫卷诗书喜欲狂。
白日放歌须纵酒，青春作伴好还乡。
即从巴峡穿巫峡，便下襄阳向洛阳。

师： 如果想用朗读传递快乐，一是节奏要快，二是情绪要高昂。另一个组来朗读。

（学生朗读，读得很欢快）

师： 多好呀。只有国家好起来，人民才能好起来，《石壕吏》那样的悲剧才不会重演，白居易才不会担忧“宫市”之苦，他才会写这样轻盈、舒服、安静的诗歌。

【屏显，共读】

问刘十九

白居易

绿蚁新醅酒，红泥小火炉。
晚来天欲雪，能饮一杯无？

师： 只有在和平时代，才有这样的闲情逸致。你们这个小组再来读。（生读）没有“如闻泣幽咽”，而是你一杯，我一杯，我们共享人世的安宁与繁华。同学们，这就是国家安宁带给个人的心绪安宁。我们这个新时代有好多影视剧都在表现这个主题：国家强大，我们离家之后才能回家。

【播放《万里归途》宣传视频】

师：《万里归途》不是一个英雄故事，而是一个英雄国家和国家英雄的故事。所以，刚才判断“国家发展”和“个人发展”关系的两位同学，你们的选择意味深长。国家发展永远是我们个人发展的基础，没有国家富强就没有个人发展；如果个人繁荣富强了，国家的发展也会很顺畅。来，读一读这段话，做一点笔记。

【屏显，共读】

覆巢之下，岂有完卵
国若破，家必亡

没有黍离之悲，才有国家之定
只有家国安定，才有个人之运

师：国家好了，一切便都好了。国家好了会是怎样的状态呢？我们进入第二个阶段的学习。

第三部分　任务二：开发一次隔空对话

师：请大家针对下面这个话题进行小演讲。

【屏显】

如果孔子、陶渊明、李大钊相遇于天堂
孔子说：
陶渊明说：
李大钊说：
我们对他们中的任何一位说：

师：在中国历史上，仁人志士一直在想象着、创造着中华民族的美丽新世界。

【屏显《大道之行也》《桃花源记》原文】

师：《大道之行也》是以孔子为代表的儒家在几千年前对美好世界、美好国家的描摹。大家还没有学习这篇课文，不过没关系，你一读就知道这样的国家是多么好。一起读！

（生齐读《大道之行也》）

师：在遥远的中华民族的少年时代，这些智慧的人们就为我们描摹了一个好的国家、好的世界是什么样子的。很多年之后，东晋的陶渊明被战乱折磨得忍无可忍，被国家的昏庸腐败折磨得忍无可忍；于是，他选择退隐田园，他创造了一个“桃花源”，这也是一个美丽新世界。来，一起读读。

（生齐读《桃花源记》）

师：陶渊明特别清醒，他知道，“芳草鲜美，落英缤纷”的世界不容易得到，“土地平旷，屋舍俨然，有良田、美池、桑竹之属。阡陌交通，鸡犬相闻”的世界不容易得到，他更知道，来了客人，“余人各复延至其家，皆出酒食”的人情美好的世界没有办法得到。所以，在他的文章中所有人都找不到“桃花源”。这是他梦里的桃花源，是他在世上安身立命的灵魂之所。后来，有一个人叫李大钊，他也写了一篇文章，他的那个“桃花源”叫《青春》。他没有看到想要的国家，他就义了。他是共产党的创始人之一，他就义的时刻是中华民族寻找理想中的“桃花源”的高光时刻。

【播放李大钊就义时的视频片段】

师：李大钊在《青春》里描绘的新世界，是把孔子《大道之行也》和陶渊明《桃花源记》中最美好的信息融合在一起。他告诉那时的中国人，要成为什么样的中国人，要建立什么样的世界。

【播放《经典咏流传》中康辉、撒贝宁、朱广权、尼格买提传唱《青春》的视频片段】

师：同学们，你觉得春秋时代的孔子、魏晋时代的陶渊明听得懂李大钊的《青春》吗？我觉得他们是听得懂的。所以，我们要创造一次隔空对话。假如他们相遇了，他们可能说什么？或者，你会向他们说什么？

生：我想对陶渊明说，你们那个时代战乱频繁，统治黑暗残暴，这样的社会让你不得不隐逸避世，创造了“桃花源”这样美好的乌托邦。现在，很多人仍然向往着桃花源……

师：说得不太好。因为你没有把自己放进陶渊明美好的文字当中去，你没有想象他当年创造的美好世界与当下的世界有什么关系。你的发言还需要一个中心。

生：我是李大钊，我想对孔子说，你“创造”的那个“大同”世界、“大同”社会固然是十分美好的，但只有理想框架是不够的，总要有人付诸行动。只有行动，才能让先贤们创造的美好世界成为现实，这是造福后代的千秋功业。

师：亲爱的同学，你说得很好，我想给你提两个建议，第一，如果李大钊遇见孔子，他不会第一时间去批评孔子，孔子是万世先师，李大钊也是他的学生；第二，如果读过《论语》，你会知道孔子一生都在为实现他的“美丽新世界”努力行动。当然，他不可能拿着刀枪去战斗，他是用文化滋养当时的人们和后世的子孙。

生：老师，我不太同意您的理解。孔子所倡导的大同社会，是“君君臣臣父父子子”，是一种不平等的社会；而李大钊在新文化运动当中所倡导的是打破封建阶层、建立平等社会。所以，我觉得李大钊会不太同意孔子的思想。

师（面向全体同学）：怎么样？

（学生一齐鼓掌）

师：我从他身上看到李大钊《青春》当中所期待的少年的样子。你说得很对，孔子的儒家思想里面确实有一些糟粕，因为文化有传承，文化也在不断地自我成长、自我再生，所以，后人一定要超越孔子。如果没有超越，我们当今的时代不可能走到“文化创新”这个层次上来。

生：我想对李大钊说，首先，感谢您所作的贡献，当您面对死亡时，您宁可牺牲生命也要坚持信仰，这一点我们要向您学习；其次，您的《青春》给了我们很好的启示，作为新时代的青少年，我们要学习您勇担国家重任，勇于为国家作贡献的精神。

师：从语文的角度来说，你的发言还显得生硬，缺少有骨肉的分析。未来你还要努力。但你敢于在沉默的大多数当中举手，你做到了李大钊所说的“青春”。奖励你 1 分。

生：我认为李大钊会对陶渊明说——首先我很敬佩您，在当时那个社会环境下，您有不与世俗同流合污的精神，但在我看来，当国家昏暗、人民家破人亡的时候，我们要主动站起来，用自己的行动打破这样的状态，而不能拘于一个小的桃花源，我们要创造一个大的桃源世界。

师：我们学过周敦颐《爱莲说》，文中说到知识分子有三种价值取向、三种活法，一种是牡丹式活法，一种是菊花式活法，还有一种是莲花式活法。中国知识分子当中的筋骨和脊梁，他们都选择了周敦颐所提倡的莲花式活法，他们从来没有退到自己的“桃花源”里。但是，小伙子，你也要知道，魏晋时代跟我们的时代不一样，陶渊明以书生之躯，他能做的最决绝的反抗就是不当官，不同流合污。我们要理解当时的历史背景。

生：我对他们三个人都有话说。首先，我要对孔子说——您为了自己的理想和抱负，为了创造出大同社会，您游走各国，游说各个国君，但是他们都没有真正理解您，没有采纳您以民为本的政策。但是，您的努力没有白费，您的思想被后世代代相传，如今我们也在学习儒家思想。您的思想是我们中华民族兴旺之根本，我们会永远崇敬您。其次，我想对陶渊明说——我们现在的时代与您当年所处的时代不一样了，如今百姓没有徭役，生活安康幸福。再次，我想对李大钊说——您说共产主义的种子已经撒向中华大地，的确如此，您就义之后，中国在共产党的领导下站起来了，新中国走向团结民主、繁荣富强，如今我们的国家已经成为您所期待的那样，我们的少年也有青春之朝气，您的努力没有白费。最后，我还想对你们三位说——你们都是为了自己的理想而不懈追求的人，你们都为了实现自己的抱负而竭尽所能，你们都是伟大的人。如今，你们的理想已经在很大程度上实现。我们新时代的青年一定会传承你们的思想，为社会主义建设新时代和新生活而努力。

（全场响起热烈掌声）

师：他是班长吗？不是啊。天哪，他应该成为学生会主席。从他的发言中，我不仅看出他良好的语文素养、历史素养、政治素养，关键是我看到一颗热腾腾的心。这颗心是忠于祖国、热爱民族文化、热爱人民的。

师：同学们，这些仁人志士都在不同层面上为我们国家、我们民族的新世界勾画了蓝图，做出了努力。一个民族的文化传承、精神传递就是这样一代代完成的。我们再来诵读："大道之行也……"

（生齐诵《大道之行也》）

师：我们要告诉陶渊明，你的那个桃花源在我们当今社会已经很大程度上实现了。"土地平旷，屋舍俨然……"预备，读！

（生齐读《桃花源记》描绘的桃源之景）

第四部分　任务三：创造一轮崇高致敬

师：这个单元中出现了好多优秀的人物，他们都为中华民族的制度创新、思想创新、文化创新作出了杰出的贡献。请为他们或者更多的他们创作“感动中国”颁奖词。

（出示几则“感动中国”颁奖词）

师：每一年我们都要评选感动中国的人物，向他们隆重致敬。但是，孔子、庄子、惠子、陶渊明、韩愈、杜甫、白居易的时代，没有这样的国家荣誉。但他们对中华民族的贡献不可以被忘记。所以，希望同学们现场为他们创作颁奖词。

（学生创写三分钟）

生：我写给白居易的颁奖词——一支毛笔，一张宣纸，一个砚台，你为中华民族而奉献，为中华兴亡而捐躯，这是现实主义诗人的伟大。

师：白居易没有“捐躯”，他活得挺长的，而且老年还有些缺点。前两句写得挺好，他在用笔为生民呼喊。

生：我也写给白居易——一个为百姓思虑的壮士，一个一心为民的诗人，全心全意为人民着想。

师：你们俩有一个共同特点，你们写的这些话放在任何一个好官身上都可以，叫作“放之四海而皆准”，你们没有抓住白居易写《卖炭翁》时的那颗心。

生：我写给孔子的颁奖词——以思想铸造国家，以文采奠基儒家，在那个黑暗时代中，您拿着火把照亮了人民的心灵。

生：写给孔子——三千年前，百家争鸣之时，您带着弟子到各国游说，您的思想宛若一股清流，让人们接受了“大道”的洗礼。

生：我写给韩愈——冰雪漫漫，雪地上曲折的脚印，恰似您艰险的仕途；流芳百世，“唐宋八大家”是您永恒的名衔；身为文人，心忧家国，您用您的文思照亮国家的前程，在盛世今日，我以微薄的文字感谢您。

师：有没有同学写给惠子？大家要读懂庄惠之辩。庄子是浪漫主义的，像蝴蝶翩然起舞；而惠子是理性主义的，他的理性思维特别好。中华民族总的来说是偏向于浪漫主义的民族，是文科思维比较发达的民族。所以，惠子的思想是应该被重视的。

生：我写给陶渊明——采菊东篱下，悠然见南山。谦雅之气，非忘却国之糜烂，而以己之志冒于国之雄。庸俗之士，不尽其身，不成于世；尔独善其身，悠悠之意，隐于世俗而脱于世俗。(大意如此)

生：我想对惠子说——惠子，您是中华民族最早的富于逻辑思维的人，您用自己的理性之光照亮了民族的前程。惠子，我们感谢您。

师：同学们，王老师认为，《马说》是韩愈在青年时代的一次吐槽。韩愈的可贵之处在于，牢骚发完之后，他继续完善自我，终成一代文豪。所以，这些话可以算作王老师写给韩愈，写给坚定选择莲花式人生、身处淤泥却保持灵魂洁白的中国大知识分子。

【屏显，齐读】

> 他一吐槽，师道正，儒学弘，成百代之师，可谓立德；
> 他一吐槽，一介书生，独闯敌营，平定叛乱，可谓立功；
> 他一吐槽，文坛风清气正，文章千古，至情至性，可谓立言。
> 不戚戚于困境，不汲汲于小我。
> 自我塑造，奔跑不懈。
> 为天地立心，为生民立命，为往圣继绝学，为万世开太平。

师：所有优秀的知识分子都有一个共同的特点——为了自己的国家，为了国家的百姓，他们见自我、见天地、见众生，他们一生的修炼是仰不愧天，俯不愧人，内不愧心。所以，马斯洛的需求五层次理论，王老师觉得还不完善，我提出了我们青春语文的个体发展六层次——除了生理需求、安全需求、归属需求、尊重需求和自我实现需求之外，还有一种奉献的需要，感恩奉献的需要。

第五部分　课堂总结，打通学法和活法

师：我们进行了三个层面的学习，最后来做个总结。《大道之行也》中的大同社会就要实现了，陶渊明的“桃花源”、李大钊用生命换来的“青春”也正在变成现实。大国崛起，其实是中国人和中华民族的逍遥游。

【屏显，齐读】

北冥有鱼，其名为中华。中华之大，不知其几亿里也；化而为鸟，其名为鹏。鹏之背，不知其几亿里也；怒而飞，其翼若垂天之云。中华也，海运则将徙于南冥。南冥者，天池也……

师：因为中国人要让自己的国家更美好，所以才有了这漫长的向“南冥”进军的逍遥游。而这几千年，我们的成果是什么呢？最看得见的成果是这个。

【播放视频：1953 年到 2020 年中国 GDP 的增长及在世界的排名动态变化】

师：这是能看得见的“有良田、美池、桑竹之属”。如果仅仅停留于 GDP 的增长，那不算什么，关键是中华民族越来越厉害，我们追求的是既要保护生态又要发展经济。

【播放视频：中国发展战略】

师：英国、美国等大国的崛起，其实是以牺牲世界人民的福祉为代价的，而我们中国的大国崛起，不牺牲世界共同利益，我们有担当。所以说，一个国家的发展，还要有大国引领、大国的奉献创新。这，不仅是中国人的大同世界，还是全世界人民的大同世界；我们要建设的不仅是中国人的桃花源，还是全世界的桃花源。

【屏显本单元出现的古代先贤】

师：同学们，期待着有一天你也成为建设我们美丽新世界的其中一员。

【播放《少年中国说》朗诵视频，全体学生跟读】

师：同学们，大道之行，天下为公，要记住，有国家的发展，才有个

人的发展。希望课文中最精华的养料滋养我们，祝福大家在未来成为祖国的栋梁。下课！

课评

“思辨性阅读与表达”学习任务群课堂实践向度探索

——以王君“大道之行，天下为公”大单元整合课为例

（司艳平　松山湖清澜山学校）

《义务教育语文课程标准（2022年版）》（以下简称“新课标”）中，“思辨性阅读与表达”与“实用性阅读与交流”“文学阅读与创意表达”同在发展型学习任务群之列。打破文体界定，超越文体思维，发展型学习任务群体现核心素养的培塑以及育人功能的导向。

新时代背景下，青春语文正在探索，如果我们要教语文，就不能只教语文，而要经由语文引领学生思考成长大问题和社会大问题，植根新课程，践行任务群，实现育人化，王君老师已然是先行者。对“思辨性阅读与表达”学习任务群来说，如何在课堂中建构路径，如何分解“思辨性”，作用于学生呢？下面，笔者以“大道之行，天下为公”为例，探究青春语文在执行“思辨性阅读与表达”学习任务群层面的课堂实践向度。

一、空间开放，辨析立场

荣维东老师说：“教师要引导学生基于文本、扣住文本，而不是简单地凭感觉、习惯和已有套路去学习思考，不能放任那种不问是非对错的廉价的表扬，而要在保护学生好奇心、自信心、求知欲的同时，引导他们冷静思考、严谨求实、有理有据、谨慎判断。”打破常规套路，保护学生好奇心，激励学生自信表达，是为师者应当拥有的课堂意识。思辨力的培养基础在于提升学生的认知，让他们拥有更加开放的心态，倾听别人，反思自己。因此，设立民主、自由、舒展、辽阔的课堂场域至关重要。

（一）建框架

框架基于建筑概念，是指建筑工程中由梁、屋架和柱等联结而成的结构。对于语文课堂来说，框架是实施教学内容的架构与形式。新课标明确提出："义务教育语文课程内容主要以学习任务群组织和呈现，要围绕特定学习主题，确定具有内在逻辑关联的语文实践活动。"由此可见，学习任务群在于课堂形式的转化改变，在于课堂框架的重新定位。王君老师的这堂课在"思辨性阅读与表达"的总向度之下，设定三个子任务："辩论一桩江湖公案、开发一次隔空对话、创造一轮崇高致敬。"站位清晰，自主驱动，课堂伊始就将学生置身于活跃度极高的思想空间里。

"辩论、开发、创造"，子任务的设置可以运用表示行为状态的动词，且这些动词显性直接，便于操作，联通课堂行为与课堂心理，让学生在动态流动的学习场里探究、讨论、表达等。

（二）搭支架

王君老师特别擅长搭建课堂支架，既有宏观支架，又有微观支架。课堂一开始为学生提供高瞻的知识性支架，即马斯洛人类需求五层次理论：生理需求、安全需求、归属需求、尊重需求、自我实现需求，并且由个人延展到国家发展的五个层次：安全创新、财富创新、制度创新、精神创新、文化创新。宏观支架的初始建构不但让课堂凝心聚力，还让课堂从一开始就立得住，扎得深。

青春语文致力于将语文内外的资源均为我所用，文本资源、生活资源、视频资源等，跨越时空，古今联通，在万物融通中纵览万物，共情天地，源源不断地为学生搭建资源型支架。

在辩论一桩江湖公案的驱动任务中，播放康震教授讲《石壕吏》的视频，明确康震教授的观点是：当国家和民族遇到重大灾难的时候，我们的老百姓还是愿意挺身而出的。资源脚手架搭建完之后，结合学生对《石壕吏》的解读，出示辩论观点。正方观点："教授讲得有理。"反方观点："教授冷血糊涂。"有了资源型支架的助力，学生深度思考，细致分析，表达观点立场鲜明，有理有据，令人信服。大胆突破，勇敢创新，营造空间开放的思维格局，摒弃非黑即白的标准判断，学生的表达自然会具有立场感与辨析度，理性的思辨由此而来。

二、目标进阶，逻辑闭环

“思辨性阅读与表达”的核心是逻辑思辨能力、理性精神和反思品质。要想促使学生从文本材料与语言运用的经验中学会提炼总结，从日常学习和生活问题中学会反思改进，并引导他们逐步养成梳理观念、探究规律的能力，课堂任务流的推进要形成相应的逻辑闭环，避免漏洞与硬伤。逻辑推理、分析综合、评价鉴别是学生应当具备的认知技能，如何借力课堂逻辑训练学生的思辨技能，值得深入研磨。

1. 目标进阶。“思辨性阅读与表达”学习任务群虽然指向核心素养的整体发展，但目标设置的进阶性、逻辑性依然存在。从低阶思维的识记、理解、应用到高阶思维的分析、评价、创造，应一以贯之，梯度自显。该课例从理解国家发展与个人发展的关系，到代入情境、隔空对话的解释分析，再到创造写作，为先贤写颁奖词，努力去再现文本传递的信息。目标的进阶性在课堂实践中一一呈现，由易及难，由表及里，由浅及深，条理清晰，向度分明。

2. 圆形闭环。逻辑理性是中国传统文化中缺失的一角。新课标将“思辨性阅读与表达”设置为独立的学习任务群，是对“思维能力”这一核心素养的回应。作为学习任务群依托的载体，课堂出发点与落脚点的逻辑推进是重要一环。王君老师的许多课例以一条线贯穿，却能在不同的子任务里依照认知渐进的逻辑顺序将课堂从低谷推向高峰。本堂课的起在于“国家发展的五个层次”，是为一般规律；本堂课的落在于“中国发展战略——既极具雄心，也非常愿意担当国际责任，在于我们创造的不仅是中国人的大同世界，而且是全世界人民的大同世界；我们要建设的不仅是中国人的桃花源，而且是全世界的桃花源”，是为特殊个体。既前后呼应形成逻辑闭环，又升华点睛将课堂推至高境大境。这种课堂圆形闭环的逻辑呼应，值得借鉴学习。

三、话题任务，包容异见

余党绪在《祛魅与祛蔽》中指出："批判性思维不仅是一种高阶思维能力，它也理应成为现代公民的基本思维方式。""思辨性阅读与表达"学习任务群的设立正是对批判性思维教育的高度重视。质疑问难、独立鉴别、推断假设、辩论反思等方式应成为课堂常态，但是方式依托于课堂任务驱动以及议题话题等的设置。优秀的任务话题指向多元，破除零碎，统整思想，激活思维，使学生展示批判性思维的空间足够广阔。

设计课堂话题，语文课程最终的工具性落点是在输出的口头或书面的语言文字运用上，对于"思辨性阅读与表达"来说，能够设计宽泛且直抵核心素养的课堂话题对"有理有据、负责任地表达自己的观点"功效巨大。请看王老师的这个话题演讲设计："同学们，你觉得春秋时代的孔子、魏晋时代的陶渊明听得懂李大钊的《青春》吗？我觉得他们是听得懂的。所以，我们要创造一次隔空对话。假如他们相遇了，他们可能说什么？或者，你会向他们说什么？"

隔空代入，情绪高昂，学生的观点精彩纷呈，表达有力量。"老师，我不太同意您的理解。孔子所倡导的大同社会，是'君君臣臣父父子子'，是一种不平等的社会；而李大钊在新文化运动当中所倡导的是打破封建阶层、建立平等社会。所以，我觉得李大钊不太会同意孔子的思想。"话题的不设限带给学生真实珍贵的思维价值，理性思考的光辉闪耀在课堂之上，而充分包容异见，鼓励学生重证据地口头表达，将语感与语理结合起来，平衡发展，清晰展现自己的推理，对培养学生的批判性思维品质大有裨益。这堂课上，有学生对孔子说、对陶渊明说、对李大钊说，最后进行总结，该发言逻辑清晰，一气呵成，将课堂推向高潮，这就是"思辨表达"的高光时刻，这就是"深度参与"的理性火花。

综上所述，青春语文正在探索各种学习任务群的向度与路径，并且躬身课堂，勇于实践。人生万象是文本，突破时空看语文，在天高云阔的思辨场域里，培养理性思考者、自信表达者，夯实学生个体成长的基石，必然对国家可持续的正向发展产生积极影响。

参考文献：

［1］荣维东. 关于“思辨性阅读与表达”任务群的思辨性解读［J］. 语文建设，2023（01）.

［2］余党绪. 祛魅与祛蔽［M］. 北京：中国人民大学出版社，2016.

第四辑 整本书教学

王君老师说

我们要从循规蹈矩教语文走向放心放胆教语文。

我越来越相信：我们不仅仅要用“语文”的手段教语文，更要创造出更多的手段教语文。

我更相信：这个世界上所有的好东西，都和语文有关。在这个时代，所谓语文的手段，应该无限地被开发，被创造，应该走向无限的丰富。

我愿意做一个诚心实意的中介，把那些好东西，都介绍给我的语文。让我的语文，跟这个世界的联系，千丝万缕，千回百转……

语文，不是语文的归宿。万丈红尘，才是语文的归宿。

14. 简·爱和“简·爱们”

——《简·爱》之爱聊书课

执　　教：王　君

授课班级：武汉经开外国语学校八（8）班

课堂特点：以课堂为跳板 打通名著与生活

第一部分　导入新课，聚焦话题

师： 同学们好！今天我们要聊聊爱情。你们不要觉得不好意思啊，因为每个少男少女到某一个阶段都要面临这样一件大事情。这节课我会给大家推荐很多有关爱的书籍，你们在未来慢慢读。第一本叫《爱的艺术》，这是对王老师、对世界影响很大的一本书。第二本叫《梁永安的爱情课》，现在很火。梁永安作为大学教授，每天都在网上给人讲爱情。希望这节课之后，同学们更加会爱。我们这堂课叫作“简·爱和‘简·爱们’”，有三个任务。

【屏显】

初级挑战：聊聊简·爱

中级挑战：聊聊在简·爱背后

高级挑战：聊聊在简·爱之前

第二部分　初级挑战：聊聊简·爱

师：这个阶段有一个核心任务，做一个课堂小演讲。

【屏显】

简·爱，你是这样的女子：
生命诚可贵，爱情价更高。
若为________故，二者你皆抛。

师：我们的课堂演讲一般在 30 秒到 60 秒之内。这是我们的第一个话题。为了完成这个话题，我们接下来做热身活动。

热身活动一：抢答

【屏显】

罗切斯特和简·爱之间有遥远的距离
一个是男人，一个是________
一个是主人，一个是________
一个是贵族，一个是________
一个富可敌城，一个________
一个坐拥庄园，一个________
一个美女环绕，一个________
一个是社交圈的名流，一个是________
一个是呼风唤雨的精英，一个是________
一个在社会食物链的顶端，一个在________
……

（全班分成两组，小组抢答，老师根据发言情况评分并写在黑板上）

生：一个是呼风唤雨的精英，一个是出身贫寒的……

（生答不上来，有些着急）

师：一上来就选困难的，紧张了吧？这样，咱们从简单的开始抢答好吗？

生：一个是男人，一个是女人。

生：一个是主人，一个是仆从。

生：一个是贵族，一个是平民。

师：一个富可敌国，一个贫困潦倒。

生：一个坐拥庄园，一个清贫乐道。

师：清贫乐道？你以为她不想有个庄园？她也想有个庄园！功名利禄从来就不是什么坏事情。

生：一个美女环绕，一个洁身自好。

师：你以为她不想男人环绕着她，不想帅哥环绕着她呀！她也希望周围有好多帅哥呢！（生笑）不要一上来就进行道德评价啊，把她还原成一个真实的人。

生：一个在社会食物链的顶端，一个在爱情的基层。

师：一个在社会食物链的顶端，一个在社会食物链的什么？

生：（有些紧张）低端。

师：底端，不一定是低端。

生：一个是社交圈的名流，一个是朴素的修女。

师：简·爱什么时候当修女了？

生：简·爱在学校里面过着艰苦的生活，所以她的习惯像一个修女。

师：你是想说简·爱培养了修女的品质对不对？但她还想着结婚呢。（生大笑）再来！

生：一个是社交圈的名流，一个是拥有爱情的……

师：一个不玩社交圈，叫什么？

（生一时答不上来）

师：你们看，王老师一试探就把你们试出来了。书读了吗？读了。读得仔细吗？不仔细。深入不够啊！接下来你们的挑战会很多。答案不是唯一的，这种思维方法很重要！来，我们一起读一遍：

【屏显，共读】

罗切斯特和简·爱之间有遥远的距离

一个是男人，一个是女人；
一个是主人，一个是仆从；
一个是贵族，一个是平民；
一个富可敌国，一个不名一文；
一个坐拥庄园，一个身无片瓦；
一个美女环绕，一个孤苦无依；
一个是社交圈的名流，一个是为衣食拼搏的打工女；
一个是呼风唤雨的精英，一个是身份卑微的家庭教师；
一个在社会食物链的顶端，一个在社会食物链的底端。

热身活动二：经典片段观察

师：通过刚才的梳理，我们对这部名著有了初步了解。接下来我们进行第二个热身活动。

【屏显】

哪些细节透露出简·爱与罗切斯特虽然身份地位悬殊，但是他们的认知和格局都旗鼓相当？

（播放《简·爱》视频片段）

生：我看到这样一些细节，罗切斯特说她“并非生来如此严肃，而肯定是有所爱，也是爱笑的”，但她现在却“不爱笑了”，说明她的童年或者在她的人生经历中发生了许多不愉快的事情，而这些不愉快的事情是罗切斯特所能理解的。这说明罗切斯特也有相同的经历，所以他才能够感同身受。

师：她抓住一个“笑”字，窥探到了两个人背后的欲说还休的少年青年时代的故事。这是一个有效发言。

生：他们的对话很有意思。罗切斯特把自己的形象描述成一个“恶棍”，说自己是一个“堕落者”。而简·爱也是自嘲。所以他们之间的感情是可以融通的。这是第一点。第二点，他们在谈到自己的时候，都用的是谦辞，如“并不英俊”“并不漂亮”，这是他们真挚朴素的情感，也就是说他们对于人的容貌有共同的认知，价值观一样。

师：他们这个时候还在互相试探，还没有相爱。

生：我抓住的点是他们之间的主仆关系。罗切斯特认为简·爱是站在一个仆人的角度来跟他说话的。所以，他开始的态度是比较强硬的，是居高临下的，命令简·爱与他聊天。但简·爱认为他们两个都是自由的，是平等的，不接受罗切斯特用这种傲慢的态度来与她沟通。当简·爱向罗切斯特先生明确地提出了这一点后，他们的谈话是以一个平等的态度来进行的。

师：这是一段漂亮的发言，既有论据，又有观点的提炼和表达。

生：简·爱和罗切斯特虽然一个是站着一个是坐着，但从他们的言语中以及简·爱的眼神中，可以看出简·爱在追求平等对话。罗切斯特其实也很欣赏简·爱，他话语中有一些词语如“我羡慕你”“我认同你”，都可以体现出他们关系的平等。

师：大家看，这位同学抓得多好，一位站着，一位坐着，到最后通过谈话实现心灵和灵魂的平等。

师：很好。我们再做一个热身。请看屏幕。

热身活动三：经典片段赛读

【屏显罗切斯特与简·爱相互表白的视频】

师：这是经典片段，是他们最后捅破了那层玻璃纸互相倾诉爱情时的表达。每个组选一个罗切斯特和一个简·爱，看看谁的表白最能传递经典的力量。

（两个小组各推荐男女生一名。一男生朗读罗切斯特的台词，语调平淡；一女生朗读罗切斯特的表白，朗读中有意识地看向“简·爱”；一女生动情朗读简·爱的表白；一男生更富有激情地朗读简·爱的表白。老师分别评价赋分）

师：两组同学朗读得很好。现在进行这一阶段的核心任务。

【屏显】

初级挑战：课堂小演讲

简·爱，你是这样的女子：

生命诚可贵，爱情价更高。

若为______故，二者你皆抛。

师：这是裴多菲的一首诗。大家读过吧？王老师把它变了一下，需要在这里面填空，用一个词语表达你对简·爱的认识。这个词要有高度，要体现自己独到的理解。希望发言时间不要超过60秒。

生：简·爱，你是这样的女子：生命诚可贵，爱情价更高。若为诚信故，二者你皆抛。当简·爱发现罗切斯特已经是有妇之夫，她觉得罗切斯特对她的心不完全是真诚的，是不诚信的表现，于是毅然选择了离开，非常干脆利落。尊重自己，尊重自己的爱情，这就是简·爱诚信的表现。

师：对，她其实也要罗切斯特尊重自己的妻子。

生：简·爱，你是这样的女子：生命诚可贵，爱情价更高。若为尊严故，二者你皆抛。这是因为简·爱在与罗切斯特相处的时候，已经逾越了仆人和主人这样的关系，她在追求二者人格与尊严的平等，包括后来知道罗切斯特是一个有妇之夫，她选择了离开罗切斯特，而不是做罗切斯特的情妇。这是她对自己尊严的捍卫。后来在圣约翰提出结婚的时候，她也放弃了和他成为夫妻，她保卫了自己的尊严。

师：特别好！那边组再来一位同学，不要重复。

生：简·爱，你是这样的女子：生命诚可贵，爱情价更高。若为自由故，二者皆可抛。简·爱从小就在里德太太还有洛伍德学校的掌控之下，没有自由，如同笼中的鸟儿一样仰望碧蓝天空。但当她有自由的机会时，她可以斩断情思，离开罗切斯特。她不想被拘束在桑菲尔德这个庄园里，去当罗切斯特的情妇。她为了自由可以放弃自己的爱情，放弃荣华富贵而去露宿街头，甚至为了自由放弃自己的生命。

师：她所做的一切都要保证自己是一个自由的生命！很好，请坐。

生：简·爱，你是这样的女子：生命诚可贵，爱情价更高。若为平等故，二者你皆可抛。当罗切斯特认为她是一个仆人而用命令的语气跟她说话的时候，她立即出语反击，针锋相对。这说明简·爱是在向罗切斯特争取平等。她希望在平等的情况下和罗切斯特交流。

师：你的观点很好，在阐述观点的时候，还需要用文本中新鲜的细节来支持。

师：同学们，为什么《简·爱》那么动人？因为简·爱所处的时代其实也包括我们现在这个时代，整体来看都不是一个把女人当女人、把女人当人来看的时代。虽说我们现在很好，我们中国很好，但是你到非洲看一看，到印度那些偏僻地方去看一看，女孩子到现在依旧只是男人的附属品。她们是无我的状态，是不值得被爱的状态。

【屏显】

女性文学形象：相对稀少 惯性扭曲
走不出爱情的怪圈：痴妇 弃妇 厌妇
走不出暴力鬼神的怪圈：妖妇 悍妇
走不出青楼的怪圈：妓妇
走不出政治的怪圈：败妇

师：中国文学史跟现代文学史一样，优秀的女性形象非常少，而且惯性地扭曲。我们看到的女性形象多是痴妇、弃妇、怨妇、妖妇、悍妇、妓妇，还有就是败妇。女性就是以这种形象出现在世界文坛上的。但是简·爱这个年轻姑娘是以人间清醒的状态存在。她能够诊断爱情，选择爱情，她坚决拒绝成为男人的附庸。她拥有自我发现、自我成长的能力，最后她拥有和男人旗鼓相当的认知与才能，甚至财富，所以她终获幸福。简·爱在世界文学史上是一个开天辟地的女性形象。只要地球存在，只要文学存在，我们就永远读《简·爱》，永远呼唤简·爱。因为简·爱曾经达到的那个精神高度，现在我们很多女孩子都达不到。

第三部分　中级挑战：聊聊在简·爱背后

师：进入中级挑战。在简·爱的背后有很长很浓的阴影，好多好多的女孩子赶不上简·爱的幸福，她们的爱情失败了，人生失败了。

【屏显经典爱情故事的宣传片或主人公图片】

张爱玲《第一炉香》葛薇龙和乔琪乔的故事

玛格丽特·米切尔《乱世佳人》斯嘉丽和白瑞德的故事

鲁迅《伤逝》子君和涓生的故事

《生死劫》胭妮和木玉的故事

师：上课前我给同学们准备了一些资料。你们要根据这些资料在 60 秒到 90 秒之间把一个故事讲明白，这很不容易。请组长派两个特别会讲故事的同学上台。讲故事时要扣紧主人公，扣紧他们这段爱情的特点。

（四个同学分别上台讲述四个故事）

师：同学们的故事讲得很好。你们可以选择这四个女孩当中的任意一个，开始课堂小演讲。

【屏显】

亲爱的姐妹______，如果爱情可以重来，你一定要像简·爱……

生：亲爱的姐妹胭妮，如果爱情可以重来，你一定要像简·爱一样自爱。当你发现你爱的人，没有像你那么爱他的时候，你一定要清醒过来，你不要堕落进去。你不要因为他对你一点小小的恩惠而沉沦，你要像简·爱一样，当发现罗切斯特是一个有妇之夫时，毅然决然地选择离开。你要自信勇敢起来，你要相信爱你的人会循着光找到你，那些孽缘就随它去吧！

师：同学们，到现在还有好多好多的大学生被骗，研究生被骗，博士生被骗，因为男人抛一个媚眼，或者给她一个温暖的拥抱，或者一根棒棒糖就可以让一个缺爱的大学生全身心地交付，最后输得一败涂地，特别惨！讲得很好。

生：亲爱的姐妹葛薇龙，如果爱情可以重来，你一定要像简·爱一样不要在意男人的外表，不要在意那些荣华富贵的生活。虽然罗切斯特先生有财富，但是简·爱从来都没有贪图过他的财富。如果你能够像简·爱一样活得清醒一些，不去在意这些浮于表面的东西，追求精神层面的相知，你能够活得更好！

师：葛薇龙的堕落，首先是从她姑妈给她安排的一柜子绫罗绸缎开始的。女孩子们，记住一句话：上帝馈赠的所有礼物都已经暗中标好了价钱，最后你得用你的青春、生命和幸福去换。代价实在太大了啊！

生：亲爱的姐妹子君，如果爱情可以重来，你一定要像简·爱一样追求个性的解放，你虽然接受“五四”运动新思想的洗礼，但是在婚后，你依然沉沦了，甘心于相夫教子。如果可以重来，你一定要像简·爱一样，永远地追求平等，不要满足于只当一个家庭主妇。

师：你得调整一下，小姑娘。女性个性解放，子君和涓生在那个时代已经做得很好了。他们冲破重重阻力，终于结合了。他们的问题不在于没有冲破，不在于没有解放个性，他们的问题出在哪里？

生：没有坚持。

师：为什么她不能够坚持？

生：因为他们还没有完全接受这种新的思想，她还是被禁锢在一个……

师：你的同学想要帮你，让他说说。

生：子君认为自己达成了人生目标，从此就不再去奋斗。她放弃了自己的思想，也放弃了自己的学业。

师：她为什么要放弃？她想放弃吗？

生：她认为自己达成了人生目标，她不用再去奋斗了……

师：错了！她不想放弃。但是，他们没饭吃了，他们得饿肚子了。他们的个性很解放，但是没有谋生的力量。没有饭吃了，怎么谈恋爱，对吧？

生：亲爱的姐妹斯嘉丽，如果爱情可以重来，你一定要像简·爱一样爱得专注，不可朝秦暮楚。斯嘉丽的爱情一直飘忽不定，拿爱情当作筹码。她开始一直认为自己爱的是艾西里，直到最后，她才发现自己真正爱的人是白瑞德。所以她应该像简·爱一样，要认清楚自己所爱的人到底是谁，并且坚定爱下去。

师：说得特别好！同学们，有很多女孩子经历了半生的情天恨海，她都不知道谁是爱自己的，自己心里爱的是谁。一个女孩子要直面自己的内心，要认识自己是件很艰难的事情。斯嘉丽付出了惨痛的代价。同学们下去继续想想这个问题，为什么他们会失败，因为他们身上缺少像简·爱那样高贵的品质。

【屏显】

爱情诚可贵，(   ) 价更高。

若为________故，二者皆可抛。

师：抢答开始。

生：爱情诚可贵，生命价更高。若为独立故，二者皆可抛。

生：爱情诚可贵，清白价更高。若为虚荣故，二者皆可抛。

师：为什么说“若为虚荣故”呢？虚荣是个贬义词啊。

生：我是针对葛薇龙说的。她最后成为远近闻名的交际花，不再清白了。她从一开始就犯了这个错误，就是因为她爱慕虚荣。

师：是的，葛薇龙被虚荣所裹挟。你的意思很明确，但是把虚荣放在这个地方就不恰当了。虚荣的反义词是什么？

生：淡泊。

师：若为淡泊故，好像也不太恰当。虚荣的反义词是什么？

生：朴实。

师：若为朴实故，这个词稍微好一点，但还可以精准一些。这个地方只能够用一个褒义词，对不对？女孩子保持身体和心灵的纯洁非常重要，只有纯洁的人，她在人间行走的时候，才会无畏。你的想法很好，但没有理顺。

生：爱情诚可贵，初心价更高。若为自由故，二者皆可抛。

师：“初心”这个词用得很漂亮！葛薇龙是有初心的，她想在香港完成她的学业；胭妮是有初心的，她想成为一个不依靠奶奶的独立自主的女性；斯嘉丽是有初心的，她要守护她的家园，守护自己的幸福；子君和涓生是有初心的，他们想把个性解放坚持到底，但是他们没有那个能力啊！

【屏显，师生合作朗读】

亲爱的女孩儿，我们要像简·爱，不要因为原生家庭缺爱，就轻率地沦陷于一个男人的小关怀；

亲爱的女孩儿，我们要像简·爱，不要困于情窦初开，一生错付，永失我爱；

亲爱的女孩儿，我们要像简·爱，不要为了荣华富贵去爱，命运所给的礼物真的都早已标好了价钱；

亲爱的女孩儿，我们要像简·爱，不要让男人养活，我们必须得去赚钱，才不会在爱情中卑微错乱。

第四部分　高级挑战：聊聊在简·爱之前

【屏显】

当简·爱和伍尔夫、杨紫琼这样的姐妹相遇，

她也许会感叹……

【屏显，伍尔夫的简介和她批评《简·爱》的内容】

（播放杨紫琼在奥斯卡颁奖典礼上的发言视频，屏显杨紫琼简介）

生：当简·爱和伍尔夫、杨紫琼这样的姐妹相遇，她也许会感叹：你的眼界真开阔。因为杨紫琼已经超越了爱情这个范畴，她的心灵不断升华。她不在意外界的目光，而始终把自己的理想化为行动，不断地前进。相比之下，简·爱还是在追求爱情，所以她的眼界和格局小了些。

师（鼓掌）：原来有一种女性，爱情并不是她们人生的终极目标。说得特别好！

生：当简·爱和伍尔夫、杨紫琼这样的姐妹相遇，她也许会感叹：原来我不是孤身一人，我还有这样的好姐妹。伍尔夫、杨紫琼她们的思想都非常前卫，简·爱与她们相比稍微有些保守，但是她们都是追求平等、独立与自由的代表。遇到了伍尔夫、杨紫琼这样的姐妹，简·爱会觉得她不孤单。

师：简·爱不孤单，而且依旧为自己在那个时候能够活成这个样子而自豪。

生：当简·爱和伍尔夫、杨紫琼这样的姐妹相遇，她也许会感叹：哇，姐妹，你太潮了！因为无论在哪个时代哪个地区，对于女性压迫最重的都是来自传统的压力。而伍尔夫却是一个彻底的反传统者。杨紫琼也是一个

颠覆传统的人。在男性主宰的世界里，男人绝对是主角，女性一直被歧视。然而杨紫琼凭借天生的一股不服输的精神，硬是闯出一片新的天地，不得不让人赞叹。

师：你想要表达的就是她们不仅在思想上超越了自己的时代，超越了男性，女性甚至还可以在体能上把男性打败。

生：当简·爱和伍尔夫、杨紫琼这样的姐妹相遇，她也许会感叹她们才是真正的强大。简·爱最后捍卫了她的尊严，和罗切特斯处于男女平等的地位。而伍尔夫和杨紫琼呢，她们的力量已经超越了男性，她们在那样一个男权社会背景之下，能够做到超越男性的强大，实属不易。从这点看来，她们要比简·爱强大。

师：我给你补充一句，虽然说她们在体能上、智慧上超越了男性，但是她们并没有压迫男性。大家课后查查资料，伍尔夫获得世界上最珍贵的爱情，她的老公真的太伟大了。而杨紫琼身边也有最爱她的人。有一种能量叫作“不是因为我强大，我要压迫你；而是因为我很强大，所以我更懂得爱你”。（生鼓掌）

生：当简·爱和伍尔夫、杨紫琼这样的姐妹相遇，她也许会感叹：不忘初心，砥砺前行。简·爱和伍尔夫、杨紫琼虽然身处不同的时代，但她们初心不变。她们为了争取女性自由独立，用自己的行动、自己的奋斗去践行，去影响更多的人，让她们像自己一样去争取独立，这是不忘初心。而且时代在发展，所处的环境就会不同。她们奋斗的方式也在发生改变，越来越好，越来越开阔，向更高的地方去攀登，去奋斗！所以我想用一句话“不忘初心，砥砺前行”来表示感叹。

（全场掌声）

师：我严格要求自己不要再说一句话了，因为你这段话作为我们今天这一轮演讲的总结，既有高度又有深度，而且还有政治高度和政治深度。

【屏显】

致敬伍尔夫、杨紫琼们：

（　　）诚可贵，（　　）价更高。

若为________故，（　　）皆可抛。

师：女性的自我成长之路其实是没有止境的，不同的时代会有不同的追求。小姑娘们，你们正在成长，当你们成长为这个世界的中坚力量、中坚之女性的时候，你们会是什么样子呢？我不知道，但一定是比简·爱，比伍尔夫、杨紫琼她们更美好。所以你们下课后想一想，如果要让你把这首诗完整地重新创作，你们应该怎么做？这是我们的课后作业。

师：最后提一个问题，只需要男同学回答：我们这堂课讲的是女性的爱情选择，在座这么多的男同学是不是进错了课堂？抢答！

生（生小跑到黑板前）：通过这节课，我发现女性爱情的核心有两个要素，一个叫作认知，另一个叫作勇气。（生板书"认知""勇气"）简·爱她有平等的认知，让她有勇气离开罗切斯特，去追求美好。杨紫琼也是。子君虽然也有认知，却丧失了勇气，不能去行动。明朝的思想家王守仁的核心思想是"知行合一致良知"，"知"就是认知，"行"就是勇气，"良知"指的是内心的愿望。知行合一就能达到自己的良知，让自己变得更美好。在这个过程中不断地让自己的内心更加强大，更能面对困难。所以这节课，不仅是讲爱情的选择，更是讲我们如何为人处世，如何磨炼自己的心灵，从而让所有的人——不仅是女性也是男性都能更好地生活和追求理想！

（全场鼓掌）

师：我现在终于知道你们的语文老师、你们的班主任有多么的伟大了！我终于知道咱们的学校有多么的伟大了！因为他们培养出了真正独立思考的学生，他们培养出了博览群书的学生，他们培养出了向先贤致敬的学生，他们还培养出了能够把所学变成自己生命青春成长养料的学生。

（推荐《泰坦尼克号》《那年花开月正圆》《鸡毛飞上天》《我的前半生》《胭脂扣》《一个陌生女人的来信》《走出非洲》等影视剧）

师：同学们，爱情对男孩女孩的成长都意义重大。所以这些影视剧推荐给你们。祝愿同学们，祝愿所有的女孩和所有的男孩在未来都像简·爱，用爱与智慧去培育旗鼓相当的另一半，创造出刻骨铭心的美好爱情，拥有属于你们每一个人的幸福人生！下课！

（全场经久不息的掌声）

丰富学科意义　赋能学生生命

——研习王君老师聊书课“简·爱和‘简爱们’”

（郑　丹　安徽省安庆市怀宁县振宁初级中学）

《义务教育语文课程标准（2022年版）》的重要变化在于从知识本位走向素养本位，这是语文课程对高速发展的信息时代的及时应答。在知识的获取变得极为便捷的当下，培养学生面向未来的价值观、必备品格和关键能力成为语文教学的必然追求。多文本形式、多渠道输入悄然改变着学生的阅读方式。与之相适应的，是语文教师的教学理念、教学方式也得顺势而变，不能因循守旧。王君老师敏感于时代的变化，她主张的“青春语文”致力于“打通教法和活法”，以语文的方式教给学生“幸福生活之道”，开辟一条与时代需求和学生需求相适应的道路，为广大教师提供了范例。下面以她的聊书课“简·爱和‘简爱们’”为例进行研习。

一、赋予经典活力，赋能学生生命

一个人的阅读史就是他的精神发育史。王君老师认为每个人的语文探索之路都是自我疗愈之路。为此，她提出“青春语文意义疗法”。青春语文意义疗法脱胎于美籍德国心理学家弗兰克尔所倡导的意义疗法。他的特点是引导就诊者寻找和发现生命的意义，树立明确的生活目标，以积极向上的态度来面对和驾驭生活。[1]青春语文意义疗法旨在把语文教学变为语文教育，把语文和现代心理学、哲学等更多的和心灵有关的科学结合起来，让经典文本焕发青春活力，拥有疗愈功能。让语文课不仅提升学生的语文素养，更能提升他们的心灵素养。让语文教学巧妙地为学生拥有幸福的人生赋能。这是王君老师基于时代特点和经典文本特点赋予语文学科更丰富的内涵。

后现代社会，比知识更重要的是心灵的强健和精神的丰盈，是在任何境遇中保持自身完整的能力。经典的开放性，召唤着不同时代的人们赋予不同的意义。“所谓重要的不是作品解释的年代，而是解释作品的年代”。[2]也只有这样，才能赋予经典以无穷的活力，才能发挥经典的育人价值。青春语文善于开掘文本的当代意义，赋予经典当代气息，让经典作品与学生同频共振，从而巧妙实现语文疗愈功能，实现立德树人的目标。

《简·爱》是带有自传性质的小说，描写孤女简·爱的成长历程。王君老师敏锐地抓住她在面对爱情时表现的独立、自由、平等的精神特质，以此作为整本书的教学原点，引导学生学会爱。这是非常精准的。第一，简·爱的形象矫正了文学史上女性作为附庸地位的扭曲形象，恢复了女性应有的独立姿态。第二，现实生活中，常常发生女性因为不会爱而在爱情中迷失自己的悲剧，包括高知女性。爱情是人类社会美好的情感，学会爱是拥有幸福人生的重要能力，尤其对于女性。第三，初中学生情窦初开，对爱情有着朦胧的向往，急需引导。王君老师既从文学史的高度审视文本地位，又从现实的需求挖掘文本价值，找到《简·爱》和学生心灵遇合的最佳悸动点，激发经典作品的活力，赋能学生幸福生活。

书籍是意义之海，阅读者带着自己的阅历去寻觅和遇见。语文教师作为阅读的先行者，要像王君老师这样带着对学生的现实需求自觉从经典作品中寻觅青春因子，将之复活和培植，滋养当代学生的心灵。打通经典和现实，赋予经典时代活力；打通读法和活法，赋予学生生命能量。这是青春语文意义疗法的语文担当。

二、融通学习资源，编织意义之网

新课标明确提出：“要从核心素养形成和发展的内在规律出发，紧密结合语文教材内容，选择有利于组织和实施综合性实践活动的优质资源，构建开放多元的教学资源体系。”教学资源从学生角度来说就是学习资源。对我们的启示有三：学习资源的开发要基于学生身心发展规律；学习资源具有开放性、多元性；学习资源有一个选择、开发、优化、融通的过程。构建丰富的学习资源是信息时代的必然要求，也是学生面对的“真实问题情境”。青春语文实现“打通读法和活法”的重要途径就是开发丰富的学习资源，以开阔的视野将经典里的核心信息、与之相关的社会热点和学生心灵悸动点深度融合在一起，让它们巧妙呼应，相互映衬。

王君老师总能随心驱遣各种学习资源，为学习主题服务，从而提升学生生命智慧。《简·爱》这堂课，学习资源内容丰富，如简·爱和罗切斯特的对话，《爱的艺术》《梁永安的爱情课》《第一炉香》《乱世佳人》《伤逝》《生死劫》，世界文豪伍尔夫的简介及其对《简·爱》的评价，奥斯卡影后杨紫琼的获奖感言及简介，以及其他与爱情有关的电影、电视剧，王君老师将经典文本掰开、揉碎、嵌入不同时空，让经典阅读和现实生活无缝对接，从而激活经典，开拓学生视域。学习资源的形式也十分多样，如文字、短视频、图片等。基于经典又不囿于经典，由经典这一起跳点跳到更广阔的书籍天空和更广袤的生活天空，一方面以丰富的精神资源氤氲学生，另一方面也为学生未来阅读和生活提供支持。这是青春语文整本书跳板型文本的追求，更是青春语文的终极目的。

如此丰富的学习资源，如何架构，挑战着老师的智慧。王君老师双线并行。明线是三级挑战：聊聊简·爱，着力于主人公在爱情中表现出来的精神特质；聊聊在简·爱背后，以简·爱的精神特质去观照文学作品中其他深陷爱情中的女性做法，反衬简·爱的精神特质；聊聊在简·爱之前，以简·爱的精神特质呼应现实生活中的伟大女性，从更高层面映衬简·爱的精神特质。课堂架构简洁，层层递进。暗线是对爱情的理解。改造裴多菲的名句，以不同的形式嵌进三个挑战阶段，让学生或直接填空或对填空内容进行阐释，完成对爱情的深度理解。在明线和暗线的交织中，穿插不同的学习资源，从而编织成一张紧密丰实的意义之网。

语文即生活，滚滚红尘就是取之不尽用之不竭的资源库。如果我们也像王君老师这样，不给语文设限，不给自己设限，语文的课堂必将汪洋恣肆，充满青春活力。

三、创新语文活动，唤醒生命体验

青春语文主张经由语言文字探索幸福生活之道，也就是说青春语文遵循语文学习的规律，创设丰富的语文活动，运用学习语文的方法，训练学生听说读写能力。只不过青春语文的方式更灵活、更易激发学生的参与热情，更能唤醒学生生命体验。

带着任务听。听的能力关乎学生专注的学习品质。当下兴起的短视频集画面、声音于一体，丰富了听的形式，成为人们获取信息的重要媒介，但同时也给人们带来了迷恋新鲜刺激而忘却思考和注意力下降的弊端。王君老师扬长避短，在播放视频前布置任务，让学生带着任务有思考、有选择地听，教会学生从丰富的信息媒介里提取信息，既提升了学生的专注力，又提升了学生的信息素养。这是青春语文关注当下，致力于培养学生面向未来的表现之一。

富有感情读。王君老师说过，“朗读是最俭省的教学方法”[3]。朗读是学生理解文本的一种方式，也是学生传达自己理解的一种形式。王君老师选择简·爱和罗切斯特的经典对白，让男女生对读，通过小组竞赛的方式不断激励学生朗读。在一次次朗读中，学生不仅用声音传达出简·爱对独立、平等爱情的渴望，还能主动配以肢体语言给阅读锦上添花。王君老师总能找到与文本相契合的朗读形式，让学生直接与经典文本对话，用声音触摸人物的心灵。

变换形式讲。深度学习主张教师将教学内容变成学习材料，让学生经历知识的发生过程。王老师更进一步，让学生自己对提供的材料再一次加工转化。如《第一炉香》《乱世佳人》《伤逝》《生死劫》的主要内容，常见的教学方式是直接呈现简介内容，但王老师要求学生根据老师提供的几千字资料在60秒到90秒内讲完，必须紧扣爱情。这是更高层次地训练学生的复述能力，需要学生积累语言、构思文脉、淬炼信息，对文本进行二次开发，从而增强学生的语言表达能力。

有理有据说。这里的说不是一般意义的说话，是演讲，是学生在一分钟之内针对某个问题有理有据地完整发表自己的观点，是另一种形式的写，是在经历高阶思维活动基础上的语言表达。这个一分钟演讲是王君老师的独创。学生在综合所有文本信息基础上调动自己的生命体验进行的言说，是经历由外到内再由内到外的不可遏制的生命涌现。本节课王老师设置了三次演讲，每次演讲前都要进行几个热身活动。热身活动实际上就是通过不同形式的文本引导学生采取不同方式阅读，点燃学生思维，为演讲做铺垫。三个演讲话题螺旋前进，不断升级，牵引出学生心灵深处的声音。王君老师的课堂上，不管什么程度、什么状态的学生，最后都愿意说、喜欢说，都说得精彩、说得动情，就像本节课最后，学生飞奔到讲台，从本课的内容谈到王守仁的思想核心，再谈到当代我们每个人怎样更好地生活，将自我与经典、时代水乳交融，完美实现青春语文打通教法和活法的追求。

王君老师打通了学习资源的形式和语文学习的方式，创新了学生活动方式，在听说读写中培养了学生面向未来的关键能力，唤醒了学生的生命体验。

生活有多广阔，语文就有多广阔。青春语文自诞生以来，就以滚滚红尘为文本，以学生的心灵幸福为使命，与时代紧密相依，与生活同声相应，与课标遥相呼应。青春语文不断挣脱束缚、冲破羁绊、撞开闭塞，不断丰富学科意义和生命意义，让核心素养和心灵素养相得益彰，让人文关怀和文本关怀双剑合璧，从而开创出语文教学的大格局与大气象。

参考文献：

[1] 维克多·弗兰克尔. 活出生命的意义［M］吕娜，译. 北京：华夏出版社，2018.

[2] 吴晓东. 从卡夫卡到昆德拉［M］北京：生活·读书·新知三联书店，2017.

[3] 王君. 王君语文创新教学十一讲［M］武汉：长江文艺出版社，2020.

［注：本文系安徽省2021年立项课题“指向深度学习的初中整本书阅读课程建设研究”（课题编号：JK21011）研究成果］

15. 祥子财商辨

——《骆驼祥子》聊书课（一）

执　　教：王　君

授课学生：广东清澜山学校七年级全体学生

上课课型：诵读型文本+主题型文本

整　　理：山东省烟台第十三中学　郝晓琳

师：同学们好。这节课我们聊的话题是“祥子的财商”。选这个话题，是因为在同学们做读书汇报时，我听到好几个同学都在假设：如果祥子生活在我们这个时代，他的命运会是怎样的？这样的思考很珍贵。我是这样想的，如果在当代，祥子堕落的可能性不大，因为社会给了勤奋的劳动者安居乐业的条件，不像祥子生活的那个军阀混战的时代，基本的人身安全和财产安全都没有保障。但如果我们再往深处想，就算是在当代，祥子的事业会不会发展得很好呢？这是个复杂的问题，我们需要对祥子的人格特质做细致分析。

【屏显相关图片，生谈对图片的理解】

生：“啃老族”就是长大成人了，自己也不能养活自己，得靠老人的钱来养活自己。

生：“月光族”就是每个月都把钱花得干干净净的，一分都不剩。

生：“买买买”指“双十一”的时候控制不了地买东西，传说中的“剁手党”。

生：“网贷消费”指有些人没钱了，不走正常的贷款通道，而是到网上贷款来花，听说网贷有很多坑，利息非常高。

师：对。这张图片上（图片略）的学生被校园贷款套死了，走投无路。还有的女学生用裸贷的方式贷款消费，最后被逼上绝路。这些现象都和人的“财商”有关。我们都知道，一个人要获得成功，一般来说，智商、情商很重要。但现在我们研究的是——财商。

什么是财商呢？

【屏显相关“财商”图片】

师：财商就是金融智商，是一个人认识金钱和驾驭金钱的能力。说得再通俗一点，就是一个人如何看待钱，如何挣钱，如何管钱，如何花钱，如何让钱生钱……这是非常重要的素养和能力。我们读《骆驼祥子》，如果从这个方面切入，也会有很多启示。今天咱们主要聊三个层次——

【屏显】

初聊：祥子的财商很低！

再聊：祥子的财商真的一直都很低吗？

深聊：祥子的财商到底出了什么问题？

初聊：祥子的财商很低！

师：有同学觉得祥子的财商很低。这种看法可以理解，祥子的人生失败了，而失败的表现之一，就是他的“财商”全面失守，全面崩溃。我们接着来读，你可以看到堕落之后祥子的金钱观。

【屏显】

今天快活一天吧，明天就死！管什么冬天不冬天呢！不幸，到了冬天，自己还活着，那就再说吧。

慢慢的，不但是衣服，什么他也想卖，凡是暂时不用的东西都马上出手。

现在，怎能占点便宜，他就怎办。他也学会跟朋友们借钱，借了还是不想还；逼急了他可以耍无赖。

一来二去，他连一个铜子也借不出了，他开始去骗钱花。

在天桥倒在血迹中的阮明，在祥子心中活着，在他腰间的一些钞票中活着。他并不后悔，只是怕，怕那个无处无时不紧跟着他的鬼。

骗钱，他已做惯；出卖人命，这是头一遭。

（展示重点语段、语句，指导学生用沉痛的语气朗读）

师：同学们看，祥子现在的这种状态，几乎可以算财商为零了。他对钱是什么态度呢？

生：不存钱，做一天和尚撞一天钟，对生活一点激情都没有。

生：不是光明正大地挣钱，他能骗就骗、能混就混。

生：他甚至可以出卖良心、出卖朋友挣钱。

师：堕落之后的祥子已经完全对自己失控了，他变成了行尸走肉。身体垮了，精神垮了，一切全垮了。对金钱的态度，其实最可以折射出一个人的生命状态。

【屏显】

堕落之后的祥子

没有道德底线地挣钱

没有价值底线地花钱

再聊：祥子的财商真的一直都很低吗？

师：今天我们主要聊第二个层次。

【屏显】

再聊：祥子的财商真的一直都很低吗？

师：同学们，整本书阅读的小专题研讨，用的最重要的方法就是“同类信息整合”。我们把和祥子财商相关的信息整合分类分析，一般就能发现一些信息。这种操作方法的困难在于这些相关信息往往散落在整本书的不同章节，需要我们在初读的基础上重读，有意识地去梳理归类。一旦开始了梳理归类的工作，我们的研究就开始了。下面的信息也是同学们发现并梳理的，我们主要还是用朗读的方式去体会。

师：我们先读祥子的“初心”及他的人生计划。

【屏显】

他只要有一百块钱，就能弄一辆车。

猛然一想，一天要是能剩一角的话，一百元就是一千天，一千天！

把一千天堆到一块，他几乎算不过来这该有多么远。

但是，他下了决心，一千天，一万天也好，他得买车！

他不吃烟，不喝酒，不赌钱，没有任何嗜好，没有家庭的累赘，只要他自己肯咬牙，事儿就没有个不成。他对自己起下了誓，一年半的工夫，他——祥子——非打成自己的车不可！

（指导学生朗读，读好“下定决心”“下了誓”“非打成”，读好三个“不”，两个“没有”，用语气、语调充分表达祥子的坚定自信）

师：我们再感受一下祥子买了第一辆车之后的状态。

【屏显】

祥子的脸通红，手哆嗦着，拍出九十六块钱来：“我要这辆车！”

祥子的手哆嗦得更厉害了，揣起保单，拉起车，几乎要哭出来了。

（教师指导学生表演性朗读，体会“哆嗦”“拍”“哭出来”的神态、动作）

师：这段心理描写更精彩，更让人感动。

【屏显】

一滴汗，两滴汗，不知道多少万滴汗，才挣出那辆车。

从风里雨里的咬牙，从饭里茶里的自苦，才赚出那辆车。

那辆车是他的一切挣扎与困苦的总结果与报酬，像身经百战的武士的一颗徽章。

（教师指导学生朗读，重点读好“一”“两”“万”“才”，两个“从”及“一切”，读出祥子的千辛万苦，荣耀幸福）

师：买上车之后，我们再来看祥子对“这笔财产”的想法。

【屏显】

自从有了这辆车，他的生活过得越来越起劲了。

拉包月也好，拉散座也好，他天天用不着为“车份儿”着急，拉多少钱全是自己的。心里舒服，对人就更和气，买卖也就更顺心。

拉了半年，他的希望更大了：照这样下去，干上二年，至多二年，他就又可以买辆车，一辆，两辆……他也可以开车厂子了！

（指导学生朗读，重点读好“他的希望更大了”的“更”）

师：祥子后来失去了自己的车，被迫和虎妞结婚后，曾经因为钱和虎妞发生争吵。在堕落之前，祥子一直是一个比较温和的人，很少说狠话。但他和虎妞关于钱的争吵，却“狠”得厉害，从这些吵架中我们是很能看出祥子的金钱观的。

【屏显】

“是不是？我就知道你要问这个嘛！你不是娶媳妇呢，是娶那点钱，对不对？”

祥子像被一口风噎住，往下连咽了好几口气。刘老头子，和人和厂的车夫，都以为他是贪财，才勾搭上虎妞；现在，她自己这么说出来了！自己的车，自己的钱，无缘无故的丢掉，而今被压在老婆的几块钱底下；吃饭都得顺脊梁骨下去！他恨不能双手掐住她的脖子，掐！掐！掐！一直到她翻了白眼！把一切都掐死，而后自己抹了脖子。他们不是人，得死；他自己不是人，也死；大家不用想活着！

（组织分角色朗读，读出祥子“得死”“不用想活着”的歇斯底里的痛苦和疯狂）

师：关于回不回去依靠虎妞爸的讨论，大家读一读。

【屏显】

“我不能闲着！”

“你不会找老头子去？”

"不去!"

"真豪横!"

"老头要咱们,我也还得去拉车!"祥子愿把话说到了家。

(组织分角色朗读,特别是最后一句,一定要让学生读出丝毫不打折扣的坚定)

师:祥子是穷人,一分钱、一分钱地挣,一口好茶都舍不得喝,但他也有很大方的时候。

【屏显】

听到老车夫说肚子里空,他猛的跑出去,飞也似又跑回来,手里用块白菜叶儿托着十个羊肉馅的包子。一直送到老者的眼前,说了声:吃吧!然后,坐在原位,低下头去,仿佛非常疲倦。

(指导学生读出祥子发自内心的真诚热情)

师:大家读得尽兴吧。这就是老舍的语言,有着浓浓的京城的烟火气息,人物的形象和人物的精神状态被描绘得非常到位。读完后,请来谈谈你对祥子财商的认识。

生:我觉得祥子挺可敬的,他挣钱,根本没有一丝一毫占小便宜的心理,他希望通过劳动来养活自己,获得尊严。

生:刘四爷是他岳父,虎妞是想依靠父亲的,但是祥子骨头很硬,他觉得就算刘四爷认他们,他也还得拉车,他不啃老。

生:祥子在用钱上很有计划,他一分一分地挣,一分一分地存,一点儿都不浪费。

生:祥子也还有远期计划,他也想把自己的拉车当事业来做,想做大。

生:最打动我的是,祥子是以拉车养活自己为荣的。他有了一辆车之后显得特别兴奋和自豪,特别真诚。

生:祥子虽然节约,但并不吝啬,他非常善良,愿意帮助比自己更穷的人,很有同情心。

生:最让我感动的是当虎妞说他吃软饭之后,祥子的心理反抗特别强烈，他甚至诅咒她死。不靠女人，不吃软饭，是他的底线。

师：所以，我们不能只凭感觉。如果进入老舍的文字深处，我们是能够感受到祥子的金钱观是非常正的！就像陶行知所说：滴自己的血，流自己的汗，自己的事情自己干，靠天靠地靠老子，不算是好汉！祥子骨头硬着呢！

【屏显】

硬：追求经济独立

正：信仰艰苦奋斗

韧：坚信滴水穿石

善：坚持善良仁义

远：心中常念未来

深聊：祥子的财商到底出了什么问题？

师：你看，从这些角度来看，祥子的财商本身并不低，他甚至是一个很令人佩服的小伙子。但是，为什么他最后还是失败了呢？当时的社会大环境确实是一个关键因素，黑暗的社会没有能力保护优秀的劳动者。但除了社会的原因，他自己有没有问题呢？答案肯定还是在书中，我们继续朗读，继续利用“同类信息整合法”来寻找小说中的相关信息。

另外，有一个重要的办法就是比较，把他和他周围的各种人进行比较。我们研究一下，关于钱的问题，祥子还和周围哪些人发生过交集？

生：刘四爷。

生：方妈。

生：张太太。

师：刘四爷特别有意思。有一个细节我推荐给大家，我读的时候，觉得老舍写得非常好，可以作为这个阶段我们聊的一个切入点。祥子丢了第一辆车后，他把卖骆驼的钱存在了刘四爷那里。我们读一读他和刘四爷的对话。

【屏显】

“怎么办呢？”老头子指着那些钱说。

“听你的！”

“再买辆车?”老头子又露出虎牙，似乎是说：“自己买上车，还白住我的地方?!”

“不够！买就得买新的!”祥子没看刘四爷的牙，只顾得看自己的心。

“借给你？一分利，别人借是二分五!”

祥子摇了摇头。

“跟车铺打印子，还不如给我一分利呢!”

“我也不打印子，”祥子出着神说，“我慢慢地省，够了数，现钱买现货!”

师：我们先不看刘四爷的表现。看到这个地方，你怎么评价祥子？

生：祥子对买车非常坚定，我挺佩服他的。

生：祥子坚决要买新车，是不是有点儿太倔强了？他也可以先买个旧车嘛，就像现在的年轻人，没有钱的时候先买便宜的车子和小房子。

生：我觉得祥子不愿意借人家的钱买车，他挺有骨气的。

师：他为什么“出神”呢？

生：他应该是在憧憬以后买上车的日子吧。

生：他有执念。

师：这个词语很“现代”。大家都看到了祥子的优点。但刘四爷可不这样想。我们看看老舍是怎么写的。

【屏显】

老头子看着祥子，好像是看着个什么奇怪的字似的，可恶，而没法儿生气。

（指导朗读，重点读最后部分）

师：大家注意刘四爷的感觉，一方面他觉得祥子很奇怪，一方面又觉得没办法生气。老舍这句话写得意味深长。你们猜他在心里是怎么评价祥子的？他可能想——

生：真是个傻子，除了省钱，啥都不会。

生：早点儿买上车，难道不好吗？像你这样省钱，得省到猴年马月啊。

生：这孩子倒挺实在，但真的不聪明。

生：你再不及时买，车会涨价的！我借给你，你就先买吧！

师：哈哈，这个想法也很符合当代，我喜欢。这个地方太重要了，来，我们再对比着读一读。

【屏显】

“我也不打印子，”祥子出着神说，“我慢慢地省，够了数，现钱买现货！”

老头子看着祥子，好像是看着个什么奇怪的字似的，可恶，而没法儿生气。

（组织对比朗读）

师：大家不要小看这个地方。这里可不是普通的对比，呈现出刘四爷和祥子的不同投资观念。祥子要一根筋执着地存钱买新车，但刘四爷觉得我都愿意借钱给你了，而且还是很低的利息，我都给你便宜了，你居然不要，你简直不可理喻啊！看，同学们，富人思维和穷人思维是完全不一样的。我们再看一个细节。

【屏显】

祥子没去端碗，先把钱掏了出来：“四爷，先给我拿着，三十块。”把点零钱又放在衣袋里。

刘四爷用眉毛梢儿问了句，“哪儿来的？”

祥子一边吃，一边把被兵拉去的事说了一遍。

“哼，你这个傻小子！”刘四爷听完，摇了摇头。“拉进城来，卖给汤锅，也值十几多块一头；要是冬天驼毛齐全的时候，三匹得卖六十块！”

祥子早就有点后悔，一听这个，更难过了……

（指导朗读，重点读出刘四爷的不屑、祥子的“后悔”）

师：同学们，看出来了吗？祥子后悔什么？仅仅是骆驼没有卖到更多的钱吗？

生：他可能后悔自己胆子小了，没有搏一回。

生：祥子其实知道骆驼不止这么点钱，但他急于出手，他后悔自己没有寻找更多的机会。

生：我觉得他可能后悔自己不会讲价，三两句就被人家制住了。

师：再往前走一步，在挣钱上，刘四爷和祥子是不一样的。刘四爷觉得为钱冒个险天经地义，不冒险，怎么可能挣到钱呢？但祥子显然是求稳，他根本不敢冒险。

师：对祥子而言，刘四爷算"另外一个阶层"，如果不好比，很正常，但是其他和祥子身份差不多的人呢？比如高妈，我们看看，她是不是也可能像看着什么奇怪的字似的看着祥子。

【屏显】

高妈也劝祥子把钱放出去，完全出于善意，假若他愿意的话，她可以帮他的忙："告诉你，祥子，搁在兜儿里，一个子永远是一个子！放出去呢，钱就会下钱！没错儿，咱们的眼睛是干什么的？瞧准了再放手钱，不能放秃尾巴鹰。当巡警的到时候不给利，或是不归本，找他的巡官去！一句话，他的差事得搁下，敢！……你听我的，准保没错！"

（指导表演朗读，读出高妈的精明与热情）

【屏显】

高妈知道他是红着心想买车，又给他出了主意："……对了，你要是想快快买上车的话，我给你个好主意：起上一只会，十来个人，至多二十个人，一月每人两块钱，你使头一会；这不是马上就有四十来块？你横是多少也有个积蓄，凑吧凑吧就弄辆车拉拉！你真要请会的话，我来一只，决不合忽！怎样？"

师：可惜啊，高妈掏心窝子的话，祥子听不进去。除了高妈，还有一个重要人物方太太的话，如果祥子听了，可能后来也不会那么惨。

【屏显】

原先在一家姓方的家里，主人全家大小，连仆人，都在邮局有个储金折子。方太太也劝过祥子："一块钱就可以立折子，你怎么不立一个呢？俗言说得好，常将有日思无日，莫到无时盼有时；年轻轻的，不乘着年轻力壮剩下几个，一年三百六十天不能天天是晴天大日头。这又不费事，又牢靠，又有利钱，还要怎么方便呢？去，去要个单子来，你不会写，我给你填上，一片好心！"

（指导朗读，体会老舍老北京话的韵味）

师：高妈和方太太，其实都挺实诚的，但是祥子没有听，他是怎么想的呢？

【屏显】

及至独自一盘算，他觉得钱在自己手里比什么也稳当。不错，这么着是死的，钱不会下钱；可是丢不了也是真的。把这两三个月剩下的几块钱——都是现洋——轻轻的拿出来，一块一块的翻弄，怕出响声；现洋是那么白亮，厚实，起眼，他更觉得万不可撒手，除非是拿去买车。各人有各人的办法，他不便全随着高妈。

这真让祥子的心跳得快了些！真要凑上三四十块，再加上刘四爷手里那三十多，和自己现在有的那几块，岂不就是八十来的？

可是，上哪里找这么二十位人去呢？即使能凑上，这是个面子事，自己等钱用么就请会，赶明儿人家也约自己来呢……

他细细看了看那个小折子，上面有字，有小红印；通共，哼，也就有一小打手纸那么沉吧。把钱交进去，人家又在折子上画了几个字，打上了个小印。他觉得这不是骗局，也得是骗局；白花花的现洋放进去，凭人家三画五画就算完事，祥子不上这个当。他怀疑方家是跟邮局有这个买卖——他总以为邮局是个到处有分号的买卖，大概字号还很老，至少也和瑞蚨祥，鸿记差不多——有关系，所以才这样热心给拉生意。即使事实不是这样，现钱在手里到底比在小折子上强，强的多！折子上的钱只是几个字！

（指导朗读部分，读出祥子的狐疑可笑）

师：读了这么多，关于祥子的财商大家又有新看法吗？

生：祥子也太谨小慎微了。

生：祥子对银行为什么不相信呢？可能在当时银行还只是新生事物。

师：我查了一下，大家看——

【屏显】

在我国，明朝中叶就形成了具有银行性质的钱庄，到清代又出现了票号。第一次使用银行名称的国内银行是“中国通商银行”，成立于1897年5月27日；最早的国家银行是1905年创办的“户部银行”，后称“大清银行”；1911年辛亥革命后，大清银行改组为“中国银行”，一直沿用至今。

师：去年老师追了一个剧，是孙俪主演的，叫《那年花开月正圆》。

（投影相关海报）

师：这个剧讲的是慈禧太后时代陕西首富周莹的发家史。这个故事的很多情节就是讲周莹怎么通过鼓捣钱庄让钱生钱的。到银行或者钱庄去存钱获取利息，在清朝就已经不是新事物了。

生：祥子是从农村来的吧，他眼界比较狭窄，见识很少，所以他只相信自己存钱，他大概对钱庄这一类根本不懂。

师：像祥子这样的人，现在也有。按照现在的说法，他对投资理财根本不懂，不仅没有相关的知识，而且连这方面的萌芽意识都没有。当时中国社会很落后，但是，祥子又是落后社会中最落后的那群人。

生：祥子对人也不大信任，人家的有价值的建议他听不进去，他对大家一起挣钱的生活模式是很恐惧的。

师：其实高妈提的“起会”的模式是真的，很多穷人就是这么干成事儿的，这是一个思路。1984年那会儿，王老师家里的第一台电视机就是我妈妈用“起会”的方式买的。但祥子对这些没有了解，按照小说的结论，他就是一个“个人奋斗者”。

生：我觉得祥子的危机意识太重，他总在担忧明天。他的思路是有问题的，他分析问题的前提是“自己有车了也挣不到钱”，所以，他觉得高妈的“起会”建议完全不可行。他太悲观了，不敢冒险，实在是保守得可怜。

生：我觉得他对方太太和银行关系的怀疑特别可笑，这种不信任很无知，直接导致了最后钱被讹走。如果他听话，把钱存进了银行，孙侦探拿他也没有办法的。

师：你看，老舍不仅是写生活场景的高手，更是写心理活动的高手。京味儿的话和心理结合在一起，让我们读《骆驼祥子》，就像走进了人物的内心似的。要想有钱，仅仅靠勤奋劳动还是不够的，必须得让钱生钱，这在现代，叫投资理财。旧时代也是有这样的聪明人的。如开车行的刘四爷，肯定就是这样的聪明人。冯小刚有一部电影，老师印象很深刻，叫《1942》，讲的是1942年河南大旱的时候，千百万老百姓背井离乡、外出逃荒。故事里有一个主角叫范殿元，张国立饰演，是个地主，他有一句台词反复说，大概意思就是：你别看我现在什么都没有了，万贯家财都丢了，但等这场灾荒过去，给我十年时间，我依旧会成为地主。

【屏显相关画报和台词】

师：同学们，你们知道吗？到底是谁给了范殿元勇气，在自己一无所有的时候居然说出了这样牛气的话呢？曾经有人说，即使社会上所有的富人忽然消失了，穷人也不一定能富裕起来，因为穷人的思维方式与眼界局限性决定了其成就。如果穷人拥有了富人的思维与眼界，那么成为富人将是很容易的事，同样，富人的思维如果变成了穷人的模式，财富丧失将是迟早的事！这是我在网络上找的一则资料，大家看看，很有趣。

（投影来自网络的一段资料，学生阅读）

师：有一个统计，据说百分之八十通过中奖获得了巨额财富的穷人，在几年之后都再一次变得一无所有，甚至变得比以前更穷。为什么？因为他们的穷人思维并没有改变。当然这些人的情况跟祥子不太一样。但通过这样的分析，我们可以清楚地看到，祥子在管理自己的财富上是有问题的。因为见识的原因，他对财富的态度完全停留在最原始的层面上，没有任何理财的意识。他的很多行为，比如只知道靠延长工作时间来增加收入，比如生病了也舍不得治疗和休息，比如对学习其他的本领毫无信心……这些，一方面是社会所逼；另外一方面，也是思维方式导致。我们都是可以从财商的角度来分析其误区的。财商跟不上，是导致祥子堕落的重要原因之一。

（播放视频《梦想》、李子柒的故事、犹太家庭财商教育时间表，师生边看边交流）

师：老舍先生写小说的时候，未必想这么多，他只是在诚实地反映生活，但不经意间为我们刻画了一个很丰富的人物形象。他在反思社会的同时，也给我们提供了思考人生的独特角度。好了，今天我们就聊到这儿。这种名著阅读的专题式研究法，我们还将继续。为了不做新时代的祥子，我给大家推荐《富爸爸，穷爸爸》《小狗钱钱》等几本书。下课。

课评

别具匠心选点　出人意料破局

——品评王君《祥子财商辨——〈骆驼祥子〉聊书课》

（周忠玉　射阳县初级中学）

王君老师在谈名著教学时说，教师要做优秀名著的“经纪人”。其《祥子财商辨——〈骆驼祥子〉聊书课》，别具匠心地聚焦祥子的“财商”进行专题式阅读，并运用“三级聊”的方式，出人意料地“破”了整本书阅读的“为了读书而读书，为了解读而解读”的“书”字局和“只习惯于面面俱到地从‘整本书’入手，永远在‘面’上的‘整’字局，真正实现了做名著‘经纪人’的梦想”。

一、敏锐捕捉“远程信息”，创造全新“核心信息”

百度百科中这样阐述“财商”：财商是与智商、情商并列的三大现代社会能力不可缺的素质。研究祥子的“财商”，无论从时间上还是空间上，都与原著中祥子的传统形象，甚至作家的写作意旨相差甚远，但这正是王君老师整本书阅读教学重要策略之一——从整本书中的“远程信息”或“边缘信息”入手，创造全新的“核心信息”，打通经典与现代社会的“隔膜”，将经典教出新意：一个人正确的金钱观是其正确价值观、人生观的体现。祥子对金钱的态度折射出祥子的生命状态。这正是王君老师青春语文主题型文本阅读精神价值的集中体现。

二、创造中立词汇，别具匠心聚焦选点

莫提默·J. 艾德勒、查尔斯·范多伦在《如何阅读一本书》中将主题阅读确立为最高的阅读层次。其中一个重要步骤就是“根据主题创造出一套中立的词汇，引领作者与你达成共识”。王君老师创造使用“财商”这样一个名著中没有的中立的词汇，是她倡导的整本书阅读的教学立意聚焦，是解读小说主要人物祥子形象的一个可视化标签。聚焦“财商”，不仅引领作者，还引领书中的其他人物，如刘四爷、高妈等，找到“祥子财商高低”相关情节，进行深度阅读。这种聚焦选读，由课堂起点到课堂落点，酣畅淋漓，一气呵成。

三、教者不预设立场，辩证客观深度阅读

2017 年，“尬聊”一词被选入年度十大网络用语。尬聊就是把天聊到冰点甚至聊到死的状态。王君老师的“三级聊”，不预设立场，而是循序渐进地引导学生辩证客观地进行深度阅读，把天聊活，聊欢，聊得敞亮。

（一）“初聊”，站在学生立场确定聊天话题

“初聊：祥子的财商很低！”教者整合祥子堕落以后对金钱态度的事件，并借学生之口提出肯定性话题：“有同学说祥子的财商很低……”这是顺着学生的思维、站在学生立场设计问题。这样的初聊，绝不会出现“尬聊”之态。相反，因照顾学生的阅读原初体验和心理感受，有效缩短了师生间的距离，富有亲和力，也践行了以生为本的教学理念。

（二）“再聊”，站在教者立场专业“挑”“收”

“再聊：祥子的财商真的一直都很低吗？”这是聊书课的主要环节。这

个问句与《骆驼祥子》一波三折的故事情节及祥子坎坷不平的人生经历一样，让师生课堂对话呈现波澜起伏的状态。王君老师运用“同类信息整合法”整合了七处语段，让学生进一步聊对祥子财商的认识。在整合的具体语境中，学生又读到了祥子“奋斗者”的正面形象。这得益于王君老师“挑”的艺术：“这就是老舍的语言，有着浓浓的京城的烟火气息，人物的形象和人物的精神状态被描绘得非常到位。”“挑”的问题切入口非常小，明确地指向了祥子的形象与其精神状态。而“收”则精练有力：“硬”“正”“韧”“善”“远”，五个字高度概括了祥子的“初心”与追求。

“再聊”是从教者角度对议题进行思辨性设计，这种设计是建立与“财商”相互关联的密切性问题设计，与学生原初认识“祥子的财商低”构成鲜明的矛盾对立，让学生在思辨中不断深入思考，将有需要厘清争议的主题阅读推向深入。

（三）“深聊”，指向精神成长“新高地”

财商教育领路人罗伯特·清崎在哈佛大学演讲时曾经对学生说：“人们在财务困境中挣扎的主要原因，是他们在学校里学习多年，却没有学到任何关于金钱方面的知识。其结果是，人们只知道为挣钱而工作，但从来不学着让金钱为自己工作。”“深聊：祥子的财商到底出了什么问题?”这是从学生成长需要出发，引领他们在经典名著中探讨现代人的生存之道。这与名著阅读指向生命与心智成长息息相关。《如何阅读一本书》中关于主题阅读的目的：“通常，对一个问题会有超过两种以上的答案。”“当两个作者对同一个问题有相当的了解，所作的回答却完全相反或矛盾时，这才是一个真正有参与的议题。”王君老师引导学生深度探讨祥子财商出问题的原因，这也是导致祥子堕落的根本原因。议题答案不唯一，得出的结论也就不唯一。所以祥子财商跟不上，是社会和个人的多方面原因所致。

可以说，探讨多元主题的“深聊”，使学生全新地认识了祥子对待金钱的态度就是对待生命的态度：奋斗中的祥子，金钱观是正确的；堕落中的祥子，苟活是他的生存之道。这是对“初聊”和“再聊”形成的两种不同印象做出的新界定。这样的深度阅读，既不全面肯定，也不一面倒地否定，而是用悲悯的眼光读出了经典人物人性之美、之丰、之真，有一定的宽度、广度与深度。因此，这节课表面聊的是祥子的财商，实则聊的是生活，聊的是生命智慧，聊的是人生哲学。

王君名著“三级聊”遵循逻辑自证规律，以层递式结构，将课堂对话由名著人物祥子聊到电影与现实中不同人的理财理念与理财方式，由经典到生活，打通读法与活法，有效提升了学生的财商与思辨能力。同时，也将学生推向了更好地适应新时代的精神高地。这正体现了青春语文的教学追求——经由语言文字的学习探索生命幸福之道。

第五辑 跨学科教学

王君老师说

万物互联的时代，语文，不应该小国寡民，故步自封。

所谓守住语文的本分，不是画地为牢，而恰恰是懂得语言的力量，相信语言的承载体将无限地与时俱进。语文老师，要直面言语世界的更新和生长，就像面对一个青春期的孩子，要祝福他，远行，再远行。

所以，不管是课型选择，还是立意选择、素材选择、手法选择，我都愿意以探险的方式，天马行空，纵横驰骋。我渴望驾驭我的课，乘奔御风，逍遥而游。

16. 我是一个演员

——以艺人张译为例探讨职业的艺术境界

执　　教：王　君

授课学生：江苏徐州树德中学八年级学生

课堂类型："思辨性阅读与表达"任务群教学

课堂特色：打通语文与生活，聚焦思辨与表达

整　　理：孙秋备

第一部分　介绍学法，导入新课

师：这节课咱们以演员张译来探讨职业的艺术境界。咱们采用小组合作形式，我会给每一个发言的同学评分。得分最少的小组或者唱歌或者50个下蹲。哈哈，这是王老师日常课堂的玩法。所以，每个组长要密切团结小组成员，争取不被惩罚哦。

（教师把学生按座次分为四个组，确定每组组长和组员学号）

第二部分　初级挑战：认识艺人张译

任务一：听写词语

师：请每组派一位语文基础最扎实的同学来听写词语。

（四名同学板写：一表人才、玉树临风、温文尔雅、风流倜傥、仪表堂堂、英俊潇洒、貌比潘安、气宇轩昂。教师评分）

师：有没有同学发现这些词语的共同点？抢答开始！

生：这些词都是形容一个人的外貌非常俊美。

生：形容男子的外貌俊美、气质非凡。

师：对。这些词语一般不形容女性。知道老师为什么要让大家写这些词语吗？因为，这些词语都与我的偶像张译——无关！

【屏显，张译童年、少年、成年阶段的照片】

师：张译长得不好看。他曾有个女朋友，这女孩的妈妈说他不像演员，像大队会计，脸就像被人一屁股坐了似的。后来他们就分手了。所有这些形容男性美好形象的词语，与青年时代的张译无关。

任务二：速读抢答

师：课前我给大家发了有关张译的资料。现在不看资料回答问题。第一轮是必答题，请每组 2 号同学起立。

（问答张译的出生地、小时候的梦想、高考失败了几次、多少岁离家远行等）

师：第二轮是抢答题。不用举手，站起来直接抢答。答错了其他组继续答。

（问答张译参演的第一部电影、对张译产生重要影响的导演、张译写 3000 多字向导演争取的角色及电视剧名字、拿到的第一个最佳男配角奖等）

任务三：提炼练习

【播放介绍张译成长经历的微视频，屏显】

张译是一个____________演员

师：这是必答题。请每组 3 号同学做课堂小演讲，注意时间控制在 30 秒到 60 秒之间，观点聚焦到一个词语上，阐述要有理有据。

生：张译是一个懂得感恩的演员。领奖时他没有说自己多么厉害，而是先感谢剧组其他人，从中还可以看出他是一个谦虚的人。

生：张译是一个从不放弃努力的演员。从视频中看到，有一次为了演出“气喘吁吁”的效果，他特意去跑一个山坡。他是拼了命去演戏的。

师：你的观点是不放弃，但是你举的例子是他怎样入戏。论据不能证明你的观点，所以，我要扣你 0.3 分。

生：张译是一个自强不息的人。他颜值低，但他用心演好每一部戏，认真对待每一个角色，他用行动证明他是一个优秀演员。

师：你在反复说观点，没有论据来支撑观点，这样的发言就显得有点儿干瘪。要被扣分的哦。

生：我认为张译是一个努力勤奋的演员。在演戏之前，他会把所有的台词都背下来；当别人拍完戏休息时，他留下来把所有的角色都演一遍。

师：好，这是有效发言。（板书“感恩”“不放弃”“自强不息”“努力”“勤奋”）下面进入自由发言阶段，希望同学们能有新的立意。

生：我觉得张译是一个愿意为梦想付出的人。拍《士兵突击》的时候，他在部队的训练与拍摄时间冲突，他毅然决然地打了转业报告。

生：我觉得他是抗压能力很强的人。他能够接受重压，有韧性。他长相不好，身边的人都打击他。但是他没有放弃，坚持用自己的努力来争取想要的角色。即使所有人都否定他，他也不放弃，反而以谦卑的姿态面对压力。

师：一个人能够走得远，既要有抗压力，又要有钝感力。张译是具备这两种力量的演员。

生：我认为张译是一名真正的演员，因为他不仅热爱扮演的角色，更热爱演员这个职业。在《士兵突击》中，他已经分不清他是角色还是自己了。

师：演员这个职业和其他职业不同。我们刚才说的感恩、不放弃、努力、勤奋、自强不息等可以放在任何职业上，但是演员必须把自己的生命投注在自己所饰演的角色身上。

生：我认为张译有很强的执行力。他为了拍好戏，1.78 米的个子瘦到了 110 斤。一旦他决定去做的事儿，他会不惜一切代价做好。

师：执行力是所有导演也是所有领导都喜欢的品质。很多大导演愿意跟张译合作，就是因为张译有超强的执行力。同学们未来也会成为某个领导的员工，你有没有执行力，决定着你能不能做个好员工。

（教师评价时板书“梦想”“抗压力”“钝感力”“执行力”等词语）

师：今天我们也借张译致敬另外一位杰出的表演艺术家。周星驰《喜剧之王》中的这个片段最能看出演员成名的路有多难，当他们卑微如尘土的时候，谁也没想到有一天鸡毛能飞上天。

（播放《喜剧之王》中周星驰跑龙套被所有人斥责、连盒饭都没得吃的片段）

第三部分　中级挑战：理解表演艺术家张译

师：进入中级挑战。请问，什么是“教科书级别的表演”？抢答！

生：就是深入了解角色、彻底融入角色、激发观众共情，让观众身临其境的表演。

师：给你0.1分。你把“教科书”三个字完全抛开了。语文学习要在文本上着力、在语言文字上着力。

生：能当作范本教导别人、让别人跟着学习的表演。

师：完全正确！如果演员特别会演戏，他演的片段会被写进电影学院的教材中让学员学习，这就叫作“教科书级别的表演”。张译的很多表演都是这个级别的。接下来我会推荐六个“教科书级别的表演”片段，请大家思考：一个优秀的演员是靠什么演戏的？同学们发言的时候要扣住这些片段表达你的观点。可能有同学会说我不懂表演。王老师告诉大家，表演和写作文是相通的。

【屏显，共读】

写作无难事，只要“真”“小”“新”
真人真事真情感
大情大气大文章

【屏显，共读】

表演艰难事，只要“真”“小”“新”

真人真事真情感

大情大气大表演

任务一：经典鉴赏

（依次播放《士兵突击》《悬崖之上》《万里归途》《我和我的祖国》《鸡毛飞上天》《亲爱的》中张译的表演片段。教师适当介绍剧情及张译表演的特点）

师：请每组5号同学起立，围绕话题发言。注意要有理有据，有自己独到的观察和发现。

【屏显】

表演艺术家，用____________演戏

生：我认为是用真实演戏。在最后一个片段中，张译的哭表演得很真实。

师：“用真实演戏”是个病句，应该说“用真实的体验”演戏。

生：表演艺术家是用内心的情感通过表情来演戏。第一个视频中，张译饰演的角色经过天安门时，刚开始是高兴的，后来他哭了。此时无声胜有声，他把现在的不舍化作以后奋斗的动力。

生：我认为张译是用生命在演戏。从《悬崖之上》片段可以看出，他接受电击，用电击的痛苦表现共产党员誓死保守秘密的精神。张译是用生命体验演戏。（教师板书“真实”“内心情感”“表情”“生命”）

师：大家要看到真正优秀的演员在表演时具有的特质。下面进入抢答环节。

生：张译在用生命情感演戏。比如《鸡毛飞上天》中在火车上偶然和所爱的人相遇，他呼吸急促，口不能言，举着那个砖头把整个身子探出车窗；到了车站后，他飞速地冲过去，没有见到所爱的人极度失望；后来猛回头看见想见的人，表情极度惊喜。所以，我觉得他的表演是投入了全部生命情感。

师：很好。不管读文本还是写作文，能够深入细节、看到细节、感知细节、表达细节的同学都很了不起。

生：张译是用投入的状态来演戏。《万里归途》中，张译对着自己脑袋开枪的时候，他有眨眼、偏头的动作，形象地表现出一个正常人惧怕死亡的状态，也表现了一个英雄视死如归的心态……

师：你的分析很深刻，但是观点太浅。能不能换一个观点？按照我们的惯有认知，烈士应该是没有丝毫畏惧的，一动不动接受子弹。但张译的表演不是这样。

生：他是用真实在演戏。

师：他是用对人性的深刻领悟演戏。人都是怕死的，英雄也是人，何况他家里还有妻子和刚刚出生的小女儿。张译必须创造细节，用自己的表演把人性表现出来。

生：我觉得张译在用自己对现实的理解和独特的想象力演戏。演《士兵突击》结尾那个片段，他将现实经历和戏中情节结合，将自己和角色融合，达到了源于现实、高于现实甚至高于角色的境界。

师：鼓掌！他懂得艺术要源于生活高于生活的道理。没有想象力的演员只能亦步亦趋地跟着剧本、跟着导演走，有想象力的演员才能超越导演对角色的设定，创造出经典表演。周星驰、张译都是这样的演员。好，我们来做个总结。

【屏显，共读】

表演艺术家，用生命演戏

人戏不分，以命换戏

全身是戏，细节创戏

师：中国影史上有一句话——其实我是一个演员。这句话里面有多少沧桑！张译的明星之路，就是一直坚持自己就是个演员的自我定位。影帝周星驰，最懂张译的奋斗。

（播放周星驰《喜剧之王》剪辑视频呼应）

第四部分　高级挑战：走近男人张译

师：网络上有许多生动的评价男性的词语。你觉得张译属于哪个系？抢答！

【屏显】

人夫感　爹系　妈系

叔系　舅系　儿系

狼系　奶系

生：叔系。张译的年龄是叔系的，另外他扮演的角色也属于这个系列。

生：我觉得他是爹系的。在《亲爱的》这部剧中，他表现了一个父亲对儿子的深爱。

师：这些词语主要是从女性的角度创造出来的。比如要找男朋友，女孩子可能要找一个爹系或者叔系的、具有人夫感的那种男人，不可能找一个舅系的、儿系、奶系的。但爹系和叔系也有不同，爹系的男人可能要管你更严，叔系的男人是既对你好，又给你自由。很多女孩子都有一个愿望，要找个大叔而不是找个爹做男朋友。哈哈。

师：从另一个角度来说，张译塑造的很多形象都是硬汉形象，像《红海行动》中的角色等，属于狼系。很有意思是吧？中国语言真是博大精深。

任务一：话题演讲

师：接下来进行高级挑战，请每组 6 号同学做准备，我们的演讲话题是：

【屏显】

张译不仅仅是一个表演艺术家，他还是（　　）

（播放小视频《张译的口才到底有多好》《张译情商有多高》）

师：在一个颁奖典礼上，一只大蝴蝶飞到了张译的领结上。猜一猜，这是怎么一回事呢？

生：这只蝴蝶会不会是某个人化成的。我从网上看到过，某个人去世之前会说，我要化作一只蝴蝶陪在你的身边。所以，我猜想这只蝴蝶会不会是他生命中非常重要的已经去世的某个人，在那么重要的时刻去陪伴他。

生：我觉得这只蝴蝶代表着观众朋友对他的喜爱和敬佩。他是一个非常优秀的演员，在如此盛大的典礼上，喜爱他的观众想陪着他见证这份荣耀。

师：哈哈，那应该飞来一群蝴蝶。张译有一个初恋情人，后来出了车祸成了植物人。尽管最初这女孩的妈妈嫌弃张译长得不好，但是张译在女孩成为植物人之后照顾她十年。女孩去世时，张译在国外演戏不能回来，还让自己的妻子亲自去祭奠。所以，大家都猜测，这只蝴蝶是他的初恋情人来祝贺他获得人生当中的重要奖项。

师：中国文化中有庄周化蝶，有梁山伯与祝英台化蝶，蝴蝶是深情浪漫的象征。作为观众，我们都希望张译有美满幸福的爱情。

【屏显】

理解：张译与妻子钱琳琳，相识于微时……

师：这句话是什么意思？抢答！

生：相识于小时候吧。

生：我觉得意思是张译与妻子相识于他还没有功成名就的时候。他们不是因为对方的名气走到一起的，而是被对方美好的人格吸引。

师：说对了。“相识于微时”还有一层隐含义是两个人认识的时候对方没有什么名气，等功成名就时依然爱着对方。张译就是这样的人。（介绍张译与妻子的情况）一个男人如何对待女性，最能检验其人品。

师：2023 年 2 月 17 日，是张译的 45 岁生日，作为一个有着成千上万粉丝的著名艺人，你觉得他会怎么过生日？

生：我觉得他会陪着家人，平平常常地过生日。因为他是一个谦卑的人，不喜欢张扬，不喜欢喧嚣的世界。

师：你答对了。他想低调地过生日，但是央视六套 24 小时连播张译的 12 部电影，为这样优秀可爱的艺人庆祝生日。没有炒作，没有粉丝加持，社会让一个好演员就这样轻松上了热搜。张译说“我拒绝真正进入‘娱乐圈’”。这句话怎么理解呢？抢答！

生：很多艺人“火”了之后都出演一些综艺节目、拍广告等，但是张译没有。他只是热爱演戏本身，不想进入“娱乐圈”，也不在乎功名利禄之类。

师：对。张译名气越大，越是更少地进入各种综艺节目，几乎不带货，不做产品代言。他说，他的人生不太厚，经不起别人消费。他的任务就是演更好的角色，出更好的作品。

（播放张译影视作品获各种奖项小视频）

师：好，大家掌握了所有素材，各组 6 号同学请起立，开始你们的演讲。

生：张译不仅仅是一位表演艺术家，他还是一位演员、一位绅士。因为在素材中我看到，当他和女演员一同上台时，他一直帮助女演员提着长裙下摆，主动向周围人问好。这是绅士的表现。而且他能把角色演出自己的特点，他就是一名演员。

师：发言的时候只要把一个观点说清楚就行，最好的发言状态就是聚焦。

生：张译不仅仅是一个表演艺术家，他还是一个非常谦虚低调的人。在他的演艺生涯中，他没有暴露妻子，也没有参与直播带货和参加综艺节目等。

师：不暴露妻子、不参与直播带货都不能说明他谦虚。论据和观点是错位的。请问，他不带货说明他有什么品质？

生：敬业。

师：还不太准确。我的理解是他不带货说明了他对钱的态度。

生：淡泊名利。

师：直播带货是有风险的，他很爱惜自己的羽毛，担心直播带货有损他作为优秀演员的清誉；不暴露妻子不是谦虚，而是爱自己的妻子，不让她受到外界的打扰。用词不当，给你0.3分。

生：张译不仅仅是一个表演艺术家，他还是一个懂得尊重的人。记者采访他最喜欢哪个搭档的女演员，他回答配不上她们中的任何一个人。这是对所有女演员演技的认可，也是对她们的抬高，从中可以看出他非常懂得尊重女性。另一方面，他尊重每一个饰演的角色。演被电击的共产党员时，他不用替身。

师：这是两个角度，一个是日常生活范畴，一个是职业素养。我建议你只说第一个方面。

生：我认为张译不仅仅是一位表演艺术家，他还是一位普通的追梦人。他的梦想就是演好每一部戏。他用自己的演技赋予每个角色以艺术灵魂。

师：张译虽然成了影帝级的人物，但他没有失掉一个普通人的初心。比如说爱护妻子，感念初恋情人，不管站得多高不忘记脚下的泥土。好，进入抢答环节。

生：我想补充一下刚才同学的观点。材料中有这样一句话："其实很多人跟张译一样，起点平凡，过程坎坷，一再被命运捉弄，但生命纵然卑微如鸡毛，也可以飞上天。"我觉得张译就像我们大家一样，是个普通人，他也遇到很多艰难险阻，他敢于再出发，努力向前。

师：会引用材料中的关键语句证明自己的观点，很好。大部分人生下来都是微不足道的鸡毛，但是鸡毛是可以飞上天的。靠什么？靠拥有这些美好的品质（圈画板书上的关键词）。

生：张译三观很正。现在还有很多人固守男权思想，认为女人只是附庸，但是张译遇到"最喜欢哪个配戏的女演员"这个敏感的话题时，他对那些女演员给予了最大的尊重和肯定。我认为，张译作为公众人物，他的三观是很正的。(学生自发鼓掌)

生：张译不仅仅是一位表演艺术家，他还是一位语言大师。他被人说是不像演员的演员，他给予了很得体的回答；在采访中他不伤害任何人，宁肯抬高别人贬低自己。

师：这位女同学从语文的角度去看一位演员，很好。张译还出了一本专著呢，他肯定是语文很好的学生。语文不好，很难成为"殿堂级"的演员。因为演员首先必须面对文本，看懂剧本、创作剧本。同学们，语文是工具学科，从事任何一个职业都需要学好语文。

生：张译不仅仅是一位表演艺术家，他还是一个丈夫。这个“丈夫”有两层含义。作为妻子的丈夫，他懂得保护爱惜自己的妻子；他还是一个大丈夫，在追梦的路上，他克服各种困难，不畏惧别人指出自己的缺点，努力追求自己的梦想。

（学生自发鼓掌）

师：用一个词语的本义和引申义来立意，很巧妙。

任务二：抄写比赛

师：请各组没有发过言的同学来进行抄写比赛。

【屏显】

德艺双馨　厚德载物　不矜不伐　鸿鹄之志

高风亮节　百折不回　抱诚守真

举案齐眉　相敬如宾　肝胆相照

碧血丹心　以身许国

爱惜羽毛

（各组学生上台抄写。教师简单解释每个词语的意思。教师根据书写和准确度评分）

师：同学们，不管你颜值高不高，这些都应该是我们追求的目标。

（学生共读词语）

第五部分　终级挑战：艺术家与我

师：最后一个练习，请每组 1 号同学起立，针对下面话题进行交流。

【屏显】

我不会成为演员，

未来我可能是一名（　　）

但“艺术家”依旧可以是我的追求……

生：我不会成为演员，未来我可能是一名教师。我可以教授学生知识，涵养他们的精神，就像艺术家创造作品一样，我会教出优秀的孩子。

生：我不会成为演员，未来我可能成为一名设计师，我会通过设计把我对世界、对未来的幻想展现出来，传达我对生活的认识，给更多人带来帮助、带来幸福。

生：我不会成为演员，未来我可能成为一名医生。生命本身就是一个奇迹，我愿意用自己的努力拯救奇迹，成为生命的艺术家。

生：我不会成为演员，未来我可能成为一名作家。但“艺术家”依旧可以是我的追求，我要用文字来呈现艺术境界，对人们进行精神的滋养和陶冶。

生：我不会成为演员，未来我可能成为一名老师。我也想像王君老师一样成为语文老师，教学生们感受语言的魅力，将更好的精神传给学生，让他们成为祖国灿烂的花朵。

生：我不会成为演员，未来我可能成为一名画家。我希望用我的画作给别人带来希望。

生：我不会成为演员，未来我想成为一名医生。我的爸爸妈妈都是医生，他们会半夜去抢救病人。我曾经陪着妈妈去值班。我觉得忍着困忍着累在岗位上值班的医生就是艺术家。（学生自发鼓掌）

师：这个女孩子说得好，她懂得艺术不仅是好看，艺术是为人生，艺术是见自我、见天地、见众生。当你的事业和众生的福祉结合在一起时，那才是真正的艺术人生。祝愿你们都成为生命的艺术家。

（推荐书籍。播放《喜剧之王》的经典对话：“一个人如果没梦想，跟咸鱼有什么区别？”）

师：祝愿同学们不会被学习的重压、生活的重压变成一条咸鱼，最终成为自己生命的艺术家。下课！

浅谈青春语文对“立德树人”实践路径的探索

——以王君老师“我是一个演员”为例

(陈海波　江苏省苏州中学附属苏州湾学校)

近年来新课程标准的落地实施，为义务教育阶段的语文课程指明了方向，即围绕“立德树人”这一根本任务，充分发挥其独特的育人功能和奠基作用，以促进受教育者的核心素养的发展。如何将人的核心素养具体演绎到课程的层面，就显得尤为重要。这方面王君老师做了大量开创性的实践探索，取得了一定的成效。

青春语文致力于追求“文本唤醒”与“素材打通”，致力于开掘文本的当代意义，精心设计对生命具有疗愈意义的课程，将语文教学巧妙地转化为语文教育，不仅提升学生的语文素养，更锻造了生命的核心素养，为建立良好的世界观、人生观和价值观，奠定了坚实的基础。本人以王君老师这堂语文课为例，浅探其为“立德树人”提供的清晰路径和实践凭证。

一、开发资源，优化教与学，育思维力

随着统编版新教材的不断调整，“大语文”的教学观越来越得到认同。与传统的语文教学相比，“大语文”更强调教材与生活的“打通”，强调生命与社会实践的紧密联系，强调“以课堂教学为轴心向学生生活的各个领域开拓、延展，全方位地与他们的学校生活、家庭生活和社会生活有机结合起来”[1]。青春语文向来倡导“大语文教育”思想，尤其在课程的开发与建设上，从教材出发，又不拘泥于教材，视野开阔，丰富而多元，充分发挥课程资源的育人功能。

(一) 课程设计的思辨性

青春语文在课程建设上注重与经典融通、与时事热点融通，但并不是对那些无时不有、无处不在的海量资源采取“拿来主义”，而是进行严格

遴选。

以演员张译为例，和学生一起探讨职业的艺术境界，是基于学生未来生命素养的熏陶化育，在课程的设计上侧重于培养学生的高阶思维。

课堂从听写词语开始，通过观看张译的相关成长资料的微视频，以“张译是一个________演员”说话；紧接着经由写作的跳板回到张译，看表演片段，围绕话题“表演艺术家，用________演戏”发言；接下来结合张译塑造的“硬汉”形象进行话题演讲；最后，回到当下的生活——艺术家与我，围绕话题“我不会成为演员，未来我可能是一名(　　)”进行交流，将从演员张译身上悟到的精神思想融入自己对未来的规划。

无论是从资源整合上，还是从教学设计上，无不呈现出青春语文看得见的课程思维，为学生思维的形成铺设了层层台阶，由浅入深，由表及里，由他人到自我。

(二) 学生获取的思维力

思维力是人的大脑对客观世界间接的反应能力，是对外界事物的认知和判断。培养思维力，就是培养学生的思考力，培养他们思维的深刻性和创新性，从而提升其认知能力。

从整节课看，学生的思维在动态的攀升中呈现其敏锐性、灵活性和深刻性。如在“初级挑战”中，学生根据张译的材料对其评价，“张译是一个懂感恩的演员”“张译是一个努力勤奋的演员”等；在“中级挑战”中，综合张译的几个经典表演片段，学生对其评价，一个表演艺术家，用生命在演戏、用全部情感在演戏、用对人性的深刻领悟在演戏、用自己对现实的理解和想象力在演戏……

随着教学活动的不断推进，课堂俨然成了一个思维场，这种审慎式辨析，大大促进了学生思维能力的发展和思维品质的提升。这就是青春语文追寻的经由培养学生的高阶思维，进而走向生命的大情怀和大格局。

二、设置任务，育审美力

从美的事物中发现美，这是审美教育的任务。自语文“核心素养”概念提出以来，青春语文致力于把培养学生的审美力作为语文教学义不容辞的责任。

青春期的孩子，思想比较活跃，接受各式各样信息的能力增强，但对是非、美丑的辨别能力相对欠缺，价值观念等极易受到外界的影响。这就要求我们在任务的设置时能从学生的特点出发，遵从生命生长的需要，为其“量身定做”。

王君老师设置的任务无不是从成长需要出发，引导学生去甄别，去领悟。比如，在高级挑战中，设计的课堂辩论是劣迹艺人，该不该允许他们复出？正方认为该允许，因为每个人都会犯错，我们应该给他们改正错误的机会，让他们复出就是让他们修正自己，用行动补救过失。反方认为不该允许，做过的错事无法否认，即使有所改变，那些坏的思想也无法彻底根除，会带来很坏的影响……

从中可以看出，无论是“允许”，还是“不允许”，我们都能感受到成长型思维在闪耀着审美的火花。最后，就有了终极挑战中的精彩发言：我不会成为演员，我可能会成为一名医生，我愿意用自己的努力拯救生命；我不会成为演员，我可能会成为一名作家，用我的文字对人们进行精神的滋养和陶冶……

正确的审美可以荡涤心灵，改变人的精神面貌，不仅让自己，也让周围的人一起走向更美好的未来。

参考文献：

[1] 李兴保，顾黄初. 中国现代语文教育史 [M]. 成都：四川教育出版社，1997：4.

17. 向一首歌致敬

——谨以此课致敬清澜少年何臻、赵硕

授　　课：王　君

实录整理：广东省东莞市清澜山学校　陆　艳

清华附中上地学校　尹　东

第一部分　前情铺垫，课堂预热

（课前介绍参加课程的年级和班级、语文老师、学生家长，介绍《丞相》的创作者和演唱者，明确小组发言积分竞赛的学习方式；展示课堂任务）

课前引入

【屏显】

刀郎的图片

师：认识他吗？

生：刀郎！今年他推出的新歌非常非常火。

师：刀郎今年干成了一件大事儿：因为他热爱中国的古典名著《聊斋志异》，便从中取材进行创作，在蛰伏十年之后推出了《山歌寥哉》，引发了今年暑假音乐的狂飙。一个杰出的音乐人和一本经典结合，一个传奇就诞生了。但是我们今天的主角不是刀郎，而是我们的同学：他们跟刀郎一样，热爱音乐，热爱语文，热爱文学。因为热爱的相融，清澜山就诞生了一首伟大的歌，叫作《丞相》，这是一首关于诸葛亮的歌。这就是我们今天的学习主题。我们先认识一下主创者团队。

【屏显】

赵硕、何臻、薛家琪、梁天逸、潘浥尘的图片

（师热情洋溢地介绍作词者赵硕，作曲者何臻的日常语文学习情况。赵硕是2022年“语文报杯”作文大赛的金奖获得者，痴迷《三国演义》；何臻语文艺术均出色，成长于音乐世家）

第二部分　初级挑战：当我们遇到赵硕、何臻们

【屏显】

初级挑战：当我们遇到赵硕、何臻们

一分钟宣讲话题：

1. 从《丞相》这个作品中，我看到赵硕、何臻们的语文，学得真好……

2. 从《丞相》的创作中，我看到赵硕、何臻们，不仅是语文学得好……

师：同学们，你可以选择任意一个宣讲话题来表达对他们的敬佩，你也可以自创话题。我们现在先做第一个准备工作。要创作一首关于诸葛亮的歌，得了解他的很多很多故事！抢答！这些故事你知道吗？

【屏显】

三顾茅庐　躬耕南阳　草船借箭　神机妙算
运筹帷幄　舌战群儒　初出茅庐　欲擒故纵
料事如神　决胜千里　伏龙凤雏　火烧新野
火烧赤壁　空城之计　七擒七纵　挥泪斩马谡
足食足兵　锦囊妙计　六出祁山　木牛流马

临危受命　　白帝托孤　　鞠躬尽瘁　　死而后已
俭以养德　　妄自菲薄　　淡泊明志　　志存高远

（师组织学生速读，抢答，讲故事）

师：看，同学们对诸葛亮的了解程度还是很有限的。但赵硕要创作出歌词，他得熟读《三国演义》，得对诸葛亮有相当的研究。第二个准备工作，我们师生齐读赵硕创作的《丞相》歌词。

【屏显】

臣本布衣事耕读，隐居南阳结草庐，
怎奈玄德公三顾，出山誓将汉室扶。
刘关张，新野驻，刘封封路，夏侯博望吞负；
随子敬，赴江东，联盟之计初吐；
步子山，张子布，归操计将出。
舌战群儒，计激都督，不战而降怎能算丈夫？
公瑾自负，击掌打赌，大雾锁江才草船夜渡。
浓雾不破，敌船不出，十万羽箭请都督细数。
欲破曹公，须用火攻，万事俱备唯独欠东风。
借风，华容道内武圣伏；
借风，七星坛上须发舞；
借风，诸葛孔明识天数；
借风，天地变色神鬼服！

先帝创业途遇阻，夷陵火光劫不复，
昭烈白帝城托孤，嘱吾将那少主扶。
吕子明，任都督，荆州夜渡，青龙麦道遇伏；
云长覆，翼德卒，皇叔龙怒难阻；
陆伯言，猇亭驻，夷陵火如炷。
白帝托孤，册封相父，复汉大业终交托于吾。
孟获七俘，内忧已无，兢兢业业将那中原复。

独坐空城，将木琴抚，只留司马城前空踌躇。
奇计频出，上方谷伏，一生用火终究被雨负。
星陨，马谡街亭军机误；
星陨，五丈原上荆棘布；
星陨，鞠躬尽瘁汉难扶；
星陨，死而后已流千古！

（陈老师领读，学生齐读）

师：第三个准备，我请了最会唱歌的杨老师，他来为大家演唱这首歌。

（杨老师激情唱《丞相》。唱到中途，何臻的父亲激动地上台，一起演唱）

师：谢谢！谢谢大家！这五个可敬的同学不仅写词创曲，最后还自己把它演绎出来了。

（播放学生演唱的《丞相》TV。全体学生热烈鼓掌）

师：何臻他们在考试，不能参加我们的课，但我相信，他们一定听见了大家这么热烈的掌声。他们的样子，就是我们清澜山学生最好的样子。所以同学们要把自己的佩服表达出来。现在开始一分钟的小演讲。请站到前台来表达。

生：大家好。这首歌里有非常非常多的诸葛亮的典故，几乎贯穿了诸葛亮的一生。赵硕的知识面让我特别震撼！伴奏、配乐和歌词完美结合，浑然一体，让我对诸葛亮的认识加深了很多。我真的听得灵魂震颤。我不仅更加崇拜诸葛亮，我也非常佩服他们，希望以后可以向他们学习，向他们靠近。

师：好，小姑娘，谢谢！你有一个短语很打动老师，“灵魂震颤”，我也是这样的感受。

生：大家好。赵硕的歌词基本全部都是用文言文的，从此可以看出，他们有比较深厚的文学功底。特别是这首歌的押韵，非常和谐，让我大开眼界。这是非常厉害的能力。作为一个八年级的学生，这首曲子的层次感让我觉得特别好。

师：两个关键词很清晰：文言功底！层次感！

生：大家好！《丞相》给我的帮助很大。我以前对《三国演义》的认识比较浅，《丞相》提升了我对历史的认识。这首歌的风格也是比较丰富的，既有摇滚，又有古风的味道，这样的结合，真的是太厉害了。

师：摇滚气质和古风气质，这方面王老师不怎么懂，谢谢你，小老师。

生：大家好。从《丞相》的创作中，我看到赵硕他们不仅是语文学得好，音乐功底也了不起啊！这首歌和普通的流行歌曲还不太一样，它的内蕴相当丰富。特别是我觉得他们用电吉他加钢琴是个很神奇的搭配，很新奇，很别致。

师：这是乐器的角度。好！

（学生更多发言）

师：同学们，这些是我们清澜山核心文化的一些关键词。接下来的发言，你可以把这些关键词用上。告诉何臻、赵硕们，他们都拥有着这样的一些品质。

【屏显】

国际视野　　领袖气质　　身心健康　　正直担当

追求卓越　　探索创新　　坚韧不拔　　兼容并包

根植于中国文化　　学术积淀深厚　　创新精神

突出特长　　尝试，一切可能

——清澜山核心文化关键词

生：大家好。我认为他们最大的特点就是“国际视野”，“根植于中国文化”和“尝试一切可能”表现得很充分。为什么呢？他们的创作以《三国演义》为背景，使用文言文非常熟练，押韵很精彩。他们更能够把中国的古典音乐和偏朋克风的摇滚音乐结合在一起。这就是中西方文化的美妙碰撞和融合！

师：这是我听到的超有水平、超有格局，表达最从容、最自信的发言！

生：大家好。我相信，这个作品，从何臻他们有了想法到最后诞生，过程是很漫长的，要付出很多很多的努力，要有很多很多的坚持。把《三国演义》这本书吃透，就是一个长期的过程。创作歌词，也是需要反复修改的。

谱曲，更是要经历艰难的琢磨。最后要合作演唱出来，起码得几十上百次排练吧。所以我觉得何臻他们，最体现了清澜山价值观中的“坚韧不拔”！

师：这是一个多么漂亮的角度啊！有同学问王老师，为什么这首歌叫《丞相》呢？丞相不是指曹操吗？赵硕这样为歌命名，是因为这首诗。请司艳平老师来为同学们读一读。

【屏显】

蜀相

唐·杜甫

丞相祠堂何处寻，锦官城外柏森森。
映阶碧草自春色，隔叶黄鹂空好音。
三顾频烦天下计，两朝开济老臣心。
出师未捷身先死，长使英雄泪满襟。

师：同学们一起来读第一句。歌名的出处就在这里。

（生齐读）

师：到了初三，我们还会学《出师表》。你懂了《出师表》，你就更懂何臻和赵硕的创意了。请司艳平老师带领大家读这一段——

【屏显】

臣本布衣，躬耕于南阳，苟全性命于乱世，不求闻达于诸侯。先帝不以臣卑鄙，猥自枉屈，三顾臣于草庐之中，咨臣以当世之事，由是感激，遂许先帝以驱驰。后值倾覆，受任于败军之际，奉命于危难之间，尔来二十有一年矣。

——诸葛亮《出师表》节选

师：同学们，你们看，创作这样一首歌，得读多少书，得积累多少经典名篇啊！王老师也写了几句顺口溜赞美他们。同学们一起来读——

【屏显】

赞赵硕、何臻们

清澜好儿郎，刮起三国风。

胸怀慷慨义，少年敬英雄。
文言底子佳，触类就旁通。
诸葛一生事，洋洋洒洒中。
叙事为主线，经历细裁剪。
长长短短句，节奏有疾缓。
详略精设计，高潮巧渲染。
反复小技巧，推波又助澜。
对比很有味，点题极震撼。
文学融艺术，青春创盛典。

师：这些同学真的是值得我们学习的偶像！下面进入第二阶段挑战——

第三部分　中级挑战：当赵硕、何臻遇见林秋离、林俊杰

师：很多同学喜欢的歌手林俊杰唱过一首很有名的歌叫作《曹操》，作词是著名的林秋离先生。我们来做一个有趣的比较。接下来有四个话题，同学们可以自由选择。

【屏显】

中级挑战：当赵硕、何臻遇见林秋离、林俊杰

一分钟宣讲话题：

1. 赵硕、何臻与林秋离、林俊杰，如此相同又如此不同……
2. 我更喜欢《丞相》，因为……
3. 我更喜欢《曹操》，因为……
4. 未来，何臻他们有可能超越林俊杰吗？

……

师：我们的目标是通过对比，帮助赵硕、何臻探索他们未来的发展方向。我们先热热身。曹操的典故也是非常多的。读起来——

【屏显 】

《观沧海》

东临碣石，以观沧海。
水何澹澹，山岛竦峙。
树木丛生，百草丰茂。
秋风萧瑟，洪波涌起。
日月之行，若出其中；
星汉灿烂，若出其里。
幸甚至哉，歌以咏志。

《龟虽寿》

神龟虽寿，犹有竟时。
螣蛇乘雾，终为土灰。
老骥伏枥，志在千里。
烈士暮年，壮心不已。
盈缩之期，不但在天；
养怡之福，可得永年。
幸甚至哉，歌以咏志。

师：面对这样一个丰富的曹操，林俊杰、林秋离会怎么去立意？怎么作词、谱曲和演唱呢？同学们来做对比吧。

（播放林俊杰演唱《曹操》视频）

【屏显歌词】

曹操

作词：林秋离　作曲：林俊杰

不是英雄　不读三国
若是英雄　怎么能不懂寂寞
独自走下长坂坡
月光太温柔

曹操不啰嗦
一心要拿荆州
用阴谋　阳谋
明说　暗夺

东汉末年分三国
烽火连天不休
儿女情长
被乱世左右
谁来煮酒

尔虞我诈是三国
说不清对与错
纷纷扰扰
千百年以后
一切又从头

师：同学们，这首歌也是当年影响全球的两百首歌之一，非常火。你一定有话说。现在开始发言。

生：大家好，在听完《丞相》和《曹操》之后，我更喜欢《丞相》。我觉得他的作词整体是比《曹操》要高级的。《曹操》整首歌一直在重复一段话，并且用的是白话文，感觉信息不多。但是《丞相》这首歌内容更丰富，还是用文言文来写的。在音乐方面其实两首歌很像，都是将古典与流行结合。所以我喜欢《丞相》大过于《曹操》。

师：高级感其实是丰富感。

生：大家好，我站在大众的角度，我更喜欢《曹操》。因为《曹操》的歌词相对于《丞相》来说，它更加简洁。《丞相》的歌词写得非常好，展现出的文学功底非常深厚，但是对于普通人来说可能不是那么容易理解，所以我觉得对于大众来说，接受度更高的应该会是《曹操》。

师：这个发言是受众的角度。

生：《曹操》比较口语化，《丞相》文言多，很典雅，气质不一样。

师：气质这个词语用得好。

生：大家好，我并不想说更喜欢哪一首，但我想分享一下我发现的相同与不同。相同点是两首歌都是中西结合——把西方的摇滚和中国的古风结合起来了。不同是《曹操》的故事情节比较少，反复强调的就是取荆州；《丞相》写得比较细腻，故事很多，有非常多的人物细节。

师：这个同学很有语文的眼光，了不起！是的，在叙述上，《曹操》是概括的，《丞相》是具体的。

生：我更喜欢《丞相》。因为它的节奏是有缓有急的。但《曹操》的节奏一直都比较激烈，因此更偏向于摇滚风。《丞相》呢，古风和摇滚的结合更突出。

师：从旋律的节奏角度来比较。新颖！

生：我觉得《曹操》表现的只是曹操生命中的一小部分，但是《丞相》则概括了诸葛亮的整个一生。从歌词创作来看，我觉得《丞相》是大制作。比较而言，林俊杰的曲让人印象更深刻。何臻他们未来有没有可能超越林俊杰呢？我觉得是有可能的。因为虽然他们现在还是学生，但《丞相》就已经很漂亮了，他们的未来肯定是不可限量的。

师：这个同学好有风度啊，说话不疾不徐，从容自信。特别是他发言的架构很好，先分别谈各自优点，然后从现在谈到未来，很有逻辑，很有说服力。

师：同学们已经发现了《丞相》是以记叙为主，呈现了诸葛亮完整的生命历程，而《曹操》好像不仅仅是以记叙为主的。那请问你觉得这两首歌在主题和立意上有什么显著的不同呀？

生：《丞相》是表达对诸葛亮的赞美。

师：《曹操》也是想表达对曹操的赞美吗？

生：不是，好像很复杂，听这首歌思绪有点儿混乱。

师：你的感觉其实是对的。《曹操》就是乱世之叹啊！我给大家做一个总结，我们慢慢读，慢慢去琢磨啊！

【屏显】

《丞相》重叙事，《曹操》重议论抒情；

《丞相》重英雄人物的塑造，《曹操》重时代风云的再现；

《丞相》在铺排，历史一泻千里，《曹操》在回旋，情怀一唱三叹；

《丞相》致敬伟人，《曹操》感叹乱世；

《丞相》明朗率真，《曹操》朦胧含蓄；

《丞相》如少年烂漫，《曹操》似中年思辨。

……

师：同学们，用语文的眼光去比较这两首歌，有利于提升我们的审美和认知。我同意大家的这个观点——赵硕、何臻们未来有可能会超越林俊杰、林秋离，因为他们的起点真的好高，他们的探索能力真的好强。我们没有理由不相信！中级挑战结束，我们进入高级挑战。

第四部分　高级挑战：当赵硕、何臻遇见杨慎

师：王老师在思考一个重要的问题——赵硕、何臻他们未来的发展方向到底在哪里？我想到了一个有意思的现象。《三国演义》作为四大名著之一，二十世纪八十年代的时候，我们要把它搬上银幕，就需要一首主题曲。谁作词？最后居然选了明代的大才子杨慎的一首词《临江仙·滚滚长江东逝水》作为《三国演义》电视剧的片头曲。

【屏显】

高级挑战：当赵硕、何臻遇见杨慎

深度思考：

1. 明代大才子杨慎的《临江仙·滚滚长江东逝水》成为《三国演义》电视剧片头神曲，凭的是什么？

2. 赵硕、何臻未来如果想有作品能像《滚滚长江东逝水》一样流芳百世，他们还要经历什么样的修炼……

一分钟宣讲话题：

如果杨慎和赵硕、何臻跨时空相遇了，杨慎有可能会给他们怎样的点拨呢？

师：我们先做一点点准备工作。请大家速读。

【屏显】

杨慎是明代著名文学家，明代三大才子之首，号升庵。

23岁时他考中状元进入京城官场。谁料想因事触怒明世宗，遭受杖责差点被打死，然后又被发配至云南边疆。

杨慎在云南流放了漫长的三十多年，一直到生命尽头。他并未因遭遇厄运而消极颓废、自暴自弃，不仅寄情山水著书立说，还不忘国事关心人民疾苦，为当地百姓做了很多好事。

杨慎被流放期间，一次经过金沙江的一个古渡口时，写下了这首著名的《临江仙·滚滚长江东逝水》，时年72岁。

师：这就是传奇的杨慎啊！只要中华民族还在，只要人类文明还在，杨慎就会永生，这首词也会永生。当然，《滚滚长江东逝水》和电视剧《三国演义》很配，虽然它不是杨慎为这本书写的。这首词，大于《三国演义》呢。再请杨老师给我们唱一唱。

（杨老师演唱《滚滚长江东逝水》）

师：我们来再听一遍，一边听一边想：杨慎他会给赵硕、何臻他们提什么样的建议呢？

（视频播放歌曲MTV）

师：欢迎大家畅所欲言。

生：如果我是大文豪杨慎，我会对这几个现在才九年级的学长说：你们最需要增加的，是人生体验。“古今多少事，都付笑谈中”，有伤感，有悲哀，有轻松，也有放下。只有经历了更多，才能写得更好。希望你们未来，多经历一些人生大事。

师：哇，深刻！把无字之书读好，深入生活，充分地体验人生，从天真烂漫走向丰富成熟。

生：如果我是杨慎，我遇到了何臻、赵硕会这样说：人生是要经历非常多的痛苦的，不像你们现在这样，有父母的保护，一切都很平稳幸福。所以希望你们不要因为一首歌的创作成功而满足于现状，而是要更加努力地继续去练习，去完善自己多方面的才能。就算你们以后像我一样遭遇了人生的重大挫折，也要像我一样，化悲愤为动力，把逆境转化成为优势。

师：是的，苦难成就诗人！这个叮嘱很好。

生：我的叮嘱是：赵硕、何臻，你们的情感要更丰富。你们细细品味"青山依旧在，几度夕阳红""白发渔樵江渚上"，你们是不是体会到了各种情绪的夹杂，特别是我的不纠结，那才是我一生最重要的领悟。你们的《丞相》很精彩，但情绪的表达还比较单一。未来的你们，既要讲故事，更要表达丰富的情绪。

师：我懂了。这个叮嘱，是指向作品的深度的。

生：我想用文言文来表达。清澜有善歌乐者！赵兄和何兄一首《丞相》，道尽孔明一生，妙哉妙哉！只是何兄和赵兄还涉世未深，辞曲尚浅，缺乏一些深意。待到何兄与赵兄到吾这年纪，便会理解人生之意义，那时必然创造出更有深度的词了。（*全场热烈掌声*）

师：这个同学表达了真诚的信任。非常有才华！非常有力量！

生：我认为杨慎会对何臻、赵硕说：你们可以更大胆一点儿，再加上一些自己的想法，而不是完全按照历史古籍来。例如你认为诸葛亮是个什么样的人，你们可以更勇敢地评说，如果有一些新的观点，听众会很喜欢。

师：其实他的意思就是说，赵硕、何臻未来的发展方向要从生动叙事当中跳出来，要有更深刻新颖的思想表达。同学们关注一下杨慎的"学习成绩"，再给点儿叮嘱。

生：我从第三方立场来说：赵硕、何臻啊，杨慎可是大才子，读书很好，考上了状元。你们要学习他，读更多的书。书读多了，才能写得更好。

师：这个叮嘱太重要了！你以为经历了人生痛苦就能够写出《滚滚长江东逝水》吗？不行的！只有有字之书和无字之书都读好了，才有可能创作出这样的绝唱。我想请谢××同学，最后给大家朗读一下这首词！

（谢××朗读；组织全体同学朗读）

师：现在给大家做一个总结。我们希望赵硕、何臻他们未来的发展方向是什么呢？一起读——

【屏幕展示】

《滚滚长江东逝水》中，杨慎在说：

人类历史固然壮丽宏伟

但天地自然更加亘古永恒

让我们在大历史与大时空中

去从容面对生命的祸福得失、荣辱成败

去为人类文明增光添彩

去获得永恒的宁静与旷达

这才是生命的终极追求

师：赵硕、何臻代表着少年，林俊杰代表着中年，杨慎代表着老年，在不同的人生阶段读《三国演义》，看见的和思考的，是不一样的。

【屏显】

赵硕、何臻投身三国，创作《丞相》，点评人物，是少年的挚爱与进取。

林秋离、林俊杰遥观三国，创作《曹操》，点评乱世，是中年的沉淀与思辨。

明代杨慎俯瞰历史，创作《滚滚长江东逝水》，点评宇宙人生，是老年的彻悟与超脱。

师：同学们，今天我们一直在比较。但其实，不可比。少年的烂漫、中年的思辨和老年的超脱，每个人生阶段都一样美好、一样重要。我们进行这样的思考，是为了激励我们自己：努力把有字之书和无字之书都读好，在属于我们自己的人生节点上，能够为清澜的文明、中华的文明和世界的文明争光添彩。通过这首歌，我们看到清澜未来可期，中国文化未来可期。

最后，潘浥尘要出场了！这一首歌是潘浥尘和何臻他们共同为清澜山创作的一首校歌，是中英文双语歌曲。这个是杨慎他们永远无法企及的，这是当代少年的风采啊。

（播放学生作品）

师：同学们，林俊杰听到这首歌，他会感叹，长江后浪真的推前浪；杨慎如果地下有知，他更会感叹，滚滚长江书写演绎的永远是更青春的中国和更青春的中国人。同学们，老师这堂课不仅送给何臻和赵硕，也用这堂课致敬我们在座的所有经由对语文的热爱，经由对更多学科的热爱，正在创造着清澜传奇的同学们，谢谢大家。

（热烈的掌声）

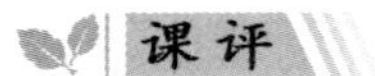

激励　唤醒　点燃

——由王君“向一首歌致敬”一课谈青春语文的立人功能

（张建国　雄安容和德辉学校）

“向一首歌致敬”这节大课，以学生生活中的兴趣创作为原点，创设情境，利用三级挑战，将形式多样、题材广泛的中国传统经典小说、故事、诗词，以及现代歌词进行延伸对比，实现了经由语文教学之路，达到永葆激情、终生成长、成为更好的自己这一目标。

一、立人于终身兴趣发展之中，即立足于个体语文学习兴趣发展

在语文教学中，动机、兴趣、习惯、情感等非智力因素对学生的学习发挥着非常重要的影响作用，而兴趣，则是学生投入语文学习最有力的抓手。这节清澜山学校七、八两个年级的学生共同上的大课，课堂上自始至终贯穿着对学生语文学习兴趣的激发，立足于个体兴趣发展，实施语文教育，进而达到在终身兴趣发展之中“立人”的效果。

首先，以五位清澜山少年的歌曲创作为支点，设置课堂活动。王君老

师在课堂开始的环节，让学生向创作歌曲的偶像“挥挥手，问声好”，利用身边的案例拉近学生和“青春语文”课堂的距离，既很好地肯定了五位清澜山少年在语文领域、音乐创作领域的成绩，也让课堂里的孩子对语文学习产生强烈的欲望，抓住青春少年内心深处的趋同性，激发趋同思维。

其次，创设初级、中级、高级三级挑战活动，以挑战的形式激励学生，促进语文综合素养的提升。请看王君老师设计的三级挑战任务。

初级挑战：当我们遇到赵硕、何臻们

一分钟宣讲话题：

1. 从《丞相》这个作品中，我看到赵硕、何臻们的语文，学得真好……

2. 从《丞相》的创作中，我看到赵硕、何臻们，不仅是语文学得好……

中级挑战：当赵硕、何臻遇见林秋离、林俊杰

一分钟宣讲话题：

1. 赵硕、何臻与林秋离、林俊杰，如此相同又如此不同……

2. 我更喜欢《丞相》，因为……

3. 我更喜欢《曹操》，因为……

4. 未来，何臻他们有可能超越林俊杰吗？

高级挑战：当赵硕、何臻遇见杨慎

深度思考：

1. 明代大才子杨慎的《临江仙·滚滚长江东逝水》成为《三国演义》电视剧片头神曲，凭的是什么？

2. 赵硕、何臻未来如果想有作品能像《滚滚长江东逝水》一样流芳百世，他们还要经历什么样的修炼……

这三级挑战，每一级挑战都是不同层面任务群的呈现，新课标对任务群有三个层面的叙述：第一层设“语言文字积累与梳理”，为基础型学习任

务群；第二层设“实用性阅读与交流”“文学阅读与创新表达”“思辨性阅读与表达”，为发展型学习任务群；第三层设“整本书阅读”“跨学科学习”，为拓展型学习任务群。“向一首歌致敬”一课，从《丞相》这个作品拓展到林俊杰的歌曲《曹操》，又延伸至杨慎的名词《临江仙·滚滚长江东逝水》，始终以提高学生语文学习的综合素养为重心，授课过程中建立“语言表达”“对比探究”“语文要素”“思维贯通”等学习任务，从“发展型学习任务群”进阶到“拓展型学习任务群”，培养学生的语文学习能力，提高语文素养。同时在学生语言表达、阶段挑战的过程中，设计的“讲故事”“PK”“小组积分”等活动，都立足于青少年学生的兴趣发展区而达到语文教育的“立人”目标。

二、立人于传统经典文化之中，即立足于个体对文字本身的亲近

“向一首歌致敬”一课，巧妙利用传统文化，创设语言情境，让学生在语言表达方面如鱼得水，尽情发挥。何谓情境？它是人为创设的教育情境、人际情境、活动情境、校园情境，它渗透着教师的育人意图。

王君老师把这堂课植根在三国时期诸葛亮、曹操的传统经典故事之中，积累“四字词语”，讲述“三国故事”，从《丞相》的歌词到《曹操》的歌词，引经据典为学生介绍《蜀相》《出师表》等名篇……词语、诗词、歌词通过不同形式呈现，让学生充分地与文字本身亲近，从而在浓浓的传统经典文化氛围中展开语文教学。

首先，从文学的角度勾连古今，丰富课堂。整节课从刀郎和《聊斋志异》开启厚重的文化之旅，以《丞相》这首歌为轴心，上下勾连，将杜甫的《蜀相》、曹操的《观沧海》、林秋离的《曹操》、杨慎的《临江仙·滚滚长江东逝水》巧妙地镶嵌在这节课中，通过朗诵、吟唱、赏析等一系列教学活动为学生们带来了极为强烈的文化冲击。

其次，无论是朗诵、宣讲，还是赏析、辩论，所有环节都在持续不断地激发学生的创作激情，充分体现了语文教育立德树人的功效。

参考文献：

[1] 王君. 更美语文课 [M]. 武汉：长江文艺出版社，2018.
[2] 周振宇. 跨学科教学 [M]. 武汉：湖北教育出版社，2022.

18. 少年情怀总是诗

——《诗》教学实录

执　　教：王　君

授课学生：清华附中清澜山学校八（4）班

课堂类型：写作型+诵读型群诗教学

课堂特色：群诗写作诵读，青春语文意义疗法

整　　理：山东省汶上县第一实验中学　徐程明

第一部分　辩诗

师：同学们好！我们今天的课题是《诗》，任务是自由创作诗歌一首。为完成这个任务，要进行四个活动。下面开始第一个活动：辩诗。

（师板书四个台阶，第一个台阶上面书写“辩”）

师：老师和家长提出“少年情怀总是诗”的观点时，很多同学不同意。这种反驳并不新鲜。在很久之前，中国乐坛就已经有人掀起这种思想风暴。“魔岩三杰”之一的何勇认为，“人生就是一个垃圾场”。一直以来，人们对人生就有这两种观点：“人生如诗”“人生如垃圾场”。同学们，你们怎么看？

生：人生是多变的，既是诗又是垃圾场。

师：你认为它们是交融的。

生：人生就是一个垃圾场，我们都在经历乌烟瘴气，但总有一些人能够从垃圾场中发掘属于自己的诗。

生：人生不是垃圾场，人生应该像航海，在大浪中起起伏伏。

师：你的发言不仅有驳，而且有立，这是很高明的方法。

生：人生如诗，诗本来就有起有伏。

师：你是最有诗意的女孩。

师：解决这个问题的最好方式就是请教老者。赵谦翔老师今年75岁，身患癌症，现在还在教学一线上课，经历最丰富，最有发言权。我们听听他是怎样来回答这个问题的。

【屏显，播放赵谦翔老师讲解视频】

非常高兴参与同学们的讨论。人生宛如一首诗，还是人生就像垃圾场？我当然赞同第一种观点，人生宛如一首诗。我们生活的人间本来就是既有真善美，又有假恶丑的。有的人受到假恶丑的伤害，便觉得人生就像垃圾场。有的人受到真善美的感动，便觉得人生宛如一首诗。前者是悲观派，后者是乐观派。悲观派令人消极颓废，乐观派促人积极上进。要想不负生命，拥有未来，就要把人生像诗那样度过，即诗意地栖居在大地上。诗意地栖居的观点来源于德国哲学家海德格尔的名言，人类的本质就是诗意地栖居在大地上。意思就是说诗意地栖居是人类独具的本能，其他任何动物都不具备。那么为此，我们有必要弄清诗和诗意这两个概念。著名的美学家朱光潜认为，“所谓诗并无深文奥义。他只是在人生事项中，见出某一点特别新鲜有趣，而把它描绘出来”，这就是朱先生对诗的定义。那就是发现了新鲜趣味，从而产生审美的愉悦，这就有了诗意。发现新鲜趣味并用语言描绘出来，这就有了诗歌。所以，有诗意才是真正的人，无诗意只不过是行尸走肉。如果你既是敏锐的趣味发现者，又是美妙的语言表达者，那你就是真正意义的诗人。在此送给同学们三句话，第一句，排除垃圾污染；第二句，坚守诗意栖居；第三句，学做快乐诗人。谢谢同学们。

师：赵老师的话一定是有分量的。刚才说人生是垃圾场的同学，可以再琢磨一下。接下来，我们进行第二个活动：赏诗。

（师在第二个阶梯上板书：赏）

第二部分：赏诗

师：我们身边也有很多诗人，谭老师就是其中一位。我举个例子，你看到蜗牛的第一感觉会是什么？

生：坚韧。

师：谭老师想到了——房奴。

【屏显】

蜗牛

谭秀琴

房奴

师：同学们，这种诗叫作微诗。

（板书：微诗）

师：请大家观察这个小菜园，猜猜是谁经营出来的？

【屏显菜园视频：各种各样的瓜果蔬菜】

（生猜测）

师：这是陈晓东老师经营的菜园，有请诗人陈晓东朗读他的种菜诗。

【屏显，陈晓东老师深情朗读】

小园赞

陈晓东

山湖城前一片园，
东风笑起绿波间。
辣椒从容灯笼挂，
番茄不觉展羞颜。
葵花朵朵开口笑，
大豆粒粒渐饱满。
从来庄稼不负人，
一分辛苦一分甜。

（板书：古体诗）

师： 谢谢陈老师，下面给大家介绍一位最会养花的老师，大家看他养的花！

【屏显花园视频】

（生连连赞叹）

师： 这个美丽的花园是杨军宗老师打造的，请杨老师把自己的诗唱出来。

【屏显，杨军宗老师用四川民歌方式演唱】

茶花茉莉花齐开放呀
（姐呀哥哩哈哩呀）
种几株芳香在身旁呀
在身旁呀在身旁呀哥哩哈哩呀
种呀种呀种快乐呀哥哩哈哩呀
人说咱们的老杨好呀
（姐呀哥哩哈哩呀）
咱们的老杨会种花呀
会种花呀会种花呀哥哩哈哩呀
种呀种呀种幸福呀哥哩哈哩呀

（师板书“民歌体”，生赞叹鼓掌）

师： 接下来展示重磅诗人尹东的诗，请司老师来介绍。

司老师： 尹老师的诗最大的特点就是以情动人，能抓住生活的某个瞬间。他的诗里蕴含着真实真诚又温暖的人情人性，我来读其中两首。

【屏显，司老师深情朗读】

有感于华为孟晚舟女士无辜羁绊加拿大1028日后归国

尹东

牧羊五湖外，持节雁门秋。
家国不忍去，天涯归晚舟。

注解：五湖，指的是美国和加拿大之间的五大湖。

雁门，古代中国著名的对外战场，这里指没有硝烟的中美贸易战。

牧羊和持节，大家都懂，个人的操守和国家的强大。

【屏显，司老师深情朗读】

五律·儿子回多伦多送至深圳宝安机场

尹东

夜奔临汾北，晨驱台科南。
匆匆掩夏热，辘辘接秋寒。
孤蓬千万里，毕生三两言。
此去远洋外，当知行路难。

注解：儿子回国，我在阴山南麓，现在儿子辞家，老婆却远在临汾。整个暑假，不是加班，就是搬家，我们根本没空陪陪他。还好儿子已成人，知父母艰难，几无抱怨，备感欣慰。

师：谢谢司老师。接下来请俞老师来向大家推荐霍军老师的诗。

（生自发鼓掌）

【屏显，俞老师配乐朗诵】

诗人霍军

有这么一个人，他是来自敦煌的雄鹰，他是生活的“心灵捕手”。他爱酒，爱写生，爱书法，爱读书讲书，爱生活中的琐琐碎碎，随手又能把这一切琐碎镀上光，变成诗行。他不是别人，正是我们的霍军老师。霍军老师有一颗纯澈的诗心，有一双时刻朝向美的眼睛。他比我们更晚来到清澜山，可他比谁都更熟悉这里的一草一木。

校园里一丛普通的白雏菊，在诗人霍军的眼里是这样的：

星期天的雏菊钻出铁丝网
卖弄嗓子的鸟儿之外

远处工地正在打夯
细雨斟茶
白色花瓣举起勤快的勋章
一面草坡一座静悄悄的歌剧场

金合欢树，一树金光，在诗人霍军眼中不仅有生命，还有自己的故事：

合欢的故事是这样的——
欢喜和欢喜手拉手
无数的欢欣建了一个群
欢乐形成包围圈
围歼了乌云
欢美全都伸出小指头
蘸着泥土味道
在虚空里
炼金
每一双背着书包的眼睛
都住进
一群金灿灿的神

野蒜，在诗人霍军眼里是“几天不见的少年蹿了个子”，是爱读书的莘莘学子：

好久
没在教室听过课了
要往高处爬
要踮着脚儿把身子拉长
够到课堂的窗口

为了看清土丁桂，诗人霍军蹲下了，靠近了，还真看到了：

地面穿一件蓝花土衫

我用一种遇见村姑的心情
发生了
微笑
任何泥土仰面看足了天空
都会摘下高处的氧气
创造好看的
蓝色的
一丁丁

是的，诗人霍军随处走，随处写，把自己活成了生活中的国君。像花婆婆所到之处都撒上花籽，而他把自己的所有足迹都种上诗行。

这就是诗人霍军！

（板书：散文诗）

师：同学们，古体诗可能写起来有些难度，但微诗、民歌诗、散文诗你肯定会写。

师：接下来要出场的是赵谦翔老师，请杨军宗老师把赵老师的诗唱读出来。

【屏显《赞今天的饺子》，杨军宗老师欢快演唱，生跟随节奏打拍】

赞今天的饺子

赵谦翔

今天饺子格外好，
肉多料足蔬菜少。
今天饺子格外靓，
有大有小有瘦胖。

今天饺子格外鲜，
皮薄馅大口流涎。
今天饺子格外棒，

自食其力食欲旺。

今天饺子格外贵，
温暖心窝慈母味。
今天饺子格外美，
不就美酒也陶醉。

团团圆圆大家庭，
欢欢喜喜迎解封。
线上线下创佳绩，
看我清澜好园丁！

师：同学们，这是赵老师最轻松的打油诗，也是最高级追求的诗。下面出场的是我的学生李德元，他最叛逆，但是也最有诗心和诗情。我请同学来代读李德元的诗。

【屏显《三部曲完结篇》，生情感朗读】

三部曲完结篇

李德元

清澜求学过三年，转瞬即逝眨眼间。
花间舞蝶和香趁，江畔春泥带雨衔。
第一学年皮逆天，荡漾翱翔乐秋千。
孩童不知学习重，重重叠叠是金钱。
第二学年知深浅，压力加重难封仙。
惊涛汹涌向何处？孤舟一去迷归年。
第三学年书似剑，望尘莫及扬马鞭。
觉醒意志皆燃烧，清澜山中自有天。
醍醐一盏诗一篇，世间漂泊海无边。
笑着擦去眼角泪，一去不回唯少年。

师：谢谢你，接下来我们一起来看小朋友写的诗！

【屏显清澜三年级小诗人所写微诗，生深情朗读】

书

李瀚宸

书是大学霸
每天三餐都吃字
肚里全是大智慧

夕阳

吴霄鹏

夕阳跌倒在水里
化作一根金色的柱子
撑起了一片天

船

侯昊琦

水上熨斗
它在蓝色的大海上行走
想把海浪烫平

师：同学们，如果你有一颗童心，你也能写出这样的诗。

师：下面是诗人光临现场环节，我请出的诗人是超有才华的霍军老师和尹东老师，大家可以就诗歌创作的问题向他们发问。屏幕上的问题，大家可以做参考。

【屏显】

诗人光临　课堂访谈

为什么你们的文字里只有“诗”，没有“垃圾”？

要语文成绩很优秀才能写出诗吗？

生：如果我们写打油诗，家长不乐意，这怎么办呢？

霍老师：那就针对家长不满意的事件再写一首打油诗，看他开心吗？

生：为什么我们写诗就惹家长生气，诗人写诗就会得到夸赞呢？

尹老师：你觉得是先有诗还是先有诗人？如果你认为先有诗人后有诗，那么诗人写出的打油诗也是诗。如果你认为先有诗后有诗人，那你写出来的打油诗就不会被认可。

师：这个回答很高明，好好琢磨。

生：我想问什么时候需要写诗呢？

霍老师：诗歌是觉察到了的说话。我们日常生活交流不需要诗歌，但是我们对生活有所总结的时候是需要韵律的。

师：霍老师的水平太高了！

生：假定人生就是垃圾场，那诗是去创造一个锃光瓦亮的瓦片还是把这些不平整的瓦片给磨平，创造一个更好的环境？

师：你的语文素养相当高，请尹老师回答。

尹老师：很关键的一个问题是你作的诗是写给谁的，如果是写给自己，垃圾场就不是垃圾场。如果是写给别人看的，也许就会去迎合，那就是垃圾场。

生：很多人觉得古体诗很好，但我个人更喜欢散文诗。那怎样可以做到古体诗和散文诗结合在一起？

师：我分享几个观点给大家，对你们创作很有用。第一个观点是诗意的修炼。

【屏显】

诗意的高级修炼：把自己的生活变成诗

诗意的中级修炼：发现和赞美诗意生活

诗意的基础修炼：追求诗意的语言表达

师：第二个观点：世界一切皆可入诗。所有的语言形式皆可成诗，情怀高于技巧，诗形自由自在。

【屏显，共读】

诗形

可长可短

可整可散

可俗可雅

可咸可甜

师：第三个观点：诗要写得好，要对诗心有要求。

【屏显，共读】

诗心

必温必暖

必美必善

必柔必坚

必真必深

师：诗心温暖美好，才能够写出好诗。我们在讲作文课的时候谈到写作必须要用的两个工具：

【屏显】

工具一：一个筛子

苏格拉底曾告诫学生说："当你要告诉别人一件事情的时候，至少要用'真实、善意和重要'这三个筛子过滤一遍，如果那件事是不真实的、缺乏善意的和不重要的，就没有必要告诉别人，否则就会给人造成困扰了。"

工具二：一个单反相机

叔本华说：要丢开寻常看待事物的方法。

1. 发现平常生活的美。

2. 发现生活中细节与细节之间的联系。

3. 发现事物背后的独特意义。

师：写诗用这两个工具还不够，我们还得把美的东西留下来。赵老师给出了关于诗人的定义。

【屏显，齐读】

所谓诗人，就是：敏锐的趣味发现者，美妙的语言表达者。

师：我认为先有诗人才有诗。我写诗的方式跟大家不一样，我是用行动写诗的人。

【屏显，播放王君老师每天与清澜山树木合影的视频】

师：霍军老师看到视频后为我写了一首诗。

【屏显《一株会飞的木棉》，海芹老师配乐朗读】

一株会飞的木棉
一路言笑晏晏——
巴山，燕山，西山，清澜山
是一棵会开花的树
选择海拔高度的飞行驿站
一粒种子边奔跑边呼吸
秀丽
一卷又一卷在课堂上出版
怀抱琵琶出塞
原来是青春语文为了
与宇宙和亲
嫁给了无限江山

（生鼓掌）

师：这是一位诗人对另一位诗人的懂得。下面我们进行学习活动：练诗。

（师在第三个阶梯处板书：练）

第三部分：练诗

师：接下来我们要练诗，老师提供给你很多素材，这些素材都是同学们、老师们在清澜山的诗意人生，大家可以借鉴。

师：第一个素材是清澜小作家郑睿的随笔。

【屏显：素材一《十秒钟的回望》，生朗读】

跨年夜的夜晚很美，华灯将它点缀得更加绮丽。在这岁末将至，充盈时光的罅隙，我突然对即将开启的这一年充满了期待。国际赛的未来之城是从未解锁过的卡，而USAP也将在未来几个月里开启新的篇章。

一切都不可预知，一切也都美妙得让人兴奋。

2022年快乐啊，希望所有人都能幸福地迎接新的一年，挥洒一片阳光，创造一番辉煌。

——节选自郑睿随笔《十秒钟的回望》

师：短短一段文字，我们可以看到她的情怀和驾驭语言的能力。我推荐的第二个素材是清澜小作家王舒漾的文字。

【屏显：素材二《学生会竞选失意，人生路收获成长》，生朗读】

所以，我每天都会告诉自己：再加把劲。你想打败的人不是同学，不是竞争对手，而是你自己。当我再次遇到任何类型的失败时，我会回想我的学生会选举，告诉自己：接受它，接受失败。这是在变得更好的道路上的第一步。

这就是我所做的，从祝贺熊天浩开始。

——节选自王舒漾随笔《学生会竞选失意，人生路收获成长》

师：少年随笔是最美的情怀，老师推荐的第三个素材是彭心然同学的播报《团团圆圆》。

【屏显：素材三彭心然同学视频播报作品《团团圆圆》】（内容为一家

四口在一起平淡却幸福地生活）

师：这个作品具有典型的高级感。第四个素材是岳如一同学的播报《我的爸爸》，一起来欣赏。

【屏显：素材四岳如一同学视频播报作品《我的爸爸》】（内容为用小漫画的形式，展示父亲的故事）

师：这个作品可以代表清澜山播报的最高水平，第五个素材是我们班的猫薄荷女孩儿。

【屏显：素材五猫薄荷女孩儿照片】（内容为女孩和猫薄荷每天的合影照片）

（生会心一笑）

师：这么多素材你能够写出好诗吗？孩子们，再往下看。

（连续播放视频）

【屏显：素材六王君老师和学生的舞蹈视频】

【屏显：素材七王君老师课间靠墙蹲运动视频】

【屏显：素材八疫情封校期间清澜山校长和老师们弹琴、跳舞的视频】

【屏显：素材九王君老师骑行视频】

【屏显：素材十王君老师完成广州全程马拉松视频】

师：现在开始写诗。

【屏显】

目标：少年情怀总是诗

1. 用心体味老师提供的诗意素材。
2. 自由创作诗歌一首，可以自拟题目。
3. 形式不限，字数不限。
4. 经由诗歌，把你美好的情怀展示给世界。

生：我写的是古体诗，主题是“毕业”。六月微风轻拂过，楼里埋笑埋眼泪。

生：未来可期，活好今天，就是对未来最大的挑战。

师：这叫作哲理小诗，汪国真先生就特别喜欢写这种诗。

生：我写的是和朋友在一起的时光。一棵树下四个身影，树叶被吹散了，影还在。

师：非常深刻。

生：我写的是《青春》。青春时日不可追，风老年华岁以催。但愿老时亦无悔，青春年少最可贵。

师：你写的古体诗，基本上押韵，不错。

生：我写了一首微诗——盆景，茂奴。

师：什么叫“茂奴”，解释一下。

生：花草本该是生长在大自然里面的植物，可现在却被紧紧地束缚在一个狭小的盆子里面，放到室内供我们人类玩弄。

师：这是青春少年内心的呼唤，简单又深刻的思考。

生：我的题目是《北斗七星》。深蓝的星河里/有着七颗分不开的星星/从地球仰望天空/它们是那么明亮/迷失方向的旅人/依靠它们寻找方向/我们的距离是那么遥远/也是那么切近/所以，黑暗来临的时候/我们也要有星星/汇聚点点星光/成就一片星海。

师：谢谢同学们，现场写诗需要勇敢表达。接下来王老师要做两件事，第一件事是展示老师写给同学们的诗。

（挨个展示）

【屏显：《相信时光的力量——致王舒漾》】

相信时光的力量

——致王舒漾

夏海芹老师

在失意的土壤里，
你种下一粒坚韧的种子，
一个会跟自己对话的小姑娘，
每天都在说——
再加把劲儿！
对，再加一把认真的劲儿，
再加一把执着的劲儿，

再加一把挣脱了、冲破了、撞开了的劲儿，
还要一把从容劲儿，
再加一把快乐劲儿，
再加一把欣赏自己、悦纳自己、宠爱自己的劲儿，
在自己的田野开疆拓土，
肆意生长！
舒漾，
舒展眉头，漾出笑容，
走在让自己变得更好的路上，
相信时光的力量，
相信向上的力量，
一定会遇见自己喜欢的模样。

【屏显：《世界是温柔的果园——致郑睿》】

世界是温柔的果园

——致郑睿

夏海芹老师

十秒钟只是须臾一瞬，
却因一个少年的思考，
成为恒久的记忆。
跋涉与淬炼，
痛苦与快乐，
不可预知是美妙的梦，
未来之城是未解锁过的卡，
让诗绪飞，
任心情扬，
倔强行走在追逐的路上。
走吧，
放肆且坚定地走吧，

身随心动，
步履不歇，
世界是温柔地等待你成熟的果园。

【屏显：《家——致彭新然》】

家

——致彭新然

王昭霞老师

家，
在新然眼里，
就是爸爸和哥哥一起搬沉重的行李，
哥哥想要比爸爸搬得更多。
家，
在新然眼里，
就是爸爸帮妈妈拧开罐头盖，
本来妈妈自己也能拧开。
家，
在新然眼里，
就是爸爸给妈妈擦干净案板，
其实妈妈可以自己擦。
家，
在新然眼里，
就是全家一起吃滚烫的汤圆，
一起吃才更滚烫。
家，
就是你们忙忙碌碌在一起，
我都想帮忙，
我更想忙着拍下来。

【屏显：《定风波·岳如一作品》——致岳如一】

定风波·岳如一作品

陆艳老师

妈妈视角述父生，
四层三情条理明。
思维创新细节佳，
真棒！
百合茉莉韵爱声。
红军后代岳家军，
根正，
阳台候父念亲恩。
兄弟齐聚八一桥，
坚持，
十年相守越如一。

【屏显：《那次王君老师拉着我的手》——致郑皓文】

那次王君老师拉着我的手

吴颖欣老师

那次王君老师拉着我的手。
灿烂的笑容绽放，
在同学们的脸上；
橘黄的鲜花翻飞，
在老师的裙裾上。
旋转舞动，
是我们，
在镜头前；
鼓乐点点，
画面翩翩，
是拍摄的同学，

笑得颤抖，
在镜头后。
那次王君老师拉着我的手，
灿烂的笑容绽放，
在我们的脸上。

【屏显：《一盆薄荷花要求跟我结拜》——致谢蕙禧】

一盆薄荷花要求跟我结拜

霍军老师

一盆薄荷花要求跟我结拜
当一对好姐妹
我喜欢把妹妹的诚恳
捧在手心
我想让友爱的根
扎在我头顶
我喜欢举起妹妹的青葱
变成
扬起手臂高高举起火炬的
自由女神

师：王老师要做的第二件事是请俞老师朗读自己的诗，这首诗送给疫情中被困的人们。

【屏显《青春的回答》，俞老师深情朗读】

青春的回答

俞春霞

八卦桌前坐定
不聊八卦
只聊头顶的新月
枝头的花苞和她们的悄悄话

一只小小的口琴
吹醒遥远的歌谣
青春连接着白发

笑容绽放像勃发的藤蔓
不老
舞姿摇曳像穿越的钟摆
恰恰

封控封不住恣肆的歌声
隔离隔不断欢畅的舞步
一群半百的少年
在春天的晚风中做一个
关于青春的回答

师：写得好，读得更好！同学们要像俞老师这样去观察，去思考。下面我们进行最后一个活动：思诗。

（师在第四个阶梯上板书：思）

第四部分：思诗

师：回到最初的问题，我们说人生如诗，但是很多时候人生真的就像一个垃圾场，甚至像一个战场。诗，绝不是只有岁月静好。电影《我和我的父辈》中有一个片段就叫《诗》，这个故事描绘的是新中国成立初期的科学工作者在大漠里奋战的历程，里边有戈壁荒滩，有死亡，有鲜血。看看这首诗，你更能够明白什么叫“人生真的如诗”。

【屏显，播放《我和我的父辈》之《诗》曝读诗片段】

师：同学们，人生如战场，战场里依旧有诗心。

【屏显，播放《觉醒时代》片段，延年、乔年牺牲，血水里盛开的花，凋零在最美好的年纪】

师： 同学们，为什么这也叫“诗意人生”，这也叫“活出了诗意”？我们应该怎样去做才能够让垃圾场和战场真的变成诗和花园？来，记住赵老师的话，齐读。（读完后下课）

【屏显，师生齐读】

清除垃圾污染

坚守诗意栖居
学做快乐诗人
——赵谦翔老师

诗意的唤醒与表达

——听王君老师群诗教学“诗”

（张　洁　广东省中山市南朗镇中山纪念中学）

著名文艺美学家童庆炳先生说：“审美是人生的节日。”诗歌，作为文学最高的审美形式，是对日常生活的截断，使人由一个日常世界进入一个美学世界。因此诗歌的阅读和写作教学，必须培养学生对生活、对语言审美的感受力和表达力。

一、唤醒诗意的感受

这节课叫“诗”，是群诗教学。王君老师的巧妙在于将诗歌植入生活，她大胆地选用自己生活里普通人的诗意表达，真实的生活瞬间的诗意记录。学生眼前的阅读材料就是日常的人用不同语言风格和腔调组成的诗的海洋：微诗、民歌、古体诗、格律诗、现代诗、打油诗。诗歌不再高高在上，而是与日常生活息息相关。

和传统课堂里诗歌作者隐身文字背后不同，王君老师创造性地打开课堂，将诗人们请到了现场，朗读着自己或者别人的诗。学生不仅在听诗、读诗，还在看诗人的姿态，看活生生的、带着体温和呼吸的诗的发生，用眼睛、耳朵、心灵感受热爱生活的主旋律。

这些诗歌携着诗意，向学生的感官呼啸而来，唤醒孩子们沉睡的美的感受力。

二、交流诗意的理解

第二环节，是诗人与学生关于诗的对话，氛围特别亲切、自在而放松。

什么诗才是好诗？诗人霍军说：诗是觉察了的说话。

诗是创造还是改造？诗人尹东说：诗永远在为自己而创造。

怎样才能写出好的诗歌？诗人们说，当然要多听啊，当然要唱起来呀。于是，孩子们开始轻吟浅唱罗大佑的歌，真的唱了起来，这就是课堂的诗意。

王君老师的总结意味深长——写诗是自由的，怎么都可以：可长可短，可整可散，可俗可雅，可咸可甜。但一定要有诗心：必温必暖，必美必善，必柔必坚，必真必深。诗人就是敏锐的趣味发现者，美妙的语言表达者。

写诗的问题不在于用什么形式写，更重要的是愿意用美的眼光发现，用美的形式表达，在美的鉴赏和创造里，润泽着一颗诗意的心灵。

三、激发诗意的表达

生活是诗歌的土壤。在这一环节里，王君老师整理了一大批美好的生活素材，用这些最亲近学生心灵的细节，这些被觉察了的小欢喜去引导孩子们觉察生活，觉察语言。孩子们的心被生活的温暖与可爱感动了，自然有了表达的欲望。

课堂里的沉默是宝贵的，孩子们在沉默的书写中，变成了诗人，自由而勇敢地表达自己的感受。在自由交流的环节，听者可以感受到语言百花齐放的灿烂、众生高歌的喧哗。

写诗的意义不在诗才的高下，而是诗心的复活，一种表达的快感。

四、由诗意走向诗化人生

收束处的诗歌吟诵活动，使这节课的意义走向辽阔而深刻，这是一种价值观的引领。一首首精选的诗歌，由一个个诗意的人吟诵，以一种真实的激情，带领孩子们从自我走向人群，走向自然，走向社会，走向生命，走向宇宙，走向永恒……

《我和我的父辈》和《觉醒年代》的片段播放，是对诗意最高的致敬。在这里，诗歌完成了它的终极任务，由诗意的表达走向人生的诗化。如著名哲学家刘小枫所言："人生即诗，人生应是诗意的人生，而非庸俗的散文化。"这里的诗，已经不再是一种文体，而是一种人给予自己的力量，一种生存方式。

结尾处，赵谦翔老师的话振聋发聩：清除垃圾污染，坚守诗意栖居，学做快乐诗人。

总之，王君老师的这节课是语文情感教育和审美教育的创新课例。她大胆地使用生活素材，引用普通人的诗歌，将课堂彻底打开，用真实存在的诗人、真实存在的生活，贴近孩子的心灵，唤醒孩子的诗意感受和表达，引导孩子们追求诗化人生。通过语言文字训练，提高孩子们的审美感受力、理解力和表达力，建筑他们美好的诗意心灵，体现了王君老师青春语文意义疗法的教学主张，实现了语文教学借由语言文字立德树人的根本目标。

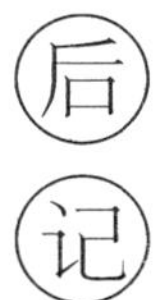

创造出更好的语文课是时代赋予我们的使命

一

这些年，从北方到南方，从人大附中到清华附中再到清澜山学校，我的语文课变化很大，进步很大。是经历，让我拥有了更多的对语文的思考，也获得了更多的关于语文的自我解放。

解放之一：从语文教学走向语文教育

现在，我备课，不再首先“备课文”了，而是首先“备学生的精神需要”了。文本，要为我的学生服务，而不是我为某个文本服务。学生第一，文本第二。有了这个立足点后，我便拥有了驾驭文本、解剖文本、创造文本的魄力。在文本面前拥有自由，是一种自信：相信在此刻，在当下，我能够赋予经典文本新的生命活力。更是相信，经典之所以成为经典，不是因为她古老，而是因为她拥有在当代语境下随时复活、重生的特质。我越来越相信，谁能让经典文本配得上年轻的生命，配得上这个时代，谁的课堂，就有活力，就有精气神。

我很欢喜：我拥有穿越的能力，找得到穿越的通道；我拥有一种力量，给古典文本再植一颗现代的灵魂。拥有了现代灵魂的古代经典，才可能和当代学生心心相印。只有让经典焕发了青春，课堂，才会青春洋溢。

解放之二：从循规蹈矩教语文走向放心放胆教语文

我越来越相信：我们不仅仅要用“语文”的手段教语文，更要创造出更多的手段教语文。我更相信：这个世界上所有的好东西，都和语文有关。我愿意做一个诚心实意的中介，把那些好东西，都介绍给我的语文。让我的语文，跟这个世界的联系，千丝万缕，千回百转……

那些好东西，可能是思想——来自各个学科；可能是文化，来自各个领域；可能是艺术，来自各种场景；可能是手法，来自各种前沿……我不会只局限于一支教语文的粉笔，也不会只固守一方语文桃源。我天真地坚持：在这个时代，所谓语文的手段，应该无限地被开发，被创造，应该走向无限的丰富。

语文，不是语文的归宿。万丈红尘，才是语文的归宿。万物互联的时代，语文，不应该小国寡民，故步自封。所谓守住语文的本分，不是画地为牢，而恰恰是懂得语言的力量，相信语言的承载体将无限地与时俱进。语文老师，要直面言语世界的更新和生长，就像面对一个青春期的孩子，要祝福他，远行，再远行。所以，不管是课型选择，还是立意选择、素材选择、手法选择，我都愿意以探险的方式，天马行空，纵横驰骋。我渴望驾驭我的课，乘奔御风，逍遥而游。

追求自由的人，不会追求完美。我觉得我的课好——包括那些课的缺点，我也觉得挺好的。最不完美的创新，也比最完美的守成伟大一百倍——这是青春语文的信念。在创造这些不完美的课的过程中，我印证了自己：我是一个语文的人道主义者；我是一个开放的奔放的生命。

如果我的课气象万千，那是因为我的人也气象万千。如果我的课自由自在，那是因为我的心也自由自在。所以，我的课好，归根结底，是因为我经由自己的课，更认定自己在从心所欲不逾矩的路上。我，正无拘无束，一往无前。

所以，在属于我的语文时代，作为青春语文的探索者，我将继续大声疾呼：

如果我们要教语文，就不能只教语文，而要经由语文引领学生思考成长问题和社会问题。

如果我们要教语文，就不能只讲课文，而要使用一切可能的方式来训练学生听说读写的能力。

如果我们要教语文，就可以不迷信只有课文才是文本，而要相信滚滚红尘都是文本，人生万象都是文本。

如果我们要教语文，就可以选择不仅仅只使用一支粉笔来教语文，而大胆用图片教语文，用音乐教语文，用视频教语文，用一切教语文。

如果我们要教语文，就可以选择不困在40分钟里教语文，而要相信语文的时间和空间都无限自由，而我们也本来就是自由的孩子。

如果我们要教语文，就可以不迷信过去的语文是最好的语文，而相信最好的语文在未来，而未来是我们正在创造的地方……

二

这本书收录的课例，备课上课的是我，评课的，全部是青春语文名师工作室的兄弟姐妹们。甚至连序言，我也用了工作室姐妹们的公众号日常文字。

我们这一群人，一直在追求青春语文。

“青春语文”是我理想中的语文课堂状态，更是一种理想的生命和精神状态。

“青春语文”追求经由语言文字的学习探索生命幸福之道，实践打通教法和活法，经由语文，见自我，见天地，见众生。我们提倡通过灵性阅读、生命写作、激情生活三条路径使语文教学过程保持青春状态。“文本特质和课型创新理念”是“青春语文”的基层思想，青春语文意义疗法是这一理念的核心追求。

青春语文追求把语文教学变为语文教育，把语文和现代心理学、哲学等更多的和心灵有关的科学结合起来，让经典文本焕发青春活力，拥有疗愈功能；让语文课，不仅提升学生的语文素养，更能提升他们的心灵素养；让语文教学，巧妙地为学生拥有幸福的人生赋能。

所以，青春语文一直在追求：开掘文本的当代意义，赋予经典时代气息，打通教法读法与活法，巧妙实现语文疗愈功能，实现立德树人的目标。

“青春语文”的教育理论诞生于语文创新改革的大潮。黎见明先生的“导读”理论、文兰森先生的“导创”理论、钱梦龙先生的“三主”教学观等，铺垫了“青春语文”成长的沃土；程翔老师的“语文教师要‘语文式地’栖居”、陈军老师的“人文精神启蒙”以及李震老师的“生命化语文”教育观等，赋予了“青春语文”强健的“钙”质。

在带领“青春语文名师工作室”这个团队走上课堂修行之路的过程中，我常常想起成立于20世纪90年代的“青语会”。团结全国青年语文教师，提高青年语文教师的教学水平和研究能力，推动语文课程改革的发展，让更多的青年语文教师拥有幸福的教育人生，是其宗旨。这，也是“青春语文名师工作室”的目标。

经过十几年的探索和实践，“青春语文”不再只是我个人教学风格的提炼和概括，而成了一大批语文教师的教育追求和生命修炼，从“我”走向了“我们”，从自生长走向了共生长。青春语文名师工作室只是语文田野里的一个“草根团队”，它的组织和运营没有任何行政力量的支撑。但是，七年来，正式成员已经有两百多人，显现出一派昂扬向上的青春气象。

程翔老师说，语文教师的专业价值体现在课堂作品上，有没有积累课堂作品的意识，直接反映了教师有没有职业觉醒。

我和青春语文名师工作室的所有老师正是牢记着程翔老师的这一教诲，把创造出更好的语文课、更棒的代表课，作为我们的使命。我们都把自己的身心安驻在祖国大地的一所所普通的学校里。我们的平凡的生命，因为孜孜不倦的探索和创造，拥有了属于个体的崇高感和壮美感；我们都把自己的工作当事业，视自己的课堂为天堂。我们的课堂作品，都带着生命本能中的喜悦和爱，我们更用自己的课堂作品，诠释着自己的人格；用自己的人格，诠释“青春语文”的集体人格；用“青春语文”的集体人格，诠释青春的多姿多彩。

这本书，是我的第25本专著了。如果你读它，不仅读到了我的探索、我的成长，而且也读到了青春语文名师工作室的更多兄弟姐妹的探索和成长，那它的价值，就翻倍了！

这本书的课例，大多首发在《中学语文教学参考》和《语文教学通讯》的“王君青春语文专栏”里。这么多年来，这些伟大的刊物，一直护佑着我，护佑着青春语文名师工作室的老师们成长。它们是我的恩刊。

感激之情无以言表，借此书出版之机，王君深深鞠躬了！

王君

2024年10月6日于松山湖畔绿岛花园